正義の研究 6

世界政府論考

――その論理と倫理――

藤川吉美 著

成 文 堂

はしがき

　まず「正義」とは何か。人間は長年にわたり弱肉強食と食物連鎖といった自然の掟（おきて）にしたがって継続的不安と恐怖に慄（おのの）くような貧しくて不潔で短命な生涯を送ってきた。しかし「生きるために戦う」という万人の万人に対する闘争のジャングル状態は，突然父が殺され，母が奪われ，子が連れ去られる不運と不幸が付きまとう過酷な日々の連続であって，家族が死ぬと，殺した相手を殺し，奪われると奪う，等々。こんな野蛮な報復の連鎖を避ける途はないのか。そこで，ジャングルを抜け出す途の探究が始まった。一回きりの人生だからこそ，生まれて善かった，幸福な一生だったと言える人生でありたいもの。誰もがそう望んだ。

　古（いにしえ）の諺に必要は進化の母，努力は報われるという。人間は理性（論理）と良心（倫理）の進化に伴ってジャングル状態から脱出できる日がきた。それは「生きるために戦う」状態から，「生きるために協力する」状態への発想の転換によってである。論理的には「生きるために戦う」は「戦うなら生きられる」（F⊃L）と等値。しかし「戦っても生きられない」（F⊃￢L）のも現実の姿ゆえに「ジャングルのディレンマ」に陥る。そこで「戦うなら生きられる」と「戦っても生きられない」を前提にすれば，導かれる結論は「戦わない」（￢F），つまり，「生きるためには戦わない」（(F⊃L)・(F⊃￢L)）⊃（￢F）という重大な「帰謬法」（reduction ad absurdum）に辿り着く。

　この言明は論理的には「戦わないで生きていく」（一例：協力していく）と等値で，戦わなくても生きていける「社会的協力の公正な仕組み」を示唆している。そこで人びとは，理性と良心の発達に伴って社会的協力の途を選び互いに存在を願い，互いに価値を尊び，互いに利益に配慮し，互いに自尊心を充たしつつ助け合って生きる仕組みに夢を託した。しかし，公認の尺度がないと，長さは測れないように，公認の正義（公正）とは何か，判然としなければ，それを関数とする社会的協力の仕組みが正しいか否かは，評価できない。その協力の仕組みは，合意形成に基づき正義に適うとき，そのときに限り，「法の支配」に服す成員は最大化されるからである。

今後，人間の理性や良心がもっと進化すれば，往古蛮族らのジャングルの掟たる「生きるために戦え」,「負けるな皆殺しだ」,"Do as they do do"は，何れも飢えた猛獣の叫びか，地獄へ誘う悪魔の囁きに聞こえ，いずれ未来に生き残る人びとには，タブーとなるに違いない。個人を真実の主権者とする政治・経済・社会・文化は，教育効果と批判精神が高まるにつれて成熟する。今も「正義も真理も存在しない」という人はいるが，そういう人たちさえも，故郷のジャングル状態へ戻りたいからではない。待ちに待った社会的協力の仕組みに絶望したからである。

　今や人間も物体も音速（マッハ1）で国境を越え，また資金も情報も光速（約30万㌔/秒）で世界を飛び交い遂に$E=MC^2$の技術革新に達した人類は，原爆や原発に手を出し，国民の生命と財産とを守るべき国家の使命（法の支配）は，終焉しつつある。市場で最大の利益を荒稼ぎ，生産拠点を移しつつ世界中に貧富格差・内紛・紛争をまき散らすグローボ・コープの企業活動もすでにグローバルに拡大した不正な違法行為を監視すべき政府の目は届き難い状態になってきた。何より脅威的な問題は，世界の隅々への核拡散の問題である。自衛目的の核爆弾も平和目的の原子力発電も，安全神話には騙されない。3/11東日本大震災で明白のように未だ人間の理性と良心は幼稚だ。人間が自然を支配するベーコンの傲慢さは，広島・長崎の被爆惨事後の地獄絵図が物語る。J.ロールズの「不知のヴェール」に基づく「マキシミン・ルール」の活用が重要となった。一歩間違えれば，まだ洞察も解決もできない惨事に襲われる虞がある。もう施すべき策なく国連さえ手に負えず，意識朦朧として閻魔が迎えに来たと呟くときは，万事休すではないか。

　人類の生死を分かつ難問に直面したとき，残された途は唯一互いに協力し合うこと。上の論理式から明らかだが，野蛮な戦争や武力に訴えることではない。一回きりの人生である。互いに協力し合い，誰もが備えた各人各様な自然財（natural goods）を自分のため，他人のために活かす分業の効果を求めて社会を造ったからである。その原点は市民たちの市民たちによる市民たちのための賢明な社会を造るよう求めたソクラテス（Sōkratēs，前470〜399）だった。この叡智を合意形成に活かし，学問の原点に立って貧窮でいつも皺くちゃなチュニカを纏って古代アゴラを巡り，「ゼウス・エレフテリオスの

神殿回廊」へ学生を誘って概念の定義や信念の前提を問い，産婆術（maieutikē），問答法（dialektikē）によって相手に質問し，その回答が自己矛盾に陥ることで相手に己の無知（無知の知）を自覚させ，物事の正しい概念へ導いて真理を探究する方法を提唱したのが「弁証術」の創始者ソクラテスだった。彼こそは各人の智慧を出し合う民主的な社会的協力の第一人者だった。

　ソクラテスの刑死後，学苑「アカデメイア」を創設し，民主制の都市国家アテネを「理想国家」に変えようとしたプラトン（Platōn，前427～347）もその弟子だった。また都市国家ポリスから世界国家コスモポリスへの必然的な飛躍を熱く語り，論理と倫理とその科学的根拠を重視し，学苑リュケイオンを創設したアリストテレス（Aristotelēs，前384～322）も，共同研究と共同生活の大切さを説き，社会的協力の理念と共通ルールに基づくデモクラティアの重要性を理論的・体系的に論じた。こうしたソクラテス・プラトン・アリストテレスらの努力でギリシアは伝統的な呪術的・魔術的発想から解放され，独自の合理的・実証的な発想法へ変化した。まさに第1次パラダイム・シフトである。彼らが活躍した時代のポリス・アテネの大変な繁栄と発展ぶりは叡智に富む寛大で偉大な政治家ペリクレスの「黄金時代」とも重なりヨーロッパ文化の最先端を誇っていたのである。

　今後は，核問題の他にも人類の危機は増大しこそすれ，減ることはない。今こそ人類は叡智を結集して後続世代のため自発的・主体的に社会的協力によって現在の困難な状況から抜け出す途を探し出す責務がある。あちこちと暗黒世界に光を放つ星☆のように，人類史上，貴重な叡智の光を放つ天才が所々に見受けられる。滅多にいないが，彼らこそ人類を救う人びとである。私たちは世界的協力の現状に鑑み「世界政府」の論理と倫理を理解し，公正な仕組み（理念と共通ルール）を基礎づける第3次パラダイム転換のときがきた。民主的な主権者「個々人の努力に公正に報いる世界政府」に必要かつ不可欠な「法の支配」（グローバルな公正としての正義が支配する楽園）を心に描きつつペンを置きたい。

　　　2012年4月10日

　　　　　　　　　　　　　　　　　　　　　佐倉市城にて
　　　　　　　　　　　　　　　　　　　　藤　川　吉　美

目　　次

はしがき

第1章　都市国家（polis）の形成 …………………………1
  1.1　ギリシアの夜明け ……………………………………… 1
  1.2　都市国家（polis）の誕生 …………………………… 3
  1.3　ホメロスとオリンポス12神 ……………………………13
  1.4　ポリス・アテネの全盛期 ………………………………19
  1.5　ソクラテスの愛智と問答法（弁証術）………………21
  1.6　僭主政治とソクラテスの冤罪 …………………………23
  1.7　プラトンの理想国家と学苑「アカデメイア」の創設 ……26
  1.8　アリストテレスの先見の明「世界国家論」…………34
  1.9　アリストテレスの「リュケイオン学苑」の創設とアレクサンドロス王子の世界国家の夢 ………………………37

第2章　ヘレニズム（ギリシア尊重）からローマへ …………43
  2.1　アレクサンドロスの夢 …………………………………43
  2.2　アリストテレスの困惑 …………………………………54
  2.3　アレクサンドロス大王の使命と死後 …………………56
  2.4　ストア学苑と普遍的な「ロゴス」の探究 ……………62
  2.5　エピクロス学苑と快楽主義・社会契約論 ……………66
  2.6　ヘレニズム第3期：神秘主義と魂の慰安 ……………68
  2.7　ローマの勃興・民族と言語 ……………………………70
  2.8　共和制ローマからローマ帝国へ ………………………72

第3章　神の支配と政教一致 …………………………………75

- 3.1　イエス・キリストと「心の救済」………………………………75
- 3.2　ローマ帝国の衰退，四分統治制，東西分裂 …………………76
- 3.3　西ローマ帝国の滅亡 ……………………………………………77
- 3.4　アウグスティヌスと「神の国」…………………………………79
- 3.5　十字軍戦争とトマス・アクイナスの共通善 …………………82

第4章　ルネサンスから宗教改革へ …………………………93

- 4.1　ルネサンスと理性（哲学）の復権 ……………………………93
- 4.2　宗教改革と政教一致の国土分割 ………………………………95
- 4.3　スペインにおけるトミズムの最盛期 …………………………97
- 4.4　啓蒙思想の展開 …………………………………………………100

第5章　人間解放と社会契約論 ………………………………103

- 5.1　イギリス経験論の源流 …………………………………………103
- 5.2　ベーコンの自然支配とホッブズの人間支配 …………………105
- 5.3　J. ロックの「理性の正義」と普遍性の洞察 …………………116
- 5.4　D. ヒュームの「共感の正義」と功利主義の萌芽 ……………123
- 5.5　フランス合理論の源流 …………………………………………125
- 5.6　ルソーと人民主権の共和制 ……………………………………131
- 5.7　ルソーの人民主権から法制改革へ ……………………………137
- 5.8　ドイツ観念論の源流 ……………………………………………139
- 5.9　カントの批判主義と普遍的理想の探究 ………………………142
- 5.10　帝国主義時代の領土争奪戦 ……………………………………147

第6章　功利主義の自由・平等 …………………………………149

- 6.1　自由優先の功利主義……………………………………149
- 6.2　イギリスから始まった産業革命………………………153
- 6.3　ベンタムの最大多数の最大幸福………………………154
- 6.4　J. ミルとJ. S. ミルの功利主義………………………157
- 6.5　自由・平等の均衡原理としての功利性………………164
- 6.6　平等優先の社会主義の台頭……………………………167
- 6.7　ルソーの契約論とフランス型の社会理念……………168
- 6.8　唯物史観とドイツ型の社会理念………………………170

第7章　ヨーロッパの統一と近代化 ……………………………173

- 7.1　ナポレオンとナショナリズムの台頭…………………173
- 7.2　ナショナリズムの動向と諸国統一……………………174
- 7.3　科学的社会主義の台頭…………………………………176
- 7.4　人権侵害への報復措置の正義…………………………177
- 7.5　第一次世界大戦はなぜ勃発したか……………………184
- 7.6　第二次世界大戦はなぜ勃発したか……………………187
- 7.7　日本の近代化と太平洋戦争……………………………188

第8章　第一次・第二次世界大戦の反省 ………………………191

- 8.1　二つの世界大戦から学ぶこと…………………………191
- 8.2　なぜ「国際連盟」が必要となったか…………………193
- 8.3　なぜ「国際連合」が必要となったか…………………195
- 8.4　国連改革の要請…………………………………………204
- 8.5　EU（ヨーロッパ連合）の構築と憲法…………………206

第9章　戦争なき世界を求めて……211

- 9.1　人類の歴史は戦争の歴史だった……211
- 9.2　戦わなくて生きていける叡智の模索……213
- 9.3　ビトリアとスアレスの社会的協力の仕組み……215
- 9.4　ホッブズの社会的協力の仕組み……217
- 9.5　ロックの立憲君主制の社会的協力の仕組み……219
- 9.6　ルソーの共和制の社会的協力の仕組み……221
- 9.7　ドイツの後進的な社会的協力の仕組み……223
- 9.8　カントの普遍妥当な永久平和の憲政組織……226
- 9.9　ロールズの普遍妥当な世界政府の仕組み……229

第10章　世界政府は必要である……235

- 10.1　ニュートンの予言「世界の終末」……235
- 10.2　ラッセル・アインシュタイン宣言……238
- 10.3　ラッセルの「ウイーン宣言」……241
- 10.4　ラッセルの「オシリスへの嘆願」……242
- 10.5　世界政府の論理と倫理……246
- 10.6　国連の改組による一時的対応……248

第11章　世界政府と楽園の華……251

- 11.1　世界政府による「法の支配」……251
- 11.2　ロールズの公正な「世界憲章」の大枠……254
- 11.3　ロールズの公正な世界的協力……256
- 11.4　世界政府に対する誤解を糺す……260
- 11.5　世界政府は人類の精神的進化の帰結……263
- 11.6　世界的協力に必要な世界政府と法の支配……267

目　次　5

あとがき………………………………………………………………271
索　引…………………………………………………………………275
拙著［正義の研究］シリーズ一覧……………………………………309

第1章　都市国家（polis）の形成

- 1.1　ギリシアの夜明け
- 1.2　都市国家（polis）の誕生
- 1.3　ホメロスとオリンポス12神
- 1.4　ポリス・アテネの全盛期
- 1.5　ソクラテスの愛智と問答法（弁証術）
- 1.6　僭主政治とソクラテスの冤罪
- 1.7　プラトンの理想国家と学苑「アカデメイア」の創設
- 1.8　アリストテレスの先見の明「世界国家論」
- 1.9　アリストテレスの「リュケイオン学苑」の創設とアレクサンドロス王子の世界国家の夢

1.1　ギリシアの夜明け

　ギリシア共和国（Hellenic Republic）はバルカン半島先端にあってエーゲ海に点在する大小3,000の諸島の東にトルコ，イオニア海の西にイタリア，遠く地中海の南にエジプト，そして北に，マケドニア，アルバニア，ブルガリアなど東欧諸国と国境を接している。この地に人が住み着き始めたのは凡そ7,000年前のことであり，有名なコキネス・ペトゥレス（「赤い石」という洞窟）には，狩猟用の旧石器類やネアンデルタール人・新ネアンデルタール

人（原人と新人との間に位置している約70,000年も前の猿人たち）の化石類などの実物（左上の図を参照）や動物の骨類も沢山発見され，現在，そのまま保存されています。

　国土，約13万平方kmと日本の1/3程度ですが，深く入りくんだ風光明媚なリアス式海岸に囲まれ，燦々と降りそそぐ太陽が美しい海岸線を映しだしている。透き通った空気にオリーブの花や，野生の草花も咲誇り，甘い香りを放つ春，地中海性の清々しい乾いた夏，湿った温暖な冬，いずれも人びとを和ませ，理性と感性にバランスのとれた歓びを与える。

　人口は1,000万人有余で性格は温和でつつましく，人にやさしく親切さに溢れ，アクロポリスの丘に聳える「パルテノン神殿」の荘厳な美しさ，あの大理石に彫られたリアルな人体像いずれも美の法則に適合し，安定感のある建築様式や質実剛健な造船技術に至るまで市民の高い見識と教養に基づいて造られている。かのソクラテスやプラトンやアリストテレス，エピクロスやストアのゼノンの愛智（哲学）[1]は，学問の源流であって，「ヨーロッパ文化や思想」はすべてギリシア文化と思想を基盤として成りたっている。

　全人口の３割（340万人）が政治・経済・文化の中心をになう首都アテネに居住し，「シンタグマ（憲法）広場」周辺には国会議事堂，大統領官邸，無名戦士碑や庭園，国立歴史博物館，国立図書館，大学，銀行，航空会社などが集結し，「デモクラシー発祥の地」という自覚と自尊心の高い市民らが集っている。先日，TVニュースでEUの決定は不当だ！　不当な請求には不服従を！　奪った財宝は返せ…と叫ぶ長蛇の列を見た。

　一般に，アテネの市民は議論好きである。政治や経済や選挙の話になると熱狂しやすく，喧嘩かと勘違いしそう。週末には，誰が声をかけるともなく，「オモニア」（Omonia）広場などのアゴラ（agora）[2]に集まって議論をはじめる。彼らは議論を愛し，朝まで論じ合うことだってあるが，それまではああ

---

1) 哲学は智（sophia）を愛する（philos）愛智（philosophia）を意味し，西周が賢哲や明智を哲学と訳し，古代ギリシアでは，数学，幾何学，天文学，航海術，弁論術，法学，政治学，政治学，心理学，音楽までを愛智／哲学としました。
2) Agoraとは，古代ギリシアの都市国家で政治・経済・文化の中心街の広場。四周に政庁，公共施設，柱廊ある店舗を備え，市民はここで政治・学問を語り，集会を開く慣わしでした。

でもない，こうでもないと議論は続く．根拠なき合意や妥協は愚鈍の証とされ，ソクラテスに聞け！　議論の前提を問い糺(ただ)すソクラテスの弁証術[3]はプラトンの国家[4]やアリストテレスの政治学[5]にも引き継がれ，古代デモクラティアの精神的基礎を築いたが，市民は今なお先哲らの叡智を議論に活用し自尊心を重視する気高い気風に満ちている．

　ギリシア人やギリシア民族の先祖は，前2,500〜1,650年，印欧語系の民族大移動によって南下してきた北方・北西の民であることが陶器破片とそれに刻まれた文字や文書とか，ミケーネ時代（王国分立時代，前1600〜1100年）の王族の埋葬品や副埋葬品からも読み取れるが，先進オリエントの専制王政を模した支配体制を敷き，後の都市国家ポリス制とは違った様相の共同体たる村は王が任命した役人によって統一され，自由民としての村民（demos）を支配していた．また戦争や略奪によって捕われた男性は皆殺しになり，女性や子供は奴隷として王宮の使役に供され，神の奴隷（自由民）もいた．彼らは，海外交易で蓄えた莫大な富や力によって（政治的な権力や勢力を背景に）王国や王宮を築いていったのである．

1.2　都市国家（polis）の誕生

　北方方面から南下し定住したギリシア人の先祖のうち，先進オリエントの専制王政やエジプト文化に影響され，エーゲ海の青銅器文明（ミノア文明）を吸収しつつ（紀元前2,000年前半）独自の文化の花を咲かせた人びとがいた．彼らは紀元前3,000年初めに小アジア（現トルコ）から海路クレタ島へ渡ってきた言語の異なる人びとです．クレタ島は小アジア，シリア，メソポタミア，エジプトなど地中海東部の海上交通の要衝(ようしょう)として繁栄し，仲介貿易や

---

[3]　Sōkratēs（前470〜399）の弁証術は誤った概念から正しい概念へ，真理へ近づく問答法です．
[4]　Platōn（前427〜347）は『国家』（Politeia）でソクラテスの死を契機に衆愚政治を脱して哲人統治の「理想国家」を説き，アカデメイア学苑を創設しました（前387）．
[5]　Aristotelēs（前384〜322）の『政治学』（Politica）はプラトンの都市国家（ポリス）から世界国家（コスモポリス）への形毎転換を説く．マケドニア王フィリッポス二世の要請に応じて王子アレクサンドロスの教育係を努め，幼少期より「世界国家論」など帝王学を教える．

交易の中継地として莫大な富と力とを蓄積した。クノッソス王の迷宮を備えた華麗で荘厳な宮殿はそれを象徴している。

　ギリシア本土に定住した人びとも、交易で経済的な繁栄と政治的な支配を求めて海外進出を企て、オリーブ、ワイン、陶器、船舶、武器などを輸出し大麦、小麦、金、銀、銅、錫、象牙、琥珀、香料などを輸入する海外交易によって膨大な蓄財と強力な支配権の夢を実現しました。こうして王国分立の紀元前15世紀頃には、すでに、海外進出の規模と範囲は、クレタ島を越えて東地中海のロドス島、キプロス島、ミレトス島および小アジア西海岸地域やイタリア半島の南部都市、シチリア島などへと交易の規模も範囲もしだいに拡大していったようである。

　このようにギリシア本土は経済の繁栄に伴って政治権力も増大傾向を呈しミケーネ文明の全盛期を迎えた。クレタ島に代わって、ギリシア本土が東地中海の主役を担うまでに発展し、紀元前1,500年ごろクノッソス王宮の強奪を企てたが、約100年後に王宮は焼失。しかし再建はならず、以後衰退への道を辿っていった。

　これと同様に紀元前1,200年ごろギリシア本土の諸王宮も破壊され尽くしミケーネ文明の王国分立の姿は壊滅状態に陥った。トロヤ遠征（紀元前13世紀後半）も、ギリシア本土諸王国と小アジア諸王国との交易上の縺れに起因したのか、それとも、トロヤ王がスパルタ王妃を奪った私的怨恨をうさ晴らす戦だったのか原因は不明であるが、いずれにせよ、長期に渉る総力戦は結果的にギリシア側の勝利に帰したが、国力の衰退と交易の低潮は限界に近く致命的な疲弊を招くことになり、これはミケーネ文明とか青銅器文明の終末終焉を意味していた。

　紺碧の空と海に輝くエーゲ海にミノア文明（クレタ島ほか）の花が開き始めたのは前3,000年頃で、最盛期前16世紀ごろ、南東部のペロポネソス半島にミケーネ文明（青銅器文明）が栄え、各地に「都市国家」ポリスが形成された。前5世紀、ギリシア本土南端のアッティカ地方とペロポネソス半島の南部に伝統と文化を異にするイオニア人の「アテネ」とドリス人の「スパルタ」といった二大勢力の都市国家が台頭し、ついに、ギリシアはペリクレス時代に黄金時代を迎えたのである。

1.2 都市国家（polis）の誕生

　エーゲ海ブルーの透き徹る海と空は，アテネ市民の鋭敏な叡智と感覚とを磨き上げ，愛智／哲学，文学，音楽，詩歌，歴史，修辞学，彫刻など，際立った才能を発揮した。大空に燦然と輝く民主制[6]という社会的協力の理念と共通ルールを完成し，デモクラティアの旗を最初に掲げたのもアテネ市民の先見の明と勇気によるところ大である。都市国家（polis）は，アテネ，スパルタ，コリントで三国三様だったが，発展のプロセスは，凡そ次のとおりである。

- ○紀元前1,400年頃，クレタ島の「クノッソス宮殿」が炎上した。
- ○紀元前1,200年頃，「トロイア戦争」が勃発した。
- ○紀元前776年，「第一回オリンピア競技会」が開かれた。
- ○ホメロス著『イリアス』紀元前750年頃，13年にわたるトロイとギリシアとの攻防戦の実話（伝承）を忠実に叙事詩として描写した。
- ○紀元前683年，アテネに任期1年制「執政官」（アルコン＝arcon）の職が成立し，複数制の最高官職で裁判，軍事，祭儀，立法等を司る職が加えられた。
- ○紀元前621年，アテネのドラコンが成分法の制定に着手した（～紀元前624年）。
- ○ターレス（Thalēs，紀元前624～546年頃）が「イオニア自然哲学」を完成させた。
- ○紀元前594年，続いてソロンが改革に取り掛かった。
- ○紀元前7世紀，ペイシストラトス一族が僭主制を続けた（～527年）。
- ○紀元前6世紀，ヒッパルコスなどの僭主[7]が制度改革を進めた。
- ○紀元前508年，クレイステネスはアテネに民主制を導入した。
- ○紀元前490年，「マラトンの戦い」はペルシア軍の第一次ギリシア本土侵攻をいう。
- ○紀元前487年，アテネにアルコン選出の抽選制が導入される。
- ○紀元前480年，「サラミス海戦」は，ペルシア軍の第二次ギリシア本土侵攻をいう。
- ○紀元前479年，「プラタイアイの戦い」，ペルシア軍が本国へ退散した戦い。
- ○紀元前477年，「デロス（Delos）同盟」，ペルシア軍侵攻を防ぐため，エー

---

[6]　君主制（腐敗は僭主制を招く），貴族性（堕落は寡頭制を招く）でもなく，腐敗も堕落もせず，衆愚制にも陥らないという工夫が施された民主制の導入を求めました。
[7]　武力で王位を奪い取り，僭称する者を「僭主」という。

ゲ海の各ポリスが同盟を結び軍艦兵士資金の提供を義務づけ、その本部をアポロン神殿のある「デロス島」に置く。
○紀元前465年、ペリクレスによってアテネの「市民憲法」が成立した。
○紀元前464年、スパルタが大地震に襲われた。
○紀元前462年、エフィアルテスがアテネの民主制を安定的に確立した。
○紀元前454年、「デロス同盟」の金庫をドリス島から本土アテネに移転し、各同盟国に対してアテネと同じ「民主制」を導入するよう求め支配を強めた。
○紀元前451年、ペリクレスが提案した民主制の「アテネ市民憲法」が完成、民主的な社会的協力の「共通の理念」と「共通ルール」が完成するに至った。
○紀元前449年、アテネとペルシアの間に「カリアスの和約」が成立した。
○紀元前447年〜432年、ペリクレスを中心に「パルテノン神殿」を建設する。
○ヘロドトス（Hērodotos 前484頃〜425年頃）は、『歴史』を刊行し、ペルシア戦争を中心にアテネやスパルタの歴史を執筆した。
○デモクリトス（Dēmokritos、前460〜370頃）は、レゥキッポスの原子論を自然界のみならず人間の認識作用にまで拡大し、プラトンの観念論哲学と対立する。
○紀元前443年〜429年に、ペリクレスの「黄金時代」が到来した。保守派の領袖であったトゥキュディデスが「陶片追放」される。
○紀元前431年〜404年、「ペロポネソス戦争」が勃発する。
○紀元前429年、「ペロポネソス戦争」の開戦後に広く蔓延した悪質の疫病に罹り、ペリクレス死亡。クレオンなどデマゴーゴス（煽動政治家）が現れる。
○紀元前421年、ニキアスの和約なる。
○パルテノン神殿の北側に「エレクティオン神殿」を建設（前421〜406年）。この神殿は6体の「女性像柱」が特徴。
○紀元前415年〜413年、アテネがシチリア遠征を企てる。
○紀元前413年、スパルタ軍がデケレイアを占領する。
○紀元前411年、アテネにおいて「400人支配」が始まる。
○紀元前405年、「アイゴスポタモイの戦い」が始まる。
○紀元前404年、アテネが降伏、スパルタの制覇、30人僭主の支配となる。
○紀元前403年、アテネに「民主制」が復活する。
○ソクラテス（Sokuratēs、前470〜399年）は弁証術（問答法／産婆術）を

用いて無知の知を説き，古代アゴラを歩き，市民たちを「ゼウス・エレフテリオスの神殿回廊」などへ誘って概念の定義や信念の前提を問い，愛智／哲学の論争を展開する。
○紀元前399年，ソクラテスが自ら毒人参を仰いで刑死した。
○紀元前395年「コリント戦争」が勃発（～386年）。ギリシア本土とペロポネソス半島を結ぶコリントの地峡西端の都市で，アテネ，テーバイ，アルゴスなど中部の都市国家（ポリス）が同盟を結びスパルタと戦った。同盟軍は各所で勝利を収め，スパルタはペルシアの仲介で平和条約〈大王の和約＝アンタルキダス条約〉を締結，アテネが「海上権」を奪還した。
○プラトン（Platōn，前427～347年）はソクラテスの弟子で著書に『ソクラテスの弁明』『クリントン』『ファイドン』『饗宴』『テアイテトス』『ティマイオス』など約30の対話編と書簡集を著す。名著は『国家』，大著は『法律』とされている。
○プラトンは紀元前385年，アテネ市街西部「アテネ・ペロポネソス駅」南側周辺の「ヘロス・アカデミコス神殿」近辺の庭園を購入し，学苑「アカデメイア」を創設。その場所は今なお「プラトンのアカデメイア」（Akademia Platona）と呼ばれる。
○紀元前377年，「第二次アテネ海上同盟」が成立した。
○紀元前371年「レウクトラの戦い」を契機に都市国家テーベ（Thebai）がスパルタに代わって全ギリシアの覇権を握る。
○紀元前362年，「マンティネイアの戦い」エバミノンダス戦死。スパルタがテーベに敗れて衰退する。
○紀元前359年，マケドニア王フィリポス二世即位（～336年）。
○アリストテレス（Aristotelēs，前384～322年）はプラトンに20年間師事し，理論学（第一哲学，数学，自然学），実践学（倫理学，経済学，政治学，制作術）へと分類。さらに，第一哲学は形而上学。自然学は自然学原論，天体論，動物誌，動物発生論，動物部分論，霊魂論。実践学はニコマコス倫理学，経済学，政治学。制作術は詩学。論理学はオルガノンで代表。プラトンはイデアを超越実体としたが，アリストテレスは形相（eidos）を質量に内在する本質で形相実現の可能性とした。大著は『政治学』。
○紀元前342年アリストテレスは，マケドニア王フィリポス2世から王子アレクサンドロスを7年間（13歳～20歳）にわたり教育係担当に任じられた。
○紀元前340年，デモステネス（前384～322年）が都市国家テーベを味方に引き入れ（～339），「反マケドニア同盟」を結成する。

○紀元前338年「カイロネイア（Chaironeia）の戦い」では，マケドニア王フィリッポス二世が「アテネ・テバイの連合軍」を破ってギリシア本土を制覇する。
○紀元前337年，「コリント同盟＝ヘラス同盟」，カイロネイアの戦いの翌年に，マケドニア王フィリッポス二世がスパルタを除く全ギリシアをコリントに招集し結成した同盟。すべての都市国家ポリスの自由・自治，相互不可侵，現存政権の維持，私有財産の保護などを規定し，共敵の「ペルシア討伐」を決定した。
○紀元前336年，マケドニア王フィリッポス2世が暗殺され，王子アレクサンドロスが大王に即位し，盟主となる。
○紀元前335年，アリストテレスは，アテネ東部の「アポロン・リュケイオン神殿域」に学苑「リュケイオン」（Lykeion）を創設する。
○紀元前335年，アレクサンドロス大王によって古神殿がすべて破壊される。
○紀元前334年，アレクサンドロス大王がペルシア討伐ほか東征に旅立つ。
○紀元前331年，「ガウガメラの戦い」は，アレクサンドロス大王がペルシア帝国を壊滅させ滅亡させたイラン西部平原の戦い（「アルベラの戦い」ともいう）。
○紀元前323年，アレクサンドロス大王は印度西部で風土病に罹りメソポタミア古都バビロンにて死亡（前356～323年享年32歳）。古代バビロニア首都，世界文化の中心地として栄えた。
○紀元前323～276年，アレクサンドロス大王の死後，マケドニアの各将軍の間で後継者争いが発生し，最終的には3大王朝に分割された。以後ヘレニズム期に入る。
　① プトレマイオス朝は，アレクサンドリアを首都として統治し，前30年まで安定した王国を維持してきた。
　② アンティゴノス朝マケドニアを基盤としギリシアの国事を司ってきた。
　③ セレウコス朝はシリアとバビロンを統治し，程なく東方の大半の領土を失い，バクトリアなどギリシア人の独立王国が発生。小アジアはベルガモンの支配に服す。
○紀元前322年，「クランノンの戦い」が発生して，都市国家アテネの「民主制」が終焉した。デモステネスが死亡。
○紀元前306年，エピクロス（Epikuros，前341～270年）はデモクリトスの弟子から原子論を学び，アテネに帰って「エピクロス学苑」を開き，胃袋の快楽から平静な心の快楽（ataraxia）へ至る「快楽主義」を説いた。

1.2 都市国家（polis）の誕生　9

○紀元前300年，ゼノン（Zēnōn，前335～263年）はアテネ市内の一講堂を自分の学苑「ストア・ポインキレー」（壁画で有名な講堂）とし愛智を講ずる。哲学は論理学と自然学と倫理学からなるが，普遍的ロゴス（世界理性）が世界全体を合目的に支配し（自然の法則，世界の運命，神の摂理），人間の本性は世界理性の分身であり，人間理性だから万人に共通，ゆえに，本来平等（世界主義・博愛主義）とする。
○紀元前244年，スパルタ王アギス四世の改革（～241年）が始まる。
○紀元前227年，スパルタ王クレオメネス三世の改革（～222年）が始まる。
○紀元前168年，「ピュドナの戦い」で，ローマがマケドニアを支配下に置く。
○紀元前146年，ローマが「アカイア同盟」（ペロポネソス半島北部の各アカイア（acaia）の都市同盟の結成）を破る。「アイトリア同盟」と共にギリシア本土の二大同盟の一つで覇権を争ったが，ローマに圧迫され解体した。ローマが東西世界に躍り出た。
○紀元前63年，セレウコス朝シリア王国が滅ぶ。
○紀元前31年，「アクティウムの海戦」アンブラキア湾西部入口で前31年オクタヴィアヌスがアントニウスとクレオパトラの海軍を破ってローマ内乱を鎮圧した。
○紀元前30年に，プトレマイオス朝エジプト王国が滅び，ローマが地中海を統一する。
○紀元前27年に，オクタヴィアヌスは元老院に「アウグストゥスの称号」を受け，爾後3世紀にわたり専制政治と異なる「元首政」をとる。
○紀元前7～4年，イエスが誕生。イエスの刑死によってパウロによる伝道活動が始まり，原始キリスト教が成立する。

このように「都市国家」ポリスの政治制度の発展プロセスは愛智（哲学）や修辞学，芸術，詩学，音楽など学術の発達と深く関係し，ソフィスト[8]が登場し一般市民の知識習得機会も高まって修辞学者らが公共の場で熱弁を奮ったり，一般市民に論理的，弁証術的な思考能力を修める機会を与えた。加えて民主主義の精神的基礎を揺るぎなくし，都市国家アテネにデモクラティアが定着したのは，寛大かつ賢明なペリクレスがその理念と共通ルールとを意味する「アテネ市民憲法」の施行（前451）へと市民たちを導き，「黄金時

---

8) 職業的雄弁家・職業的教育家でアテネなど諸都市を巡回し，有能な市民となるための政治・法律などの教養を身につけ，能弁修辞の術を教える者。当時ソフィストはプロタゴラス，ゴルギアス，ヒッピアス，プロディコス，アンティフォンなどが活躍した。

代」(前443〜429)を迎えたから。当時のアテネには哲学者ソクラテス，プラトン，アリストテレスなどまた修辞学者イッピアス，アンティフォン（人はすべて平等だ）など多数の人が活躍し，後のギリシア哲学・思想・歴史学など学問の発展に貢献するところ大でした。他方，応用科学として建築，造船，天文など技術革新にも大きく寄与し，ラヴリオン鉱山など鉱物資源を活用するなど，アテネは海運業でも頭角を現し，地中海での政治的・経済的な主導権を握るまでに著しく発展を遂げるに至った。こうしてアテネは，各市民の高度な才能を引き出す卓越した「民主制」の下で万人平等の「新たな社会的協力の理念と共通ルール」に基づき，発展の基礎を確立しました。まずイクティノス，カリクラティス，ムニシクレスらはアテネを象徴する画期的な都市計画に着手し「神聖なアクロポリスの丘」の上に美しいプロピレア（前門）を備えた荘厳な「パルテノン神殿」を建設する目的を掲げた。賛同した芸術家たちは，自ら制作した作品を町中に飾って彩りを添えるよう協力した。

ミロンやフィディアスは，パルテノン神殿に「ゼウス神像」などの作品を飾り，また彫刻家アルカメネス，プラクシテス，レオカレス，シラニオンや画家のニキアス，音楽家のダモン，ランブロクレスたちは新鮮な美的感覚に共感する作曲に従事し，古代劇の成熟に貢献した。悲劇の父テスピス，プラティナス，アイスキュロス，ソフォクレス，エウリピデスらは，今なお深い感動を呼び起すような多くの作品を残している。また，クラティノス，アリストファネス，メナンドロスらの喜劇は，他の芸術とは違った繊細さやユーモアを備えているのが特徴である。

以上，都市国家アテネが民主制という新しい仕組みを導入した後の文化的変化の特徴について述べたが，その他，際立った特徴はいくつもあり，視点の違いによって言葉に尽くし難い。このようにポリス・アテネ市民は自己の限りなき才能や能力，個性や適性，価値と本務を確信しており，それゆえ，デモクラティアが定着し，発展する基礎を備えていたことだけは明白である。今も昔も，同様にアテネが世界から慕われ，敬意を表されているのは，まさにアテネ市民が世界の同胞から敬意を表されているからに他ならない。

かの「アクロポリス博物館」に飾られた「仔牛をかつぐ青年」の像の足元には，クリティアスがこれを造ったと制作者のサインが刻み込まれている。

1.2 都市国家（polis）の誕生

アテネ市民は昔も今も，この世に生きた証(あかし)を最も大切な価値あるものとして尊重する自尊心の旺盛な人たちです。万人平等を基本として各人の卓越した才能や特技に注目した分業によって生計をたて，人がもって生まれた個性や才能など，自然財を活かす民主社会の協力に主体的・自律的に参加し，己の使命と本務をこうして果たしたと誇る「この世に生きた証」なるものを後の世代に残し，互いに尊重し合える自尊心を備えていた。今から約2,500年前，「法は専制よりも，また正義は暴力よりも望ましいもの」と「プニクスの丘」で古代アテネのデモクラシーを賞賛したテミストクレスとペリクレスの有名な公演を当時の記録によって熱く語ったロミリーの演説『文明について』（Jacqueline de Romilly. *On Civilization*, 1995）に注目する。

「25世紀前この場所で起こった事は，今も継続して今日の私たちの世界に根本的影響を残す出来事でした。紀元前5世紀の初頭，このプニクスの丘でアテネ市民会が開かれ，ここでデモクラシーの精神が躍動し始め，当初から永続性をもつ素朴な独自の古代意識を映していた。ギリシア人がメディア人と戦った時からもっていた精神的特徴は，一人の独裁者の前に決して身を屈めず，絶対権力をもつ一人の王を受け入れないと決意していた点です。彼らは「法は専制よりも，また正義は暴力よりも望ましい」ことを予見していたのである。このことを声高に演説したのは，テミストクレスやペリクレスであったとされる。

私たちは当時の演説を記録し，今もなお感銘を受けています。なぜなら，ギリシアの際立った特徴は，民主制を最初に適用したことではありません。それを取り入れた国は他にもあったからです。また，ギリシアが新しい政治形態として民主制を導入したことでもなく，ギリシアがそうした政治形態の大切さを最初に見極め，その適用が政治の前提となるべき点を見定めていたことです。同じく時の経過により，民主制（デモクラティア）に内在する危険を避けるべき誤りとを見抜いていたことである[9]」。

ここにペリクレス（Periklēs，前490頃～429）の言葉が響き渡ってくる。

---

9) ギリシアの最も大切な特徴はデモクラシーの大切さを最初に見極め，これを政治の前提とすべき理由を見定め，同時に民主制に内在する危険性を経験から学んでいたことによる。

「大事なことは，ある階級出身であることではなく，卓越した指導能力があることである。私たちの行動すべてに自由の精神を適用しょうではありませんか。」これは忘れてならない大切な言葉です。民衆が責任をもって勇敢に行動的に生きるべしと諫め諭したのはデモステネスでした。デモクラティアの衰退の危機を回避するには重要だったからです。

　デモクラシーの理想，正義，寛容，ヒューマニズム等は，もしギリシアがこうした理念を正しいものと宣言していなかったなら，私たちのところには届かなかったことでしょう。ペリクレスは「我われは簡素な美を愛する」とし，「プロピレアは美しい捧げもの」と讃賛するように，彼らにとって美の概念は，ただ彫刻や建築のみならず，詩こそは美を目的とする永続性の真の創造であり，美の意味は人間への信頼を基調とした理想の存在と結びついているのです。もしデモクラシーの精神に情熱を注ぎ，愛と倫理と勇気に支えられ鼓舞されるなら，新しく創造し発展させる歓びは，生気に満ち，永遠に存続し続けることでしょう。

　ペリクレスは「都市国家（polis）アテネ」の将軍政治家だった。前460年に民主派の指導者として（政権掌握），民主政治を完成させ，土木建築や学芸にも従来の都市計画を覆す程の実績をあげ，アテネにドリス式建築の最高傑作「パルテノン神殿」（アテネ守護神「アテナ」（知性の女神）前447年着工～前432竣工）を完成させ，黄金時代へ導いたことである。

　本神殿はイクティノスを筆頭にアテナ・ニケ神殿の設計者カリクラティス，現場監督者に彫刻家フィディアスなど多数の技術者を任命した。神殿の規模は，幅31m，奥行70m，柱の高さ10m，前後各8本，側面17本から2本引き計46本の純白な大理石柱で囲み，屋根最上部から地面までの高さと屋根の幅の比率は1：1.618の黄金比を形成，柱も直線でなく建物全体が荘厳で美しく安定感を与える高度な技法が適用されている。また屋根下△部の破風や屋根破風と柱間壁面のメトーブには，神話や古代史を語る彫刻を飾り，神殿内部には，東入口から①玄関，②神室，③乙女の間，④後室が配置され，神室には，フィディアスの傑作「金と象牙でできた高さ12mのアテナ・パルテノス（処女）の像」が飾られていた。

1.3 ホメロスとオリンポス12神

　ホメロス（Homēros）は紀元前9世紀ごろ小アジア（現在のトルコ西岸）に生まれ，吟遊詩人としてギリシア諸国を遍歴し，口承・伝承を『イリアス』[10]と『オデッセイア』[11]にまとめて体系化した。
　前者はトロイア戦争の伝説を取材し，事実に基づき，戦争と英雄の悲劇を冷酷なまでに克明に描いた詩作だが，後者は，戦後凱旋に歓ぶ英雄の冒険や故郷で待つ妻の苦痛や苦労，そのうえ難儀話や再開のロマンなどを実証的に綴った詩作である。ホメロスは「創世記」において，
　「世界の始まりは，何もないカオスで，混沌とした状態であった」
と語っている。
　「オリンポス12神の誕生」では，神々の名前は，今日，町のあちこちに見出され，多くの遺跡から発掘されるに至って単なる創作とは思えない状況にある。その理由は，幾つもありますが，かつてフィクションとされてきた「トロイア戦争」さえも，シュリーマンやエヴァンズなどの発掘調査で科学的な裏付けを与え，ホメロス著『イリアス』24巻のトロイア戦争の信憑性も判明し，神々（英雄達）が支持したのは，ギリシア側だったか，またはトロイア側だったのかまでも根拠を明確にした。
　浮気癖のある「ゼウス」も嫉妬心を燃やす妻「ヘラ」も，その人間臭さは口承伝承で実在した出来事の模写に近く，卓越した並はずれの才能や能力のある英雄らを当時の人びとは「神」として崇敬していた。その点で，今日の神とは違った自然でリアルな存在であった。
　ギリシア人は一般に裸体の美を最高の美として崇（あが）める彫刻や絵画を尊重し，荘厳で安定感のあるパルテノン神殿の美，哲学・詩・音楽・文学の美やデモ

---

[10]　ホメロス『イリアス』(Ilias) 24巻。10年に亘るトロイア戦争最後の49日間のトロイア・ギリシア両軍の戦況の推移を描いた実話でした。主題はアキレスが怒って戦いから身を引く出来事にあります。
[11]　ホメロス『オデュッセイア』(Odysseia) はトロイア戦争の凱旋の途中にオデュッセウスの10年間の漂泊と留守中「妃ペネロペ」に求愛した男たちへの報復などを綴っています。

クラシーの社会的な協力の美など，森羅万象に潜む自然美を抽象化して取り出す成熟した「美的感覚」や「美的感動」の本性的な希有の天性能力を備えていたと思われる。ギリシア文化の特性は，その後，ヨーロッパ全域へと拡がっていった。

「オリンポス12神」の誕生は，ホメロスの創作と実話とが入り混じった「作品／作詩」かと思われがちでしたが，作品全体を相互に関係づけ有機的な全体像として捉え直すとき，一つひとつの出来事が「証拠の裏づけをもっている事実」として具体性を帯びるに至り，作品全体が人びとの記憶に基づく「実際にあった実話」の域に留まる蓋然性の確からしさとか信憑性が浮かび上がってきた。

ギリシア文字でさえ使える人が少なかった紀元前750年ごろ，まだ共通の言語も文字も，一般には使われていなかった今から約3,000年前の出来事について語る実話だったから，実際に起きたとされる事件であれ，その全貌を記憶に頼って言い伝えるのは並大抵ではなかった。10年一昔と申しますが100倍昔という気の遠くなるような時代に発生した戦争の実話を口承伝承によって明らかにし，文字で著したわけだから，多少の思い違いや記憶違いがあることはやむを得ないことだった。

すでにシュリーマン[12]やエヴァンズ[13]以来，大勢の科学者の実証的な発掘調査や科学的な分析によって真実の究明・解明が進められ，結局ホメロスの詩は事実を口承伝承した実話とされた。科学的な証拠とされるに十分な実証的裏づけが見付かったからだ。オリンポスの12神についても類似の根拠が見出される日がいずれ訪れるであろう。

オリンポス（Olympos）山（2,917m）は，ギリシア北東部のテッサリアとマケドニアの境界にあるピエーリア山脈南の最高峰である。ギリシアの峻峰「オリンポス山」の山頂にはゼウス（Zeus）を主神とする12の神々（オリンポス神族）が住んでいたが，ゼウスは，タイタン神族（巨神族）の男神6柱

---

[12] ハインリッヒ・シュリーマン（Heinrich Schliemann, 1822〜1890）は，ホメロスの「トロイア攻城」について語った『イリアス』を真実と信じ，発掘によってトロイア遺跡を発見（1871）した。
[13] アーサーエヴァンズ（Arthur John Evans, 1851〜1941）は，クレタ島の「クノッソス宮殿」を発掘し（第一次世界大戦〜1932），ついにその遺跡を発見した。

と女神6柱とを敗って冥界に幽閉し，また，ガイアを生んだギガース（巨人神族）を討伐して世界を支配するに至ったとされる．

ホメロスの「オリンポス12神」は，詳細に関しては，著者とか出版社によって幾分か異なってはいるが，ゼウスを主神とする12神のそれぞれの特徴は，およそ以下のとおりである．

「オリンポス12神」について

1.3-1. 最高の神ゼウス (Zeus)

クロノスの末子．成長し父を倒す．ヘラクレスらの助けでタイタン神族を冥界奥に幽閉．オリンポス山頂に宮殿を築き，兄ポセイドンに海，長兄ハデスに冥界を任せ，天空から人間界を支配．浮気者で多くの女神や女性と関係し知恵の女神アテナと太陽神アポロン，双子の月の女神アルテミス，鍛冶の神ヘファイストを生む．

1.3-2. 女性と結婚と家庭生活の守護神ヘラ (Hera)

ゼウスの正妻．彼との間に鍛冶の神ヘファイストス，戦いの神アレス，お産の女神エイレイテュイア，青春の女神ヘベを生む．女性・結婚・家庭生活の守護神です．嫉妬深く浮気を憎み，相手の女性と子供をひどく苦しめたという．

1.3-3. 太陽と美の神，音楽・医術・弓術・予言の神アポロン (Apollon)

太陽の運行を司る神．ゼウスとタイタン族の娘レトとの間に生まれた双子の兄で妹は純潔と狩猟と月の女神アルテミス．ゼウスの正妻ヘラの嫉妬で出産を邪魔され，当時，無人島のデロス島に逃れて出産．アテナやポセイドンらと共にゼウスに反抗したが，敗れた．トロイ戦ではギリシア側のアテナに対しトロイ側に味方し，敗北した．

1.3-4. 知性の女神アテナ (Athena)

ゼウスと思慮の女神メティスの間に生れた知性の女神．鍛冶の神ヘファイストの精液を足に浴びて受胎．誕生後すぐゼウスが飲み込み体内で成長し，額を割り飛び出た鎧兜の女神．後にアテネ王エリクトニオスを育て，アテネの守護神となる．トロイ戦でギリシア側に立つ．オリーブと斧鋤荷車を与え，ローマでミネルヴァと呼ばれるフクロウを使いとする．

1.3-5. 海の神ポセイドン (Poseidon)

クロノスとレアの子．ゼウスと兄ハデスと共に父を倒し泉川海を支配する．手に三叉盾をもって黄金立髪の馬の戦車に乗る．トロイ戦ではギリシア側に立って勝利を収める．妻アムピトリテとの間にホラ貝で海を鎮める

神トリトンを生む。

1.3-6. 酒乱の神ディオニソス（Dyonissos）

ゼウスとテーバイのカドモス王の娘セレネの間に生まれ、豊穣と酒と狂乱の神でバッカスともいう。頭に雄牛の角を生やし髭だらけ。嫉妬深いゼウスの妻ヘラの陰謀によりセレネは死亡した由だが、ゼウスはセレネの胎内から胎児を取りだし、ゼウスの太腿に臨月まで埋め育て、臨月のとき太腿を引き裂きディオニソスを取りだした。この神はブドウ栽培や収穫を祝い、酒の神、酒乱の神と崇拝され、人間の獣性・未開・自然状態を象徴する神とされる。

1.3-7. 美の女神アフロディーテ（Aphrodite）

ローマではヴィーナス。ウラノスの男根が海に落ち生まれた美・愛・結婚・多産と豊穣の女神。夫ヘファイストスでなく、戦いの神アレスを愛し、エロス、アンテロス、デイモス、ポポス、ハルモニアを出産。トロイ戦では「黄金のリンゴ」をめぐる審判においてパリスに絶世の美女ヘレネを渡したことに原因ありとされる。

1.3-8. 商人と旅人の守護神ヘルメス（Hermes）

ゼウスとアトラスの娘マイアの間に生まれ、天空、地上、冥界を駆け巡る旅人の守護神で幸運と財宝、夢や眠り、死者の霊魂を運ぶ神。アフロディーテとの間に両性具有児と大盗人の神アウトリュコスと牧羊神としてのパンを生む。

1.3-9. 月の女神・狩猟と出産の神アルテミス（Artemis）

ゼウスとレトの間に生れたアポロンの双子の妹で、ローマでディアナと呼ぶ。デロス島の聖なる湖に生まれゼウスに純潔を保障する。妖精や猟犬づれで山野を駆け、夕刻からは月の女神セレネ、深夜に冥界の女神ヘカテとして松明を手に地獄犬ケルペロスと共に現れ、泉で水浴び中の女神を覗いたアクタイオンを「鹿」に変えたとされているたいへん気性の激しい女神である。

1.3-10. 戦争の神アレス（Ares）

ゼウスとヘラの子。凶暴・無謀な戦と敗北の神で、不和や争いの女神エリスを伴う。美と愛の女神アフロディーテを恋し、キプロス島に住み、エロスをはじめ、カドモスの王妃ハルモニア、恋の恐怖の神デイモスと愛に報えないアンテロスを生む。トロイ戦ではトロイ側に立って敗北する。

1.3-11. 鍛冶の神ヘファイストス（Hephaistos）

ゼウスとヘラの間に生まれた鍛冶の神。アフロディーテの夫。エトナ火

山の地下仕事場で神々のヘリオス宮殿，女性パンドラ，天空を舞う馬車，鎧（よろい），ヘルメス羽付の靴，アキレスの武器などを製作しました。ちなみに，ヘラクレスが人間に与えた火を盗んだのは，じつはこの仕事場からであるとされる。

1.3-12. 大地と穀物と豊穣の女神デメテル（Demeter）

クロノスとレアの間に生れたデメテルは大地・穀物・豊穣の女神。冥界王のハデスはデメテルとゼウスの娘ペルセポネを激しく愛し，嫌がる娘を冥界に連れ去り妻にしました。このことから，燃えさかる松明（たいまつ）とカラシの花を手に，麦藁帽子（むぎわらぼうし）をかぶり，雄牛や竜の馬車に乗って地下の世界を探し回って人々に穀物を与え，栽培法を教えたとされる。

次に「神と人との関わりについて」は，想像を絶する壮大なドラマが展開されるが，これも当時の文字を知らない人びとには，記憶をたどって曖昧な史実を有（あり）のまま伝え，オリーブの風味と味を噛締める現実に生きた証（あかし）を示す人間味旺盛な「神」として崇（あが）め讃（たた）えられた勇敢な英雄たちのドラマを綴った詩であった。

ホメロスの叙事詩は，「フェニキア語」を改良したギリシア語で書かれている。フェニキアの全盛期は，紀元前13〜8世紀であり，フェニキア文字に前12世紀頃アルファベットが生まれ，紀元前750〜700年頃に，それに基づきギリシア文字のアルファベット（23字）大文字と小文字が誕生した。

| Α Β Γ Δ Ε Ζ Η Θ Ι Κ Λ Μ Ν Ξ Ο Π Ρ Σ Υ Φ Χ Ψ Ω |
| α β γ δ ε ζ η θ ι κ λ μ ν ξ ο π ρ σ υ φ χ ψ ω |

時期はホメロスの叙事詩が完成した（前750年）頃で，この叙事詩を初めて記録したのは，前6世紀の僭主ペイシストラトスだった。彼はラヴィリオン鉱山の開発，土地譲渡，公共事業，商業の振興，女神アテナの信仰，工芸や学問の保護等によって文化的に爆発的発展をもたらし，市民の支持によって都市国家アテネを民主化させた代表者の一人あった。一族が失墜したあとの紀元前508年，偉大な政治家クレイステネスの改革によって陸海軍を組織化してアテネを社会的に安定化させ，再びペルシアがヨーロッパ大陸へと版図拡大を企（はかと）てる野望を阻止した。

エーゲ海やギリシア本土へ野望を燃やす専制主義国ペルシアは，民主制のギリシアに何度も挑戦しましたが，ミルティアデス率いるアテネ軍によってペルシア軍は撃破され，紀元前492年「第1次ペルシア戦争」でも，紀元前490年の「第2次ペルシア戦争」でも大敗した。デモクラティアの代表たるアテネ軍が専制主義国のペルシア軍を破ったこの「マラトンの戦い」[14]ではアテネ軍の卓越した優秀性がギリシア全土に轟き，民主制が社会的に正しく政治的にも経済的にも卓越している証が示された。

しかし再び10年後，ペルシア王クセルクスがアッティカへの侵攻を企て紀元前480年サラミス海戦でクセルクスはアテネを中心とするギリシア軍に撃破され，この「第3次ペルシア戦争」[15]（前479年のプラタイアイの戦い）ではスパルタのパウサニアスが指揮するギリシア軍が大勝を収め，紀元前477年「デロス同盟」[16]を結び，アテネが盟主に選ばれた。両者の戦(いくさ)は民主的な都市国家群ギリシアと絶大な力を誇る専制主義国家ペルシアの戦でヨーロッパ対アジアの二大勢力の衝突だった。これに勝利を収めたことでギリシア全土に大きな感動と誇りを与えた。

ギリシアの主導権はじつは「ペロポネソス戦争」（前431〜404年）の戦勝国スパルタにあったが，紀元前403年，アテネにデモクラティアが復活した後「コリント戦争」（前395〜386年）を契機に「第2アテネ海上同盟」が成立しアテネは「レウクトラの戦い」（前371年）で勝利，「マンティネイアの戦い」（前362年）でも勝利して，ギリシアの主導権をアテネに返した。この勝利でアテネはギリシアの主導権を握り，紀元前465年に「市民憲法」を起草したペリクレス（Periklēs，前490〜429年）が王座に就き，かのペリクレスの黄金時代（前443〜429年）を迎えたのである。

デモクラシーは「市民の国家を意味する」が，アテネは，市民一人ひとり

---

14) このとき「戦勝の伝令」がアテネまで走って伝えられ，残念ながら，絶命したという伝承に基づき，近代オリンピックの競技に，アテネ東海沿いの「マラトン」を出発点とする長距離競走に「マラソン」という名称の競走が付け加えられた。

15) プラタイアイの戦いはペルシャ戦争下の前479年，ペルシャ将軍マルドニオスを敗死させた。

16) Delos同盟は，サラミス海戦後にペルシアの再来に備えてアテネを盟主にエーゲ海諸島と海岸諸都市が結んだ同盟です。本部を「アポロン神殿」で名高い「デロス島」に置いた。

が国政への強烈な参加意識のあるポリスであり，何事も市民集会で決定されるという市民たちの市民たちによる市民たちのための都市国家アテネの市民たちだった。ペリクレスの貢献は，市民一人ひとり政治への関心がこれほど高い国家にあって，歴史的に最も独創的で舵取りの難しい都市国家ポリスをアテネに定着させたことである。

ペリクレスの「黄金時代」は抽選で選ばれた陪審員に日当を支払い国政の民主化を促す賢明かつ的確な政策を遂行し，文化的にもアテネを繁栄させた偉大な指導者であった。その偉業とは，有名な彫刻家フィディアスと協力しアクロポリス（akropolis）の丘を整備して「パルテノン（Parthenon）神殿」を建設し，エレクティオン，ティシオン，プロピレア，ポセイドン，ネメシス，アレスその他の神殿を建設したことにある。

1.4 ポリス・アテネの全盛期

ツキディデス[17]は，都市国家アテネの政治をこう称賛している。「アテネの政治は，多数の市民の手で治められているから民主制です。人びとは身分によらず，価値と功績によって名誉が与えられ，公職につく際に貴賤の区別はなく，すべての市民に平等な権利が与えられています。しかし，市民相互に嫉視嫌厭はなく鷹揚に他人の自由を容認しています。だから国法を犯す者も放埒に奔ったりする者もいません」と。古代ギリシアの「ペリクレス時代」（前444〜429）は，民主政治の最盛期（15年間）を迎え，世界最先端の都市国家アテネを中心にアクロポリスの丘に聳え立つパルテノン神殿（前432）が古代民主政治の象徴として最後の輝きを放っていた。

しかし当時アテネの人口40万人のうち25万人は参政権も経済的な自由もない奴隷で，一般にはカリクレスのように「優れた者が劣った者より，また有能な者が無能な者より多くを摑むのは正しい。正義とは常に強者が弱者を支配し，強者が弱者より多くを摑む仕方で判定され，牛であれ何であれ弱者の所有物はすべて強者の所有に帰するのが自然本来の正義」とみなす人もいたが，

---

17) ツキディデス（Thukydides, 前460-400頃）『歴史』上巻，青木巌訳，p. 151.

15万人の自由民だけに自由を保障するアテネ民主政治には批判も多く，アルキダマスのように「神は人を自由な存在として造り，自然は誰も奴隷とはしなかった」とか，またアンティフォンのように「自然からすればすべての人は平等です。野蛮人もギリシア人も」とし，「自由民と奴隷との差別も，富裕者と貧困者との差別も，すべては社会が造った人為的な差別に他ならず，自然はこうした差別を認めない」と自然の下での「万人平等」を強調する人たちも少なくなかった。

これに対し「善悪の価値は自然によって決まるのではなく，世論によって規約的な申し合わせによって決まる」とし，「人間は万物の尺度であると考えたのは，ソフィストのプロタゴラス[18]だった。彼によれば，社会は自然から分離されなければならず，価値の根拠は自然それ自体にあると考えるのではなく，評価する人間の知性に対して相対的（知性を変数とする関数）であると考えるべきなのである（主観的な相対論）。

まだ，依然として社会的協力や分業に入れない未開状態なら，何が正しく何が正義かを判断できず，ジャングル状態の弱肉強食かカリクレスのような強者正義・強者支配を正当化して憚らない人びととの，そうした人びとによるそうした人びとのための収奪戦，争奪戦，侵略戦などがごく当たり前の世の中であったであろう。

しかしヒッピアス[19]は，正義の根拠を自然に基づく正義（dikaion physei）と人間の定める正義（dikaion nomo）に分類し自然の優位を説いた。こうした考えかたは，後のソクラテス[20]やプラトン[21]やアリストテレス[22]

---

[18] プロタゴラス（Protagoras, 前490〜411）は，人間は万物の尺度なりとし，評価される側は，評価する側と相対的で善悪も然り。自然的根拠を否定し，主観的根拠だけを認める立場。
[19] ヒッピアス（Hippias, 前460-399）は二種類の正義概念（人間の定める正義と自然に基づく正義）があることに注目し，自然に基づく正義の優位性を強調する。
[20] ソクラテス（Sōkratēs, 前470/69〜399）は往時，奴隷が自由民より多い時代，平等な分け前を守ることが正しいし正義に適うと主張したことは，勇気のいることでした。
[21] プラトン（Platōn, 前428/7〜348/7），*Gorgias*, 36, cd, *Ibid*. 43. b. ソクラテスの愛弟子で，世界初のカリキュラムとキャンパスのある学苑「アカデメイア」を創設した。
[22] アリストテレス（Aristotelēs, 前384/3〜322/1）は，プラトンの弟子で三段論法や自然学など自然科学の元祖。プラトンと普遍論争を展開，イデアを抽象化の成果とし，実在性を否定した。

にも引継がれ，単に「自然法」や「人定法」の区別ばかりではなく，全ヨーロッパをはじめ世界全体に限なく広がって学問の基礎（愛智）を構築し，人類文化の基礎を形成することになったのである。

Periklēs（前490-429）　Sōkratēs（前470-399）　Platōn（前427-347）　Aristotelēs（前384-322）

　ソクラテス（Sōkratēs，前470〜399年）は，カリクレスの意見を拒み「平等な分け前を守ることが正義で，他人のものを侵すことは不正義である」と反論している。ソクラテスによれば，平等を守ることが正しいのである。これが正義に適うことは，ただ法律習慣上のことだけではなく，自然本来において然りで，これを実現へと導いていくのは「魂の規律と秩序」に他ならないのであって，人びとは規律と秩序によって法にしたがう端正な人間として正義と節制の徳を身につけるのだ，と逆襲している。

1.5　ソクラテスの愛智と問答法（弁証術）

　ソクラテスは弱肉強食の不平等を正当化するカリクレスの強者正義に強く反対し，自然の声，神の声，良心（ダイモニオン）の声を傾聴しつつ，平等な分け前の正義を実現すべく新しいデモクラティアといった社会的協力の理念と共通ルールの核心部分を代弁しましたが，ソクラテスの唱えた平等な分配が社会的に正しいという新たな「平等な分配の正義」提唱に支配層は警戒心を抱くようになったようである。
　しかし「法を根拠づける正義」の意味を平等に求めたソクラテスの勇気は，歴史に広く深く影響を及ぼした画期的な出来事であって古代デモクラシーの最大のパラダイム（思考枠組の）転換であった。

ソクラテスはソフィストの一人だったが，授業料をとって学ばせることを潔(いさぎよ)しとせず，貧窮を極めていたので，いつも皺くちゃなチュニカを纏(まと)ってアゴラを歩き，市民らを「ゼウス・エレフテリオスの神殿回廊」等へ誘って主な概念の定義や信念の前提を問い，ソクラテス（Sōkratēs，前470～399）独自の「産婆術」（maieutikē）[23]・「問答法」（dialektikē）を用いて相手に質問し，回答が自己矛盾に陥って己の無知を自覚させ，物事の正しい概念へと導いた。彼は真理の探究へ迫る愛智（弁証術）を駆使した第一人者であった。

ポリス・アテネの衆愚政治への批判は痛烈で，妻クサンティッペからみて夫ソクラテスは家にパンではなく，悪名を持って帰るやくざな怠け者だった。しかし，裕福な弟子プラトンやアルキピアデス，師ソクラレスの貧乏生活に魅せられて入門したアンティステネス，上下の隔てなく自由で陽気な師匠の魅力で入門したアリスティッポスやエウクレイデスなどもいたので，食べることには困っていなかったようである。

対照的な「スパルタ」教育のように問答無用の態度で教え込むのではなく，対話によって相手が己なりに真理へ接近し，不確実な知識から確実な概念へ近づいていくのを手助けすること，これがソクラテスの「弁証術」の真髄であった。これは既定のカリキュラムやシラバスにしたがった授業ではないが，講義内容の水準は，確かに，大学レベルであった。

古代アゴラ（agora）はアクロポリスの丘の麓(ふもと)にあり，新石器時代（前3,000年）以来，ずっと法律，経済，商業の中心地（10acre）であった。

「アゴラ」の北部には，30人僭主たちが約1,500人のアテネ市民らに死刑を宣告した場所もあり，後にヘレニズム期のストア派の開祖ゼノンがコスモ・ポリス（世界国家）の教場として使った場所もある。アゴラの中央部にはピキリ・ストアの南側に12神の祭壇，軍神アレスの神殿／祭壇，アグリッパのオディオン（音楽堂）が存在する。

アゴラの西部はアポロン神殿，アポロン・パトオス神殿，神々の母レアの神殿，その隣にヴァーレフティリオン（ペロポネソス戦争後は500人のアテネ

---

[23] 「産婆術」はソクラテスの弁証術で問答法ともいう。相手の不確実な知識や概念から確実で真正な概念を生みだす手助けを意味する。ソクラテスの母親の仕事に因んでそう呼ばれた。

市議会が開催された場所)，トロス(円形家屋で各神殿の鍵や度量衡の標準原器，またアテネ市印章を保管，食堂も附設)，ミトロン(中央が神々の母レア神殿，議会で使う投票石を戸棚に陳列)，ヘファイストス神殿，パリシリオスのストア，アテネ国王・長官の座もあり，「ソロンの法律もここで制定された」と石碑に刻まれている。

ソクラテスが教場とした「ゼウス・エレフテリオス神殿」の回廊やストア柱廊[24]（アテネ市民の政治集会の場，哲学論争の場，市民の公共の場）もある。ここはソクラテスが頻繁に教場とし，無理やりではなく対話を通じて相手が自ら真理へと接近し，不確実な知識から確実な概念へ接近する術を教綬していた。プラトンその他，ソクラテスの弟子が集う「ソクラテス学苑」の様相を呈していたようである。アゴラ東部には，パンタイノス図書館，アッタロスのストア（商取引や後は店舗，市民の憩いの場）が存在していた。

最後にアゴラの南部には，ニンフ神殿，ユニークな形の中央ストアもあり，裁判所（ヘリエア民衆裁判所）として利用されていたようである。

| 古代アゴラ遺跡跡 | ストア柱廊修復済 | ソクラテスの教場跡 |

1.6 僭主政治とソクラテスの冤罪

クレイステネスの政治改革（前508年）後，アテネは僭主制から民主制へと移ったが，自由や富の分配は偏り，ソクラテスはアテネの政治的・道徳的な腐敗の原因を自己の霊魂を名誉や財産や肉体に従属させる主客転倒にある

---

24) ソクラテスは「ゼウス・エレフテリオス神殿回廊」を教場として歩きながら教えていた。この習慣は後にアテネ全体，そして世界に拡がった講義様式である。

と主張して「汝自身を知れ」と述べ，自尊心を高潔に保って霊魂の善性とか徳性を体得すべきことを説いた。

① ソクラテスは，前406年に「アルギヌッサイ島沖の海戦」で漂流者を放置し指揮官10名が死刑宣告を受けた件を取り上げ，政務審議会の執行委員の立場から，この判決には手続上問題があるとして抗議した。当時アテネでは市民から選ばれた「陪審員制」を採っていた。

② ソクラテスは前404年に「30人政権の首領クリティアス」が卑怯にもスパルタと手を組んで反対派を粛清した事件を取り上げ糾弾した。

③ 前403年に，スパルタと手を組んで反対派を粛清した当時の恐怖政治に怒ったアニュトス他一団がペリィエウス海戦で30人政権首領クリティアス軍を破ってその首領が戦死した。

④ 30人僭主政治は崩壊，新首領アニュトスの下で民主制は復活の兆しを呈した。しかし，極度に腐敗し堕落した衆愚政治の最悪の事態に陥っていたことから，新首領のアニュトスは心穏かならず，下手すると新政権が危ういと危機感を募らせたようだ。

⑤ 前399年，民主政治を掲げるアニュトス政権にとっては，ソクラテスは眼の上のたん瘤かと思わせるほど戦々恐々だったので，ソクラテスに対する悪意にみちた罵詈雑言を耳にし，世論も芳しくないと察したメレトスが，ソクラテスをアテネ審問所に告発したのである。

⑥ 訴状でソクラテスは「国の定めた神々を認めず，ダイモン（新奇な鬼神）の祭りを行い，青少年に害毒を与える罪を犯し，死刑に値する」と求刑された。明らかに「論点すり替え」だった。

⑦ アテネの法廷は市民から選ばれた陪審制を導入しており，ソクラテスの裁判[25]では，事の重大性に鑑みて陪審員500人が評決に加わるという異例の大法廷であった。

⑧ 証人尋問で新首領アニュトスは「息子がソクラテスに弟子入りして以来，父親を侮り，父が信ずる神々に背き始めた」と述べ，ソクラテスは革命派の知的リーダーで青年たちを害した張本人ですと臆面もなく辛辣

---

[25] ディオゲネス，ラエルティオス，『史書』第2巻，第40節を参照のこと。

な「論点すり替え」の（政治的な恐怖を煽る）証言をした。
⑨　陪審員大多数がソクラテスに怒号を浴びせかけ，有罪の評決に回ったものであるから，原告メレトスの求刑どおり，ソクラテスは「死刑」の判決を余儀なくされた。理由はどうであれ，ソクラテスの死刑が確定したのである。
⑩　プラトンなど弟子たちは，師ソクラテスに脱獄を勧めた。しかし彼は，民衆に哀れみを乞いたくないと拒み，弟子たちの求めを斥け，多くの弟子の見守る獄中で自ら毒杯を仰ぎ，刑死した。

アゴラの監獄に幽閉されたソクラテスは，海外逃亡[26]を勧めた弟子らの企てに反対し，幸福を実現するには法の遵守こそ正しいことと認め，不正を犯した者は，患者が自ら医師にかかるよう大急ぎ裁判官のところへ足を運ぶべきだ[27]と諭した。果たして，陪審員の判断は公正だったか，ソクラテスは法の遵守こそ善であり正しいとするが，濡れ衣をかけられ冤罪を生み出す悪法まで善で正しいか遵守するに値するのか，プラトンの心境は複雑だった。師ソクラテスが獄中で毒杯を仰ぎ[28]，71歳で悲壮な死を遂げたとき，プラトンは師ソクラテスの冤罪を嘆く28歳の青年だった。彼はこうしてアテネの民主政治が今や利益欲から次第に堕落と腐敗に陥って悪徳の蔓延る衆愚政治（demagogie）に愛想を尽かし，心の底から憎しみと侮蔑の念を抱きつつ「哲人統治の理想国家」を求めて流浪の旅にでかけた。

毒人参を仰ぐ師ソクラテスの最期と弟子達　　ソクラテスが収監された監獄跡

26)　当時は海外逃亡なら，都市国家ポリスゆえにか，後を追わない制度がありました。
27)　Platōn. *Gorgias*, 36, b を参照。
28)　Sōkratēs, 前470〜399を参照。

1.7 プラトンの理想国家と学苑「アカデメイア」の創設

プラトンは正義を国家の基礎とし，「権力者の奴隷の足枷(あしかせ)に屈服して倫理的荒廃を促す国家秩序に従うより追放されることを望む」[29]とし，理想国家の正義を実現するには「統治者自ら正義の徳を備えその徳を成員も備えるよう指導する任務を負う」。統治者の基本的な任務，要求される資質，受けるべき訓練は，こうも厳しいものだった。

プラトンはこのとき28歳の青年で，心に受けた傷やショックも大きく，ソクラテスに脱獄を勧めたプラトンにも，身の危険が切迫していた[30]。心に衆愚政治への侮蔑と憎悪の炎とが燃え上がるプラトンは，友人たちの勧めに応じて前399年，西方へ旅立った。まず，エジプトへ渡ってナイル河流域の先進文化を学び，後にシチリア島やイタリア本土に渡ってピタゴラス学苑のアルキュタスらと共同研究を開始，イデア論や『politeia』等理想国家論の基礎を固めたのである。

プラトンが西方への逃亡の旅に出て12年後（紀元前387年），シチリア島のシュラクサイ王デオニュシォスから「わが国をユートピアにして欲しい」と強い要請を受け，その誘いに応じはした。「専制君主のデオニュシォス」はプラトンを招聘しはしたものの困り果てた[31]。プラトンの「理想国家」では王自身が哲人になるか，それとも王座を手放すかの何れかだったが，哲人になる能力はなく，かといって王座も手放したくなかった。王はディレンマに陥ってしまったのである。

さらに困った事に，王妃アリストマケの兄弟ディオンがプラトンの人間性と愛智に魅かれ，母国シュラクサイ人の生き方や考え方には批判的になった

---

29) Platōn, *Leges*, 770 を参照。
30) プラトンが28歳のとき，師ソクラテスに脱獄を勧めたプラトンにも身の危険が切迫してきた。
31) ソクラテスが刑死した後，12年目の前387年，プラトンは，シチリア島シュラクサイ王のデオニュシォスから「わが国土をユートピアにして欲しい」という要請を受けて応じましたが，専制君主デオニュシォスは理想国家論の哲人統治の能力もなく，されど王座は捨て難いといったディレンマに陥って招聘はしたけど困り果て，アイギナの奴隷市場に売り飛ばしたのです。

1.7 プラトンの理想国家と学苑「アカデメイア」の創設

ことだった。プラトンはデオニュシォス王の奸策(かんさく)にかかり「アイギナの奴隷市場」に売り飛ばされたが、しかし、幸運にも、ソクラテスの学徒で親友のアンニケリスに買い取られ、自由の身になったのである。

アテネに帰って立替金（身代金）の返済を申し出たが、アンニケリスは拒み続けたので、プラトンはその金で「ヘロス・アカデミコス神殿」の傍(そば)の庭園を購入し、前387年（40歳のとき）師ソクラテスの意思を継いでアテネに真のデモクラシー[32]を樹立する学苑「アカデメイア」（Académie）を創設した。まだ学制は不備であったが、これはキャパス・校舎・学則を完備した世界最初の大学の威厳を誇っていて、男装した女学生（テステネイア、アキシオテアなど）も混じっていた。

アカデメイア学苑は、師ソクラテスの辻説法とは異なり、入学定員や選抜試験を定め、男女や階層も問わず高邁な愛智の精神、強靱な意志、卓越した指導力、勉学意欲、気高い品性、強い正義感、旺盛な真理の探究心、学術の情熱、勇気と節制、卓越した記憶力や分析能力、責任感や判断力を総合的に審査し、将来の可能性に鑑みて評価を下していた。将来「理想国家」を担うに必要な素質や能力を引出すべく、門の上には「幾何学を知らざる者、入るべからず」と書かれた看板を掲げ、カリキュラムには師ソクラテスの問答法（弁証術）、修辞学、教養や健康上の心身のウエルネスや理想国家論、正義論、イデア論、宇宙創世論、認識論など将来の指導者に必要不可欠な「帝王学」[33]を講じていた。

アカデメイア学苑にはソクラテスから継承した特徴が散見された。何より「産婆術」（maiutike）／「問答法」（dialektikē）のコラボレーション[34]法だっ

---

32) 真正の「デモクラシー」とは、ソクラテス裁判があった頃アテネが陥った「利己欲」による民主制の堕落と腐敗の著しい状態、つまり、衆愚政治（demagogie）を避けるための様々な方策を施した高度に洗練・成熟したデモクラシーをいう。前387年「アカデメイア学苑」が設立された頃、男女共学であったことは驚嘆に値する。女子学生として、男装したテステネイア、アキシオテアなどが混じっていた。

33) 国を正しく導くリーダーなど重責の仕事をめざす者に相応しいデモクラティックな素養や見識を身につけるための学問の総体。

34) 共同生活や共同研究を通じて互いに真理の探究者として尊重し、問答法によって対話を進め、共に探究し共に学ぶなら、飛び散る火花に点火した灯火のように、突如精神の内に宿り、その後自己の力で養われていくもの。これが師ソクラテスから学んだ「アカデメイア学苑」の伝統的な学風と教育の理念と方法であります。

た。教授たちは強制的に知識を学生に押し付け丸暗記させるのではなく，互いに真理の探究者として尊び，問答法によって対話を進めつつ共に探究し，共に学ぶ学習法を採った。最高認識や理解は，共同研究（collaboration）や共同生活によって飛び散る火花に点火した灯火(とうか)のごとく突如精神内に宿り，その後は，自己の力で養われていく方法であった。

　教えるのではなく共に学ぶ。対話とコラボレーションによって自ら学ぶ，これがアカデメイア学苑の伝統だった。創設者プラトンは紳士淑女の要件である重厚，礼儀，勇気の美徳と教養，ウエルネスを重んじ強制を禁じていた。というのは「教育」(education＝educatio)の語源は，引き出す(educo)を意味しているではないか。教育原則[35]は，たとえ子供心に知識を与えるものであれ，強制されてはならない。強制されて覚えた知識は身につかない。初等教育は遊びながら楽しむ場にすべきである。

　アカデメイア学苑には，独立自尊の学風があり，財政的に豊かでなくても国家への依存は禁物と考えた。アテネ政府は学苑に干渉することなく，長期にわたり学苑の自治と学問の自由と独立を尊び，多くの特権を保障してきた。この学苑には師ソクラテスから受け継いだ愛智の精神，問答法の産婆術，コラボレーション法の他に，創設者プラトンが思索したイデア論や理想国家論，一般常識として数学，幾何学，天文学のほか詩学や音楽などリベラル・アーツ[36]を設けていたが，衒学(げんがく)的な物知りや世渡り上手なお利口さんを育てるためではなく，自ら真理に迫り，永遠の相の下に将来のアテネ他世界のデモクラティアを背負う品性豊かな指導者を育成するため，これが学苑の理念と目的[37]であった。

　プラトンはアカデメイア学苑の初代学長として40年も学生を愛し，その間，

---

35) 子供に知識を強制してはなりません。強制され覚えた知識は身につかず，とくに初等教育は遊びながら楽しむ場にすべきで，これは「アカデメイア学苑」に通じる教育原則である。
36) リベラル・アーツは，アカデメイア学苑では「愛智」として数学，幾何学，天文学，航海術，弁論術，法学，政治学，心理学，音楽など教養重視の視点からリベラル・アーツに含めたのである。
37) 衒学的な物知りや世渡り上手な人びとを育てるためではなく，自ら真理に迫り，永遠の相の下に将来のアテネのほか世界のデモクラシーを背負う品性豊かな指導者を育成するためであり，これがアカデメイア学苑の教育の理念であり，教育の目的であった。

1.7 プラトンの理想国家と学苑「アカデメイア」の創設

愛智／哲学の研究と執筆活動に専念し，弟子たちの結婚式にもよく出席した。しかしプラトンが80歳のとき，ある弟子から婚礼の祝宴（しゅくえん）に招かれ談笑に興じていた宴酣（たけなわ）のころ「私は少し疲れた。暫（しば）く眠りたい」と椅子に横たわった。そこで，弟子が朝起しに行くと，何時（いつ）しか転寝（うたたね）から安らかな永遠の眠りについていたのである（前347年80歳）。残念ながら，プラトンは永眠し，大著『法律』(nomoi) 12巻で絶筆した。

プラトンの「理想国家」は，①理性 (logistikon) の徳を備えた智慧 (sophia) ある哲人統治者，②勇気 (thymos) の徳を備えた勇敢 (andreia) な防衛者，③感覚的欲望 (epithymētikon) の徳を備えた節制 (sophrosymē) ある生産者で組織化される社会だが，国家の秩序は，成員たちの魂に秩序を与え，この三徳を結合調和させる「正義の徳」（第一義的には，適正な本務を遂行し，国家の仕事で各人が自己の本性に最適なことをなし，他に手出しをせず，本来，自己に属するものを所有し，維持することを外的強制によってではなく，内的な意思に基づき，自発的かつ自律的に行うこと）が必要不可欠である[38]。

プラトンは，「正義を法の根拠とし」，正義を認識するには，概念的把握を諦め，「善のイデアを観照（かんしょう）しつつソクラテス的弁証術を展開」すべきである。というのは，善のイデアこそは，すべての正しさ・美しさの根拠だから[39]。それゆえ，正義の認識が許されるのは，善のイデアを観照しうる人に限る。プラトンが「哲人統治」を提唱した理由はこれであって，国家の指導者は愛智（哲学）の弁証術を修め，数学，星学，美学，世界の法制，真理，正義を学び，善のイデアを観照し，偉大な国家理念が認識できるという基本要件を充たすことが大切である[40]。

プラトンからみれば，理想国家のそれぞれの成員は自足的で自己完結的な国家の不完全な要素で独立した存在ではない。人間は，個人としてみる限り不完全だが，個人が所属する国家において国家によって有機的な全体とつながり，各成員を適正に配置することによって有機的に調和のとれた統一的な

---

38) Platōn, *Respublica*, 433, a, d.
39) プラトン『イデア論』517，c．「善のイデアを観照する」ことは，すべての正しさ・美しさの根拠を見極めることを意味しています。
40) こうした基本要件を充たす君主は容易に見出せないという反論もあった。

全体として「理想国家」が構築されるのである。

資質は生来，自然的に不平等とされるが，国家に正義が実現されるなら，適正な応分が定義されることになり，人びとの自然的な徳性が国家の構造の全体に充溢してくる。資質は各人各様の不平等を呈しているが，それゆえにこれが社会的な分業を正当化できる根拠とされるのであって，各人をいかに適正に配置するかという点がじつは「正義を基礎とする国家形成」に際して最重要の課題である。

プラトンの考えでは，不完全な個々人に優先される国家による正義実現によって初めて「都市国家」(polis)のメンバーである個人は，有機的に統合され，完成されることになる。この時代には，君主制，貴族性，民主制など多様な政治体制の都市国家ポリスが存在し，アテネは民主制へ移行したが，重要なのは，個々人の成熟の度合いである。ソクラテスの冤罪からも明白のように，要は，堕落と腐敗の防止策である。

プラトンの君主政治は，世襲をなくし，公職を万民に開き，公職につくに貴賎の区別はなく，統治者の子も，防衛者の子も，生産者の子も，すべてを平等に扱い，機会均等を保障していた。統治者の子でも，愚かなら最初の篩分けで落ちるし，靴磨きの子でも能力があれば，国家の守護者になる道が開かれていた[41]。しかし民主政治であれ，すべての人が輪番で官職につくとか，抽選で公職につけるような衆愚政治を否定して，訓練や能力に応じた適正な人員の配置を求めたのである。

プラトンの理想は，自然の秩序・社会の秩序・理性の秩序が一体となった調和のとれた状態であり，自然の秩序を認識するには，具体的な事象からのエパゴーゲ（帰納的推論）によってではなく，宇宙理性を媒介とするイデアの観照によって全存在と認識の究極的根拠である善のイデア（idea tou egathou）の観照によってである。

こうした「善のイデア」を観照できる「全知全能の統治者（最善者）」こそが国の最高責任者として全体の秩序が有機的に調和するよう正義実現に向けて指揮する使命を負い，統治者は結婚することも，私有財産をもつことも

---

41) Platōn, *Gorgias*, 423 を参照のこと。

1.7 プラトンの理想国家と学苑「アカデメイア」の創設

禁じられ、もっぱら己の徳性が国家に反映し、国家自体の徳性として具現されるよう努めなければならない。

上図は共に古代アゴラ，背景にパルテノン神殿 (2007)

統治者の責任は極めて重大である。統治者たる君主が功名心に取り憑かれ本務を忘れて私有欲に奔れば、君主政治は堕落し、僭主政治に陥るだろう。数人の支配者による貴族政治も、統治者たる貴族が本務を忘れ功利心に奔るなら、搾取欲に支配される堕落した寡頭政治に陥るであろう。さらに多くの支配者による民主政治も、多数の統治者らが国家の秩序や責任義務の拘束を知らないか忘れ去り、勝手気ままに振舞って、それを好ましく自由で幸福な生活とするような無秩序だとか、カオスに支配されるなら、堕落し腐敗した衆愚政治に陥るであろう[42]。

○君主政治：本務を忘れ私有欲に支配される⇒△僭主政治（tyrannei）に陥ることになる。

○貴族政治：本務を忘れ搾取欲に支配される⇒△寡頭政治（oligachie）に陥ることになる。

○民主政治：本務を忘れ利己欲に支配される⇒△衆愚政治（demagogie）に陥ることになる。

プラトンの狙いは、師ソクラテスの獄死を契機とした「理想国家」の構築にあった。そこで、慎重に考えた末、ついに、哲人統治の君主政治／君主制を理想国家の結論としたが、なぜだったか。当時、都市国家アテネは民主制を採用していたが、プラトンからみて、アテネの民主政治は、まだ、未熟であるか、時期早々と思えたからである。

---

[42] Platōn, *Respublica*, 561, d. を参照のこと。

そこでまず，搾取階層を形成し，自己の懐を肥やす富者のための政治に陥りがちな貴族政治／貴族制を斥けた。次いで，平等な者も平等でない者も，等しく平等な価値がある者として扱い，堕落と腐敗に陥りがちな民主制／民主政治も斥けたのである。いずれも権力の陶酔や誇大妄想に陥って自由は没落するという危険性を内に含み，「正義の実現」など不可能であるか，もしくは困難であると思われたからである[43]。

プラトンはこう洞察した。精神が阻害され，錯乱した人びとは，傲慢にも，己は人間のみならず，神まで支配できるほど強いと思いこみ[44]，一旦，国家権力を手に入れると，血を啜るライオンのごとく国民を奴隷にし，反抗する者（敵）の関心を他に逸らせるために戦争を企てる。また真実を洞察できる明敏な人びとには警戒を怠らず，時期を窺がって粛清の口実と手立てを策謀するのである。彼らの本当の敵は，国民なのだ。その証拠に，彼らは国民の期待を裏切り，国民から離反し，身辺を固めて，国民から武器を奪い取ってしまう。何という怪物を指導者に頂いたことか。敵は外ではなく，内にあり，しかも，それは他ならぬ指導者であるという事実を国民が知ったときには，もはや取り返しのつかない事態が現れており，遅きに逸した不正義の極みが表れているのである[45]。

こうした不正義への堕落と腐敗を防ぐ方法として，プラトンは厳しい制限付きの君主制を理想国家の政体として選択したが，非世襲的な君主制を選び出したのは，師ソクラテスが悲劇の主人公となったアテネの堕落と腐敗した衆愚政治（前399～384）の12年間に，エジプト，シチリア，イタリアの他に，一説では，ユダヤ，インドに及ぶ長期間の経験や広い見聞から得られた確固たる信念に基づく結論であった。

プラトンの「理想国家」は，各人が次の「理念」と「共通ルール」の下で，社会的協力・分業に自律的・自発的に従事していることを意味している。

1．非世襲的な君主制（君主政治）の形態をとる哲人統治とする。

---

43) *Ibid*. 558, c. *Ibid*, 573, c. を参照されたい。
44) *Ibid*, 573, c. このようなプラトンの洞察は，師ソクラテスの悲劇への激しい怒りが滲み出ています。
45) Platōn, *Respublica*, 573, c を参照。

1.7 プラトンの理想国家と学苑「アカデメイア」の創設 33

2．それぞれの人に価値相応の分配（価値に応じた平等な分配）を実施する。
3．各人が都市国家ポリス・アテネ全体と有機的に統合して調和を保つ。
4．智恵（理性の徳）・勇敢（勇気の徳）・節制（欲望の徳）の三徳が調和を保つ。
5．自然・社会・人間の三秩序一体の調和を「最高の正義」とする。

正義の女神 THEMIS (2007)　　中央の左プラトン，右アリストテレス (2007)

　プラトンの「善のイデア」（idea tou egathou）は一切の存在と認識の究極的根拠であり，「善のイデア」を自ら観照できる「全能の最善者」（統治者）は，まさしく，国家の最高責任者として全体の秩序が有機的調和を呈するように正義の実現に向けて舵取りをする「責任と使命」を負っている。プラトンの「正義」（dikaiosyne）は，自然の秩序・社会の秩序・理性の秩序という三秩序一体の調和状態を意味し，自の秩序を認識するプロセスは具体的・具象的な事象からの「帰納的推論」によってではなく，イデアの観照をへて「存在の類比」によってのみ可能であるが，このように「理想国家」を構築するには，まず，善のイデアを観照することのできる全能の統治者が必要不可欠である。しかし，こうした偉大で，しかも寛容で威厳のある「哲人統治者」を見出すことは容易ではなかった。
　プラトンの死後「アカデメイア学苑」は甥のスペウシッポス（前347～338），クセノクラテス（前338～314），ポレモン（前314～269），クラテス（前269～246）などへ継承されたが，紀元後529年に東ローマ皇帝ユスティニアスによって閉鎖された。プラトンの創設以来，916年間も続いた学苑「アカデメイア」（Académie）は政治的に閉鎖を余儀なくされ，すべての教

育を教会や修道院や修道会に委ねた。これは学苑の自治と学問の自由と経営の独立への政治的な干渉を意味する悪政の極みだったが，歴代伝わる輝かしい愛智の精神とその伝統，万人にひそむ可能性を引き出す問答法（産婆術），徳や最善のポリスのほか哲人統治の理想国家などアカデメイアの業績／学風／伝統は，世界に輩出した多くの先輩に末永く受けつがれた。アカデメイア学苑から世界各国へと飛立つ民主主義の政治／経済／社会／文化／愛智の基礎は，世界に限なく広がって権威の象徴アカデミー（academy）と称され，学制上は，当時は未だ大学はなかったが，アカデメイアは「大学の原点」とするに相応しかった。

旧アカデメイア学苑がモデルのアカデミー（2007）

1.8　アリストテレスの先見の明「世界国家論」

アリストテレス（Aristotelēs，前384～322頃）は18歳のときアカデメイアに入学し，卒業後も学苑に留まり師プラトンが死す（80歳・前347）まで20年間研究を続けた。プラトンはこの弟子を「アカデメイアのヌース（叡智の化身）」と讃えたが，その一方で，アリストテレスを「母馬の乳を吸い尽くし足蹴にする仔馬である」と評している。

これに対してアリストテレスは，「私は師プラトンを愛しているが，それ以上に真理を愛している」（amicus Prato, sed magis amica veritas）と応じていたという。両者の見解は「イデアの普遍性」については対照的であった。師は理想主義でミュトス的，芸術的で直観的であったが，これに対し弟子であるアリストテレスの方は「常に事実へ帰れ，自然の常若の顔をみよ」とい

1.8 アリストテレスの先見の明「世界国家論」

っているとおり，現実主義的で論理的，実証的，科学的であり，その両者の違いは決定的であったとされる。

アリストテレスがプラトンのイデア論から離れ，独自の立場を定めたのは「普遍論争」だった。プラトンは「普遍的なもの」を永続的・本質的なものとし，「個別的なもの」は寄せては返す大海の小波の如し。個人は生まれた後死すが，イデア（eidos＝形）の人間は永遠であるとした。

アリストテレスはこの説を拒み，「普遍」とは「個物」から抽象化された主観的観念であり思想の中に存在するのみ。我々が知覚する限りの客観的実在は個物にすぎず，抽象的な観念を具体的な存在とみなす誤謬を犯してはならないと警告していた。

アリストテレスからみて，プラトンの「個物よりも普遍を愛する」という捉え方は，他ならぬ主客転倒の誤謬であり，これは『国家』にもうかがえるが，理想国家を造るため個人を台無しにしていると批判した。プラトンから見れば，師ソクラテスへの不当な判決と非業な最期は，腐敗した衆愚政治の極みで，許し難い国家犯罪であった。同一人物が智恵と指導力を共に備えていないからで，これが両立可能となるまでは，国家にとっても人類にとっても禍はなくならない。さらに国家を統一し，国力を維持するためには，軍人や商人を除いて国家の「守護者」は，婦人と財貨と子供とを共有にすることが望ましいとプラトンは考えていた。

これに対しアリストテレスは，何人であれ，家庭生活を断念すべきなら，人間の最も高貴な価値まで失われてしまう。もし，万事が万人に属すというなら，誰が何のために懸命に努めるというのであろう。自ら服従することを学んだ者だけが命令を下しうるのだ。「人を愛する以上に真理を愛せよ」とする「アカデメイア学苑」には，真理に優る権威はないはずである。真理の探求には，師も弟子も，教師も学生もないとするソクラテス以来の伝統的な学風がアカデメイアにあり，この知的包容力が偉大な哲人アリストテレスを生み出したのである。

デモクラシー全盛の都市国家アテネでは，世界で初の偉大な愛智者／哲学者ソクラテスを生み出し，師ソクラテスは愛弟子プラトンを生み出して人類に愛智／哲学を与え，そして，師プラトンは愛弟子アリストテレスを生み出

して人類に科学を与えた。普遍論争で対立したアリストテレスは，後にプラトンから離れ，理性の法則である「論理学」（三段論法）と経験的裏づけを求める「証拠」を重視した研究に専念し，師プラトンとは違った方向を歩み始めたのである。アリストテレスは，師プラトンの「イデア論」から形相（eidos）原理，また，デモクリトスの「原子論」から質料（hyle/dynamis）原理を学び，両原理を前提にした独自の形而上学を構築した。

　プラトンは都市国家の基礎を「正義」に求め，各成員が自律的・自発的に本務を果たし，本来，己に属するものを所有するときに限るとした。国家の不完全な要素である個々人も，適正な配置によって有機的な全体に関わり，有機的な調和のとれた統一的全体として理想国家を形成するのだと。資質の不均等も社会的分業を正当化する根拠となり，適正な応分を定義し，正義を実現すれば，国の構造全体に個々人の自然徳性が充ち溢れる。そこで正義に基づく国家形成上の最重要課題は，個々人をどう適正に配置するかである。国家の正義実現は必然的に政体のあるべき姿を定めるとしたのはプラトンだったが，アリストテレスは「政体」の如何に拘わらず正義の要件を充たす社会秩序は正しい。君主制でも，貴族制でも，民主制でも問題はない。正義は選ばれた政体とは無関係[46]であると考えた。

　プラトンの死（前347年）後，アリストテレスはアカデメイア学苑を去りアッソスのアタルネウスの僭主ヘルミアスを訪ねた。目的はプラトンが創設した「アカデメイア学苑」のいわば分校を創設するために，同僚たちと弁論術，雄弁術など現実的，論理的，実証的な学科を教える学苑「アッソス」の創設をヘルミアスに要請した。幸いにも，要請は受理され，アッソス学苑は創設されたが，長くは続かず，不幸にも「アッソス学苑」は創設して3年後，僭主ヘルミアスがペルシア軍に捉えられ，捕虜となったことから，やむなく閉鎖され，廃校に追い込まれた。

　アリストテレスはそこを逃れて，レスボスのミュチレナに滞在したのちに前342年にマケドニア王のフィリッポス二世（Philippos II 即位，前359-

---

46) この点でも，アリストテレスはプラトンとは見解を異にしており，いかなる社会的な協力のシステムよりも，何よりも「正義の充足」を重視しました。

336[47])）から，当時13歳だったアレクサンドロス王子の教育担当になって欲しいと依頼された．アリストテレスはこれを了承し，アカデメイア学苑時代の伝統に基づき，弁論術，雄弁術，政治学，命題論，カテゴリー論，形而上学，ニコマコス倫理学，詩学，ポリス・アテネの国政など学術全般の現実を踏まえ，論理的，倫理的，実証的，体系的に伝授した．

とくに，都市国家「ポリス時代」から世界国家の「コスモポリス時代」への思考枠組みの転換（paradigm shift）について，アレクサンドロス王子の興味は大変旺盛で，師アリストテレスの理性の手綱は荒々しい野生的な王と蛮族の血の流れる王妃との間に生まれた王子ゆえに，代々受け継がれてきた激しい気性を抑えるには弱過ぎるほど逞しく成長した．

アリストテレスが家庭教師となって7年後（20歳），フィリッポス二世は，ペルシア帝国のギリシア征服とヨーロッパ進出を防ぐべくペルシア遠征を企て，その準備中に暗殺された．事態は急展開し，王子アレクサンドロス（Alexandoros，前356-323）は，20歳で後継者に選ばれ，師アリストテレスの教えを胸にギリシアの自由な民主政治と寛容な精神と思想文化を尊重して敬意を払い，最大限合意形成に努める覚悟を肝に銘じ，父フィリッポス二世の無念を晴らすべく，ヨーロッパへの進出を企む専制君主ペルシア王を追い詰める追撃作戦を展開し，王子時代からの目的を達成した．

1.9　アリストテレスの「リュケイオン学苑」の創設とアレクサンドロス王子の世界国家の夢

アリストテレスは再びアテネに帰って紀元前335年（49歳），アテネ東部のアポロン・リュケイオン神殿域に学苑「リュケイオン（Lykeion）」を創設した．以後，12年間，研究教育や著述活動に専念した．研究分野は形而上学，自然学，天文学，論理学，倫理学，政治学，詩学，芸術学，博物学，生物学など広範だった．神殿回廊を歩きつつ講義をするソクラテス以来の伝統から

---

[47]　マケドニア王のフィリッポス二世（前382～336）はデモステネスらの「アテネ・テーベ連合軍」を破り，ギリシア全体を制圧しました．

「ペリパテコイ」(逍遥学苑)と呼ばれ，アカデメイア学苑と同様に，今日の大学と呼ぶに相応しい風格を備えていた。

　このリュケイオン学苑は，イデア論などの思弁哲学や政治哲学を重視した師プラトンのアカデメイア学苑とは違って個別科学を重視する学風があって形而上学，数学，宇宙論，自然学の他に論理学や制作技術の方法論を含み，倫理学，経済学，政治学，文学，詩学，音楽などリベラル・アーツの実践学も開講していた。この点で「リュケイオン学苑」は，現実主義的，論理的，実証的，科学的な研究成果に基づく個性的な学風を備え，「普遍性」の定義からして正反対の立場に立ち，理想主義的，ミュトス的，芸術的，直観的なプラトンのアカデメイア学苑を模倣したものではなく，独自の学識と実証研究に基づく開かれた学苑だった。

　アリストテレスは「我われの性格を造るものは環境だ」とし，環境（友人，書籍，職業，娯楽…）を選ぶことで将来の自分の性格を選び，こうして自由になるのである，と考えた[48]。アリストテレスがリュケイオン学苑を創設したのも最高の環境を提供するためだったが，アレクサンドロス大王の師であるアリストテレスが開設したという評判から，キャンパスは大勢の学生で溢れ，教場は大入り満員の盛況だったから，細かいルールがないと，学苑の秩序が保てない状態であった。したがって，リュケイオン学苑においては，学生の自律性と自主性を尊重し，学生が主体的に必要なルールを作成，十日ごとに選挙で「管理委員」を決め，賛否の投票に付したとされる。ヨーロッパ全域から集まった学生たちは，教授たちと共に食事をとり，歩廊を逍遥しながら勉学に励んだとされている。

　アリストテレスは「正義概念」を一般的正義と特殊的正義に分け，前者は法に適った心情や行動様式，すなわち，法的正義とし，また後者は分配上の公正を意味する。なお，アリストテレスは「法」を全倫理秩序と定義しており，また特殊的正義には，①個々人の価値や功績に応じて名誉や財産などを分配する分配上の平等を意味しこれを「配分的正義」と称する。アリストテレスの特徴は「調整的正義」/「均分的正義」を追加したことだ。これは②

---

[48]　アリストテレス著『ニコマコス倫理学』3-7。御尊父の名前がニコマコスである。

個々人の価値／功績／身分／資産／財産の相違には関係なく，客観的な利害得失を平等・衡平に調整することを意味している。

ちなみに，雇用や売買や賃貸や質入れなどの随意交渉に際して当事者間に利害の得失が等しくなるように調整するとか，また，犯罪や不法行為などの不随意交渉においても，加害者と被害者との間に利害得失が平等になるようアレンジすることを意味している。アリストテレスの「調整的正義」が欠けるなら，公正な裁判も，公正な取引も望みえず，支配者の恣意や力の正義が介入し，干渉するおそれがある。

既述のとおりプラトンは，「正義」を政体に中立的な概念でなく，ポリスの正義の実現は「政体」のあるべき姿を選び出すとしたが，アリストテレスは正義を政体中立的とし，君主制であれ貴族制であれ民主制であれ，「正義の条件」を充たしていれば，社会的協力の仕組みは正義に適っており，選ばれた政体は正しいと考えた。アリストテレスの一般的正義は道徳原理で配分的正義は公法の原理（立法者の司る正義），さらに調整的正義は私法の原理（裁判官の司る正義）であり，これら三種の正義が混然一体となって調和のとれた国内秩序を生み出すとき，はじめて，正義は実現されたことになる。これが国家の目的である。なお，国家の正義を実現するには，プラトンの場合と同様に，国家による国民の指導が必要である。それゆえ，アリストテレスにとってもポリスやコスモポリスの意味は，ただ単に，功利性や血生臭い権力闘争ではなく，美しい事蹟や幸福な美的生活，つまり，「エウダイモニア」としての倫理的な偉大さに求め，国家は「正義」を実現するという「神聖な目的」を世界秩序[49]から得ているのである。

アリストテレスは，人間は生まれつき政治的・社会的な動物であるとして「倫理学は自然学に依拠する」と考える。なぜ？　か。まず，人間は家庭から村落共同体を経て国家結合へ至るが，徳の根拠は理性ではなく自然にあり，国家的結合は自然的衝動によるからだ。自然を必要としないのは神か動物に他ならず，人間にとって国家は（プラトンの影響を受けて）己に潜み内在する

---

[49] Aristotelēs, *Ibid*, 1281, a, 2. 徳の根拠は，理性ではなく自然に求め，自然的衝動とした。

形相ゆえに，国家は個人にとって現実態だが，個人は国家に対して可能態なのである。全体は，必然的に部分に先立つように，明らかに，国家は本性上家族や個人に先立つ存在[50]なのである。

　国家は教育と賞罰を手段として国民の徳を完成へと導いて個人を有徳な人間に仕立てあげ，己の倫理秩序が自然秩序と融合した統一的な世界秩序と調和することを指導原理とし，神聖な「一つの世界秩序」と調和させるべく正義実現という目的を達成する。プラトンは哲人統治のための君主に対して過酷ともいえる諸条件，つまり①善のイデアを観照し，②一連の心身の訓練に耐え，③婦人と財産の共有に耐えるべしという条件を課したのであるが，アリストテレスはこの理想主義に反対し，たとえ統治者であれ人間に違いはなく，家庭生活を断念すれば，人間の高貴な価値たる夫婦愛，親子愛，善意，信頼，誠実，自制心，相互敬愛が失われてしまい，ただの性的淘汰の関係に陥ってしまう，と考えていた。

　すべてのことが万民のために存在している状態では，他人のものや自分に関係ないものに対して配慮を示すことなど望めない。本来，財産の私有それ自体が悪なのではなく，無節操な利得や無節度な所有形態が悪なのであるから，神聖な一つの世界秩序との調和が求められるのである。財産の私有は，節度を忘れがちだからである。というのは，過大な富は浪費，傲慢，圧迫など，人びとを無法へと誘導し，逆に極度の貧困は，野卑な根性や不平・不満，さらに腐敗や内乱の原因となって，何れも「正義」は望めないからである。一般的にみて富裕層の傲慢や吝嗇，そして，貧困層の不平や不満，これらが同居する社会というのは，圧迫や反乱，また堕落や腐敗などの悪循環に陥るおそれがあり，したがって，国家は適正な財産の所有を整え，公正な利益の分配を達成しなくてはならない。

　統治者も例外ではなく，社会的協力は人の本性に合った仕組みが尊重されよう。プラトンの哲人統治は現実的ではない。善のイデアを観照しているか否かは，誰が何を根拠に決めるのか，また誰に資格審査権があるというのか，複数の人が有資格者だという場合には，誰が何を基準に合格決定を下すのか，

50）　Aristotelēs, *Ibid*, 1253, a, 2.

1.9 アリストテレスの「リュケイオン学苑」の創設とアレクサンドロス王子の世界国家の夢

判断の下しようがない。

アリストテレスは，プラトンの「理想国家とその制度」を不自然なものとし，自然の法に反する制度は永続し難いと考えた。では，自然の法に適った制度とは何か。そこだが，それを見抜く特別な資質を備えた者には，特別な権利を認め，同等な資質を備えた者に対しては，同等の権利を認めるべきであるとされていた。

しかし，資質は父と子の間でも同等である保障はなく，違うのが自然である。ゆえに，指導的な地位の「世襲」には，合理的根拠はなく，世襲は自然の法に反している。自ら服従することを学んだものだけに，自ら命令を下すことが許されるのである。

アリストテレス像 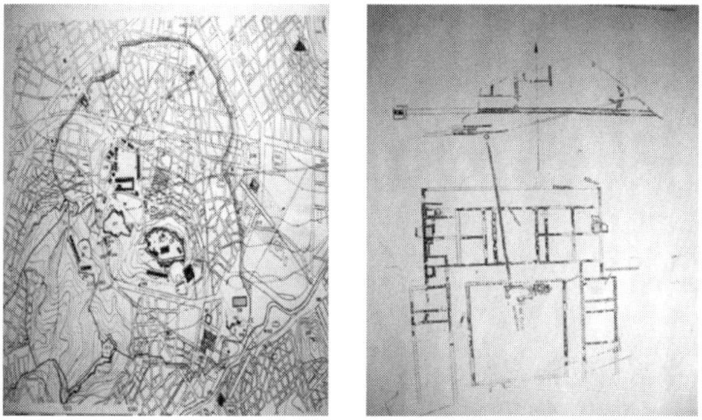　　リュケイオン学苑の地図と学苑図書館など設計図 (2011)

リュケイオン学苑の跡地 (2011) 　　リュケイオン学苑跡地に隣接する建物 (2011)

アリストテレスは，プラトンの世襲制批判を"*Politica*"に基づいて擁護し，「指導的な地位の世襲は自然の法に反する」という合理的な根拠を提示した。まだ，他にも，師プラトンとアリストテレスを隔てる相違点は，沢山あった。アリストテレスは初代学長を12年にわたって精進した。その間も図

書館の建設を初め，愛智（哲学），論理学，倫理学，哲学史，医学，歴史学，年代史，政治学，言語学の研究，また百科にわたる資料収集にあたり，自ら子弟の指導にも熱心だったとされる。

　リュケイオン学苑の建設費や設備費は，施主アリストテレス自身，裕福であったから，大部分は自腹を切ったとされるが，親戚の政治家たちをはじめアレクサンドロス大王から支援[51]を受けるほど，当然のことながら，財政は逼迫していたようである。とりわけ，科学技術の分野にはなくてはならない観測装置や実験装置などは不足がちだった。

　なお，エジプト政府は地中海とナイル川河口域に世界的に有名な高等教育学苑『ムセイオン』を建設したが，その設計はアリストテレスに委ねていたとされる。

「リュケイオン学苑」跡地に隣接する「戦争博物館」(2011)

---

51) アレクサンドロス大王からの支援は，総額800タレント＝約$500万に上る。

第2章　ヘレニズム（ギリシア尊重）からローマへ

2.1　アレクサンドロスの夢
2.2　アリストテレスの困惑
2.3　アレクサンドロス大王の使命と死後
2.4　ストア学苑と普遍的な「ロゴス」の探究
2.5　エピクロス学苑と快楽主義・社会契約論
2.6　ヘレニズム第3期：神秘主義と魂の慰安
2.7　ローマの勃興・民族と言語
2.8　共和制ローマからローマ帝国へ

2.1　アレクサンドロスの夢

　アレクサンドロスは父マケドニア王フィリッポス二世とモロッソイの王女オリンピアスの間に生まれた。王子が13歳のときアリストテレス[1]は王から宮廷教育係に任命され，王子に「帝王学」の指導を要請された。新進気鋭のアリストテレス（39歳）は申し出を受け，マケドニアの首都ペラの西方にある「ミエザ学苑」にて，アレクサンドロス王子（ヘファイスティオン，リュシマコス，プトレマイオス…ら仲間）に必須の素養や学識としてギリシア文化の精華であるソクラテスの愛智とは何か，問答法（弁証術）とは何か，国家や政治の要諦は何か，愛智学，政治学，倫理学，論理学，自然学，医学から，美学，詩学，文学，歴史学のリベラルアーツを興味深く指導した。
　王子は帝王学の講義に興味津津，生涯の愛馬ブーケファラスの調教からも明らかのように，王子に不可能はなく，父フィリッポス二世さえも「お前の

---

1)　アリストテレスは前384年父ニコマコス（フィリッポス王の侍医）の子としてスタゲイラ（エーゲ海北岸都市）に生まれ，幼少期をマケドニア首都ペラで過ごす。
　前367年プラトンがアクロポリス北西3㌔の神殿域に建てた学苑「アカデメイア」に入学し，プラトンの愛弟子として20年間，学問の研究に励んだ。

居場所はマケドニアにはない。お前に相応しい王国を探すがよい」と感涙に咽ぶ(むせ)ことしばしばで,アリストテレス自身も王子の躾(しつ)けには大変気を使ったと述べている[2]。こうしてアレクサンドロス王子は師アリストテレスの適切な指導の下に素早く才能を発揮した。愛すべきギリシア文化の自由や民主制[3]の仕組みにも関心を示した。先見の明に富む師のいう最適な環境も変化する由,いずれ人びとは別個の正義の下に別個のポリス(polis:都市国家)に分かれて生きるのではなく,共通の正義の下に諸ポリスを統合し共通の秩序を形成して生きるコスモポリス(kosmopolis:世界国家)時代の到来を語る師の話にも目を輝かせていた。父母からも常々,「命は儚(はかな)く功績は永久(とわ)に光輝く。生命を捨て名誉を残せ」と言われ,国王の使命は何か,永久に輝く名誉とは何か,等々後継王の重責について真剣に考えはじめた。

　父フィリッポス二世は側近に暗殺され(前336),王子は大王に座に就いたが,今己に課された使命は何か。それは民の自由を奪うペルシア王ダレイオスの野心から民を解放すること。そのためには,自由で寛容なギリシア文化からダレイオス王のヨーロッパ制覇の野望を挫(くじ)き,ヘレニズム(ギリシア尊重)文化による普遍的なコスモポリスを構築して世界に広め,師アリストテレスが説くように,現実の混沌たる学術と政治を統合し世界を融和して共通の法制と文化の下に共通秩序を形成して平和共存すべきである。師のいうそのときがきた。叡智と勇気と節制の美徳を尊び,正義を尊ぶヘレニズム文化の支配による平和(Pax Hellenes)を実現し,虐げられた東方の民を解放する大事業に命を捧げたいと大王は決意を新たにした。

　前334年(父没2年後),アレクサンドロス大王は,自ら率いる第Ⅰ部隊と,ネアルコス将軍率いる第Ⅱ部隊とクラテロス将軍率いる第Ⅲ部隊とに分かれて小アジア(現トルコ)に渡り,トロイ北グラニクスでペルシアの地方軍を撃破し,古いギリシア人都市を解放した。こうして大王は兵士から死を怖れない解放者,魅力の溢れる偉大な哲人王,神に近い光を放つ英雄,天才的な

---

[2]　アリストテレス著『政治学』牛田徳子訳,および,山本光雄訳,岩波書店。アリストテレス著『弁論術』戸塚七郎訳。
[3]　民主制(デモクラティア)とは,人が生来の才能や適性などを十分に活かすための社会的協力の仕組みをいう。

将軍，ヘレニズム文化の使途として崇められた．では，ダレイオス王の野望を挫くための大王側の東方遠征隊の規模はどうか．

　騎兵合計：5,100人（マケドニア，テッサリア，ギリシア，バルカン）．
　歩兵合計：32,000人（マケドニア，ギリシア，バルカン，アグリアネスの槍兵，クレタ弓兵）．
　総兵力：37,100人（前336年先発隊：騎兵1,000人，歩兵9,000人）
　小アジア合流後の総兵力：47,100人，非戦闘員：従者16,000人，土木関係：約1,000人．
　総計：約64,000人（本国残留部隊：騎兵1,500人，歩兵12,000人）
だったが，これはペルシア軍の約半数に過ぎなかった．

しかし，「ガウガメラの戦い」[4]など100回を越える激戦後は驚嘆と畏怖の念を込めて，何も怖れぬ暴君，節度なき征服者，無慈悲な専制君主，道なき処に道を造り，歩き続ける冒険野郎とする不満も囁かれた．兵士を代表してクラテロスは，次のような不満を表明している．

「8年前は40,000人の仲間がいて，大王とともに16,000㌔以上も歩いた．雨の日も照りつける太陽の下でも戦い，多くの敵を殺した．いま生き残った者は僅かだ．それなのにまだ東へ進め，100個も川を渡れ，象という怪獣のいる土地で蛮族と戦え，だと．われらの望みは子供たちに一目会い，女房や孫の顔を最期に見ることです」と．

しかし大王は譲らず，「お前たちは実直さを失って堕落した」と叱りつけ「私は進み続ける．アジア兵と共に」とし，暴動を警戒した大王は首謀者を即刻処刑し，兵士の不満を抑えて進路を東にとり続けた．

　前333年11月，「イッソスの戦い」は，戦場でダレイオス王と遭遇し激戦．ペルシア側の犠牲者多数でダレイオス王は敗走．大王は追跡を続けた．また前331年10月1日，「ガウガメラの戦い」は二度目の激戦で，ペルシア軍は象の大群と鎌付戦車[5]で応戦したが，アレクサンドロス大王の勝利に．そこで

---

[4] ガウメウラ（Gaugamela）はイラン西部の平原である．大王が事実上ペルシア帝国を滅亡させた戦いを「ガウガメラの戦い」という．

46　第2章　ヘレニズム（ギリシア尊重）からローマへ

　再びダレイオス王は敗走，大王は追撃を続けた。前330年夏には険(けわ)しいカスピアン峠まで追詰め，ダレイオス3世死亡（前330年側近の仕業）の訃報に接したのである。ペルシアは滅亡した。しかし大王はペルシア王の死（前330）後も遠征を続け，前334～324年の約10年間，小アジア，シリア，エジプト，バビロニア[6]を経て，ペルシア，パレティア，アリア，ドランギアナを解放。次にヒンドゥクシュ山脈を越えヒマラヤ山脈の麓バクトリア[7]，ソグディアナ，サマルカンド[8]に到達したが，酸欠と疲労困憊と熱病で倒れる兵士が続出した。ジャングルを越えて川向こうに待機しているのは，はたして怪獣か怪物か。命を落して家族に会えないかも知れない。子や孫，父母にも一目会いたいと恐怖に慄(おのの)く不安や不満が続出した。大王は聴く耳をもたず，サマルカンド[9]を前線基地に山岳民族と激戦を続け，前328年春ソグディアンロックを攻略，翌327年春，大王は兵士の反対を拒み，ソグディアナ人[10]族長オクシュアルテスの娘「ロクサネ」を正妃に迎え，兵士たちにも現地女性との結婚を勧めた。

　前326年春増補した8万の兵士と3万の非戦闘員（都市建設要員等）を率いてインダス川を渡りタクシラに進軍，激戦を展開したが，愛馬プケファラスの死を悼み，都市建設に踏み切った。同年冬にスワート渓谷で激しい戦闘を交え，インド象の戦隊と武力衝突した。大王を含め兵士の心身もずたずたになって双方共に犠牲者が多数でた。大王は組織維持の限界を憂慮し，進軍を諦めて帰途につく決意を下した。

　大王はインダス川下流へ向かった。ギリシアの理念と共通ルールに基づき

---

5)　戦車の車輪に沢山の刀の刃を取り付け，それが走るとき共に刀刃が回って多くの兵士が足を切り取られ，戦場が血みどろになって命を落とす危険な兵器です。
6)　「バビロニア」は西アジアのチグリス・ユーフラテス川の下流地方で世界最古の文化発祥地だった。
7)　バクトリアにはギリシア入植者が多く，歩兵15,000人，騎兵3,500人を残留させ，民族融和を図ることにしていた。
8)　サマルカンド（Samarkand），中央アジアの最古の都市で，ウズベキスタン共和国の東部に位置している。
9)　現在のウズベキタン東，中央アジア最古の都市。隋唐時代の唐国。後チムール帝国の都である。
10)　サマルカンド中心のザラフシャン流域の古名である。イラン系住民が住み6世紀後に通商盛栄した。

各都市国家を統合し，ギリシア風文化施設を備えたヘレニズム[11]を実現する大事業は成功したであろうか。大王の心境は複雑だった。せめて激戦跡地の荒野にはアゴラや神殿，劇場や競技場，音楽堂や上下水道などギリシア風の建築様式や法制や文化や言語や地名までヘレニズム革命の成果を記念碑として残したいと，アレクサンドロス…と命名した都市を10ヶ所以上建設した。大王の東征過程はおおよそ以下の通りである。

- 前334年5月，アキレスの剣を見出すべく「トロイ探訪」を挙行した。
- 前333年春，ペルガモン，カリア，リキアの30以上のポリスが大王に忠誠を尽した。大王は「ゴルディオンの結び目」[12]を切断し，全アジアの統合を約束し，そう予言した。
- 前333年11月，ゴルディオン，ガラティア，イッソスの戦場でペルシア王ダレイオス3世と遭遇し，不意打ちでペルシア軍に犠牲者多数。ダレイオス王は逃亡した。
- 前332年9月〜11月，ペルシアの要塞都市たるエジプト「ガザ」を壊し焼失，大王は弓矢で負傷したものの勝利に帰した。この都市を「アレクサンドリア」と命名した。
- 前331年10月1日，メソポタミアの「ガウガメラ」で大王とダレイオス3世の二度目の対決，相手は象と鏡着き戦車を使用したが，大王が勝利。これはペルシア滅亡の前兆となった。
- 同年11月，バビロン陥落。同年真冬シーワ・オアシスのアモン神殿に参拝，アモン・ゼウスの血を引く者との神託を賜る。
- 前330年1月，ザグロス山脈を越えペルシア門を通過，険しい山道の背後からペルシア軍が待ち伏せし，奇襲攻撃を浴びせるが，大王の勝利に帰す。
- 前330年1月30日，「ペルセポリス」[13]に到着し，都市を略奪し，王宮を焼き払った。
- 前330年夏敗走したダレイオスを追撃しカスピアン峠を越える（ペルシア軍防備の山路）。側近の仕業でペルシア王ダレイオス3世の死亡を知る。遂に

---

11) 自由で寛容なギリシア文化の東方への波及を意味する。ギリシア語ヘレニスモスが語源である。

12) 小アジアのゴルディオンの神殿に複雑に結ばれた網があり，これを解いた者が世界の王になるとの伝説があり，誰一人解いた者はなかったが，大王が一刀両断にして難問を解決した。

13) ペルシア王ダレイオス一世が創建したアケメネス王朝首都をアレクサンドロス大王が焼き払う。

ペルシアは滅亡した。
- 前330年の秋冬に，激戦地跡にヘカトンピュロス，スシア，アレクサンドリア・アレイオン（ヘラート）14)，アレクサンドリア・アラコトン（カンダハール）15)など大王名を冠したギリシア風都市を次々と建設した（遺跡現存）。古来，交易中心地。
- 前329年春アレクサンドリア（メルブ），バクトリア，バラバミサス，ソグディアナ辺りもバラトラ，アレクサンドリア・アドオクサム（アイ・ハヌム）など大王の名を冠した数々のギリシア風都市が建設され，ヘレニズム文化の影響が色濃く残る。この地はロシアとアフガニスタンの国境付近でギリシア風都市の特徴，公共広場（アゴラ），アクロポリス，守護神の神殿や競技場，図書館や上下水道など文化施設が整えられ，公用語としてギリシア語が使用されていた事実は碑文で明らか。
- 前329年秋，ギリシア軍はマラカンダ（サマルカンド）を前線基地として周辺地域を爆撃し被征服民らの反乱を厳しく抑え，激戦地跡のアレクサンドリア・エスカテ（コーカンド）にギリシア風の都市建設を進めた。東征はタシケント止まり。
- 前328年春，東端はソグディアンロック止まり。ここも激戦地となる。前327年春，大王はソグディアナの族長オクシュアルデスの娘ロクサネを正妃に迎えた。
- 前326年春，スワート渓谷で戦闘，約8万人のギリシア軍と約3万人の非戦闘員とを率いてインダス川を渡り，「タクシラ」に進軍する。
- 前326年5月，タクシラで激戦，大王の愛馬ブケファラス死す。その死を悼み愛馬の名前を冠してヘレニズム文化の色濃いギリシア風都市を建設した。
- 前326年9月，ヒファシス川で兵士が進軍拒否。大王は前途多難とみて遠征中止，帰途につく。同年11月パンジャブ，シンドを通過，抵抗と激戦に遭遇，鎮圧した。
- 前325年，多数兵士を率いてマクランの砂漠地帯を横断。厳しい暑さと喉の渇きから犠牲者多数でる。生き残った兵士はクラデロスの指揮の下に砂漠を迂回し，アレクサンドリア（クラシュキルド）と呼ばれる都市を建設。
- 前324年2月，スーサへの帰還兵がペルシア人女性と集団結婚式を挙行した。

---

14) アレクサンドロス大王が建設したアフガニスタン北西部の都市である。後ティムール朝の首都となった。

15) アフガニスタン南東部の都市。西アジアからインドへの交通要所。古くから商業中心地。アレクサンドロス大王が冠した古名アレクサンドリア・アドオクサムの遺跡あり。

○前323年6月10日，アレクサンドロス大王は「バビロン」で死亡し，もはや帰らぬ人となった．

アレクサンドロス大王は，前331年同年真冬，シーワ・オアシスのアモン神殿でゼウスの血を引く者と神託を享け，母も「お前の父は英雄ゼウス神である」として厳しく躾けられ「命を捨てて，名誉と栄光を残すのよ」と育てられた．積雪の「エベレスト山」を仰ぐタシケントやソグディアンロックに辿り着いたとき，あれが神「ゼウス」の登った山だ，その栄誉を越え遠征を続けることが吾が使命なりと，ゼウスに負けずゼウスを越えて進む目標にも大王の人一倍負けず嫌いの気質が滲み出ている．

それにソグディアナ族長の娘ロクサネを正妃に迎え，蛮族との結婚に反対した母や兵士のアジア蔑視を叱り，敢えて血の融合を図った大王の公正さやスーサへの帰還兵とペルシア人女性との集団結婚を勧めた点から明らかのように「ヘレニズム文化」による「コスモポリス」の永続性を決して強制的押付けによってではなく，違った民族を寛容に扱う美徳と，合意の形成という美徳に成功の秘訣を求め，自然財の如何を問わず，何人も等しく尊ぶ「融和政策」こそ肝要と考えていた[16]．

このように大王は，人びとに有無を言わさず力の正義を押し付け，それを前提にその手段を武力行使にのみ頼ることに反対し，人びとが秘かに信ずる宗教の儀式や習慣等に立ち入ることを禁じ，バビロンへの凱旋入城に際して「吾は汝らの家には立入らぬ」[17]と住民との約束を守った．こうして大王は心の中へ土足で立入る行為や兵士の裏切や約束違反を許さず，容赦なく罰する律義さもあったが，その一方で，寛恕と中庸の美徳も備えていた．違った文化や民族を尊び，その交流と融和を促進する寛容な融和政策の下に互いに協力して生きていく智慧をもちたいと激励した．

前331年ペルシア王がガウガメラの戦いで敗走した翌年夏カスピアン峠に追詰め，ダレイオス3世の訃報に接した後，大王は大幅に政策を変更した．後の遠征地バクトリア[18]，サマルカンド，ソグディアンロックなど激戦地

---

16) 師アリストテレスやヘレニズム期のストア学苑創設者ゼノンからも明白である．
17) バビロンから出土した粘土板に記された大王の文書．

跡で開かれた山岳民族との宴会で、大王は寛容な政策を前面に打出しすべての遠征地を各王にお返しする。しかも伝統的儀式や宗教行事や権限行使の自由を保障する。今後は多様な民族融和や文化融和を図るため寛容な融和政策をとると約束した。従前の大王は、まず第一目的（陰険で閉鎖的な専制ペルシア帝国の滅亡）を達成した後、第二目的（ヘレニズム文化の理念と共通ルールに基づく世界国家の建設）を達成しようとした。最初の目的達成の手段は武力的・戦闘的だったが、第二目的は手段が同じであってはならない。どのようにして第二目的を達成すべきか、大王は考えた。

　こうして、ペルシア国王ダレイオス３世の没後、アレクサンドロス大王の政策は180度転換し、武力による戦闘的な手段を改め、ギリシア民族と東方民族の融和やヘレニズム文化と東方文化との融和を促すという寛容政策に力点を移したのである。ちなみに、東方では国王の権威の象徴として崇められた「王冠と王服」を身に纏って「吾は神なり」と宣べるなど、東方世界の「帝王神権」や「宗教祭祀」や「密教文化」にも寛容に対処した。こうして東西文化の逆輸入も促すことになった。

　これは当初脳裏に描いた「コスモポリス」（世界国家）の理念や共通ルールを**「侵略や征服によって強制する」**のではなく、**「合意の形成によって融和と平和共存を図ること」**が賢明であることを意味している。このような政策の転換は、アレクサンドロス大王自身の得難い体験と経験から学んだ叡智ともいうべきものであり、師アリストテレスの「愛智」（哲学）からも容易に理解される道理でもあった。

　アレクサンドロス大王の版図は広大となった。それぞれ固有の伝統、宗教、文化、文明を備えた多くの多様な民族が住分け、長期にわたって平和共存を続けてきた。現在のヒマラヤ山脈に接するイランやアフガニスタンを経て、東は中央アジアのカラムク砂漠やオアシスを含むインド北部パンジャブ地方まで、また西は地中海の沿岸やナイル川の流域まで版図を広げるに至ったけ

---

18) バクトリアは現在アフガニスタン北部のヒンドゥクシュ山脈とアムダリア川に挟まれた馬の放牧地である。東西文化の融合と東西民族の融和という大王の夢は東の果てバクトリアにおいて実現された。多くのギリシア入植者と約20,000の兵が残留した。今なおギリシア風都市も発掘されている。

れども奢らず，長い歴史を誇る先進のエジプト，ペルシア，メソポタミア，バビロンから学ぶべき文化は学び，ヘレニズム文化という狭い枠組みを越え多様な東方文化に順応しつつ王権の基盤を東方民族へ移すことが望ましく，寛容な文化政策によって民族融和と平和共存とを成し遂げることが賢明であると考えを改めたのである．

　大王の眼は開かれた．愛や合意形成を軽く見た母を尊敬できず，愛と憎み，合意形成と独断専制の葛藤に悩まされた末，やがて人びとを東方的支配から解き放ち，民主制と自由の保障を吾が使命としたのである．

　では，なぜ大王は政策の大転換を図ったか．理由の一つは，母や兵士らの反対を押し切って前327年春ロクサネを正妃に迎えたが，そこは前328年春に多数の地域民を犠牲にした激戦地で，ロクサネの心境は複雑．大王のハグを拒み激しく抵抗し，喉にナイフを突き付け，今にも刎ねそう．大王は刎ねよと急かせたが，彼女は躊躇った．なぜか，理性？　良心？　兵士が見下していた正妃ロクサネは善い／悪い，正しい／不正を知っていた．理性と良心は誰にも等しく備っている．民族や文化に上下貴賤はない．要は教育である．大王は寛容の美徳をもって民族や文化の融和を尊重し，前324年2月スーサへの凱旋兵とペルシア人の女性との集団結婚式を執り行った．

　かつて大王は，正妃ロクサネから世界統合の美名の下に愛を知らず暴力で思いを遂げようとする吾が恥を知り，名誉のためとして手段を選ばない吾が無知と粗野と傲慢を学んだ．いったい人間の価値って何か．ロクサネのいう愛か．母のいう命に勝る名誉か．また歴史に残る偉業とは何か．ロクサネの教える合意の形成か，母のいう名誉か．大王は母から「命を捨て名誉を残せ」と厳しく躾けられたが，「愛」や「合意形成」を軽視してきた母を敬えぬ儘にたえず愛と憎，合意の形成と独断専制との葛藤に悩み，やっと政策における個人的価値の善／悪，愛／憎，社会的価値の正／邪と，自然的価値の真／偽とを確と使い分ける途を開いたのである．

　師アリストテレスが教育掛のころアレクサンドロス王子は，なぜ民主制が正しいのか，ソクラテスの愛智（哲学）や問答法（弁証術）とは何か，幸福とは何か，なぜ幸福は人生の究極目的か，なぜ人間は生まれつき政治的・社会的動物で国家が必要なのか，国家の使命は民の生命と財産を守ることか，

正義実現への神聖な目的は，世界秩序から得られるから，倫理学は自然学によるべきなのか，正義実現には国家による国民の指導が必要とされるが，国家の価値は功利性や血腥い権力闘争ではなく，美しい事蹟や幸福な美的生活などエウダイモニアの倫理的偉大さで決まると「帝王学」で教わり，プラトンの理想国家とは別の世界国家への趨勢も学んだ[19]。確かに師に鍛えられた哲人大王であった。アレクサンドロス大王は東方遠征中に現実から多くを学び，わずか10年間でヒマラヤ山脈が聳えるインダス川上流パンジャブ地方まで遠征し，各地でヘレニズム文化というコスモポリタン文化を東方へ押し広げる結果になろうとは，師アリストテレスさえ思いがけない出来事だったが，大王はやってのけた。アレクサンドロス大王が率いた前線基地や遠征跡地の周辺には，血みどろの地獄の激戦地跡が残っている。その証(あかし)としてエジプトのアレクサンドリア以外にも約10個の大王の名を冠した都市国家の遺跡が残されている。その一部を紹介すると下記の通りだが，これらの諸都市は，今なお，東西交易の中心として前323年以来，約2,300有余年もの長期にわたり有効に利用されてきた古代都市である。

　　☆アレクサンドリア（メルブ），
　　☆アレクサンドリア・アドオクサム（アイハヌム），
　　☆アレクサンドリア・エスカテ（コーカンド），
　　☆アレクサンドリア・アレイオン（ヘラート），
　　☆アレクサンドリア・アラコトン（カンダハル），

　ギリシア人らの入植者都市も多く建設され，ヘレニズム期以来，民族文化の融和が進行し，今日に至っている。

　このほかドランギアナ，アリア，バクトリア[20]，ソグディアナ[21]，サマルカンドなどの激戦地跡には，ギリシア人が入植した事実を後世に伝える数々の証拠が残されている。DNA鑑定するまでもなく，その顔形や風貌か

---

19) Aristotelēs, *Politica*, 1281, a. アリストテレスの状況認識は最先端を行っていた。
20) 　バクトリア王国は，ヒンドゥークシュ山脈と中央アジア「アム・ダリア」との間にあったギリシア人王国で，首都はバルフ，古名バクトラ。古くから東西交易の要地でアレクサンドロス大王に支配された。ここで膨大な貨幣が発掘されたのは遊牧民侵入に備えたから。
21) 　中央アジア最古の都市サマルカンド（後チムール帝国の都）を中心とするザラフシャン川域の古名。中国との交易盛ん。

らしても現地人とギリシア人の東西民族とか，東西文化の融和とか，平和共存の状態とかが続いていたという事実は，明明白白であろう。彼らは紀元後8世紀ごろまでギリシア語を「公用語」とし，アゴラ，アクロポリス，守護神の神殿，図書館，劇場，競技場，上下水道などの公共施設を完備したギリシア式の都市に住んでいたのである。

なお，アレクサンドロス大王が遠征した最東端の都市は，現在のロシアとアフガニスタン国境付近の激戦地であったアレクサンドリア・アドオクサム（アイ・ハヌム）[22]であって，この都市にも往時のギリシア都市の特徴であったアゴラ（公共広場），アクロポリス，神殿，競技場，図書館，劇場などを備え，見付かったギリシア語の碑文には「デルフォイ（Delphoi）神殿」神託（パルナソス山の麓から約6,000kmも離れた「アポロン神殿」神託）の碑文が残されている。現在，廃墟と化した「キュベレ神殿」は東方祭式でキュベレ崇拝（豊穣多産の女神レアと同一視）のために用いられていた。

アレクサンドロス大王はギリシアの法と文化を強制によってでなく，話し合いと合意によって融和・統合する途を求め，閉鎖的で神秘的な東方文化をリベラルで開放的なギリシア文化に接木し平和共存の花（オリーヴ）を咲かせたかったが，激戦地だった★アレクサンドリア（メルブ），★アレクサンドリア・アドオクサム（アイハヌム），★アレクサンドリア・エスカテ（コーカンド），★アレクサンドリア・アレイオン（ヘラート），★アレクサンドリア・アラコトン（カンダハル）等では，どうヘレニズム文化と共通の法と秩序の下で生きようと努めてみてもまず言葉が通じず，意思疎通ができない。「愛」や「合意形成」に訴えても意味がない。そこで，解かり易い力の正義，武力衝突へと発展しがちだった。ダレイオス王の支配下では力の支配で統治し，法や文化の支配や民主制さえ夢や空想に過ぎなかった。

大王はペルシア王ダレイオスの娘スタティラの智恵と美貌に魅せられたと

---

[22]　この都市は，アクロポリスと二本の川に挟まれた南北長方形のギリシア風碁盤目状，大通中央に「列柱門」，西には宮殿など行政区と居住区の他に神殿，英雄廟（デルフォイからの寸言と人生の理想を謳う五行箴言に関するギリシア語の碑文も発掘），体育場，泉，東には劇場や造兵廠があり，典型的なギリシア都市の特徴と共にギリシア風の生活様式を営んでいたことが窺える。

される。ペルシアでは国王の「権威の象徴」と崇めた「王冠と王服」を身に纏って「吾は神なり」と宣べ，東方の帝王神権の宗教祭祀や密教文化の融和に努めてきた。リベラルで寛容なギリシア文化を東方へ一方的・強制的に持ち込むのではなく，双方向の文化交流や民族交流によって文化や民族の世界的な融和・融合を図ろうと試みたが，大王は夢半ばにしてバビロン（Babylon）で死亡（前323年）。享年32歳。母の帝王訓を守り「命を捨て栄誉を残した」人生だったに違いない。

2.2 アリストテレスの困惑

前338年にマケドニア王フィリッポス二世は，ギリシアにおける都市国家ポリス内抗争やポリス間抗争に乗じてギリシアを征服した。その理由はコリント同盟の盟主としてギリシア全土に「汎ギリシアの平和」を実現するためとされたが，王の野望は昂じてアテネの統治を謀り，王を神として崇めることを求めたが，アリストテレスの甥カリステネスはこの布告に反対したことから処刑された。

アリストテレスは，混沌たる複雑な現実世界を哲学的に統合することが大切だと王の政策を弁護した上で，独自の理想国家観に立って都市国家（polis）から世界国家（kosmopolis）への変革を求め，今は小さな都市国家アテネの愛国心よりも全ギリシア人の結束にとって重要な意義があると諭した。これは古代ギリシアの形相（idea/eidos）転換で，心から自由と民主制を愛したアテネ市民は野蛮で品性下劣な王を擁護したアリストテレスに怒りを募らせ，とくにアテネ市街地に「哲学者アリストテレス」の石像を王が建立したことから，市民らの驚きと怒りは爆発寸前だった。

母校のアカデメイア学苑やイソクラテス（前436-338）の雄弁術学苑からも批判轟々，デモステネス（前384-322）の反マケドニア同盟の結成趣意書の辛辣な講演にも興奮し，いきり立つアテネ群衆たちは，アリストテレスを追放せよ，死刑にすべしと叫んだ。アリストテレスはどう現状が四面楚歌であろうとも，着々と偉業をやり遂げる戦士のごとく悠然と構え，小さな都市国家の取るに足りない論争が終わった暁には，現在の文化や科学はもっと栄える

であろうと冷静に語ったとされる。

　当時のアテネは閉鎖的（異邦人の排除）な民主制をとり，マケドニア出身のアリストテレスに市民権はなかったし，ギリシア語を喋るギリシア民族でも都市国家マケドニア，コリント，スパルタ生まれの人はアテネ市民にはなれなかった。大王が師アリストテレスから都市国家の限界を学び，世界国家へと統合すべく東征に乗出し，アテネも統合に加えたことで師の思いは複雑であった。従来，血縁関係で結ばれていた都市国家アテネ市民が（蛹を脱皮し蝶になるように）新たな志で結ばれ，世界国家の市民に統合されたことでアテネ市民たちは，怒り心頭に達したのである。

　大王が斃れ（前323），市民国家のアテネが独立し，群衆は自由と愛国心に歓喜した。これを契機にアテネ政情は険悪化し，アテネに反マケドニア党が現れて司祭長エウリュメドンはアリストテレスを「祈禱や生贄を無益と説く無神論者」として告発。私に敵意を抱く陪審員と私に憎悪を抱く大衆に裁かれる運命は師ソクラテスを振り返れば明らかだった。

　己の運命を悟った彼は，大王の死の翌年（前322年），すべて財産を叩いて親族の支援をも受け構築した愛すべき学苑「リュケイオン」を置き去りに，「アテネ市民に再び愛智（哲学）への犯罪の機会を与えたくない」との思いを残してアテネを去り，エーゲ海西部エウボイア（Euboia）のカルキス[23]）に逃れて病に伏した。2〜3月後，三途の川の向岸で待つアレクサンドロス大王の後を追うように孤独の中で寂しく息を引取った（前322年）。享年62歳の生涯であった。一説では「ことみな志と異なり，失望の余りに自ら毒人参を仰いで死亡[24]）した」とされる。

　何とも寂しく儚い生涯だったことか。アリストテレスにとって小さい都市国家から大きい世界国家への推移は，歴史的な必然であって人類の歩むべき正しい方向ゆえに，彼らを誤らせてならない。いずれは，歴史が真実を語るから。愛智を以て任ずる者に虚偽は許されぬ。善良な市民を裏切ってはいけないとする愛智者アリストテレスは，まさしくソクラテスに似た立派な最期

23）　エーゲ海西部ギリシア第2の大島であって，以前本土と繋がっていたが，今は橋で結ばれている。
24）　Grote, p. 22. Zeller, 1, p. 37, note.

であった。彼にとっては身の危険を侵す冒険ではあったが，学究を本務とする愛智者に求められる使命とは何か。「正しい事は正しく，真は真なり」と語る勇気である。この勇気を己の使命としなければならない。学問の自由はこの使命を自覚する限り保障される，と。

　アリストテレスは正義論でもプラトンを超えて，全倫理秩序（自然法）をいう法に適った心情や行動を一般的正義（justitia generalis）／法的正義（…legalis）とし，公正な分配を特殊的正義（…specialis）とした。これに二義あり随意交渉で人の価値や功績や身分に応じた名誉や財産等の配分上の平等を配分的正義（…distributiva）とし，裁判など不随意交渉において，価値や功績に関係なく，利害得失の平等な調整を調整的正義（…commutativa）というとした。

2.3　アレクサンドロス大王の使命と死後

　前327年春，ロクサネを正妃に迎えたアレクサンドロス大王は，同年初夏バクトリアのバクトラを発ってインドを目指し，アオルノスからインダス川に架けた船橋を渡りタクシラを経由してニカイアへ到着したが，その周辺のヒュダスペス河畔にはポーロス王象戦車130頭，騎兵3,000人，歩兵50,000人の大軍が待ち構え，雨季で川は増水中だった。しかし，本隊・別隊の巧妙な戦法でポーロス王を追撃，勝利に帰したが，ポーロス王の武勇と巨体に魅せられ領地安堵の上に新地を加え，戦勝記念にヘレニズム文化の都市を建設し，東岸の都市を「ニカイア」と命名し，逆に西岸の都市は，愛馬の死を悼み，「ブーケファラ」と命名した。

　この先二つの川（ヒュドラオテス川，ヒュファシス川）を渡れば，東にガンジス川と肥沃な土地が広がり遠征を進めると大王。だが兵士は拒んだ。絶え間なき行軍と戦闘とで疲労困憊し，二か月以上の豪雨と雷鳴で川は増水し川渡りも困難至極。宿営テントに毒蛇やサソリが安眠を妨げ，兵士らの気力や体力を消耗し士気喪失。部隊長級会合で側近クラテロスが進言する。「長い遠征で兵士らは疲れ切っている。一旦国へ帰すべきだ。それから若い兵士を率いて何処へなりへと遠征なさるがよい」と。

2.3 アレクサンドロス大王の使命と死後

前326年11月初旬，ニカイア（ヒュダスペス河畔）から両岸の2部隊と共に船2,000隻，総兵力120,000人の大船団がインダス川を下ったが，その途中マッロイ族とオクシュドラカイ族（歩兵80,000，騎兵10,000，戦車1,000両）の軍団が抵抗し激戦，サンガラで犠牲者10,000人，捕虜70,000人，逃げ遅れた住民全員（500人）を殺戮。大王は怒ってマッロイ族城壁を飛び越え瀕死の重傷を負って側近3名に救助された。しかし帰順(きじゅん)しない住民への無差別殺戮が続き，女性や子供まで虐殺された模様である。

前325年夏，バクトラを発ってインダス河口のパタラに着いた大王一行はネアルコスをユーフラテス河口まで沿岸探検の艦隊指揮官に任命した。大王は本隊を率いてパタラから西へ向かい，灼熱の太陽の下で猛暑の渇きや砂丘に足を取られ息果てた者，ガドロシア砂漠とマクラン砂漠を横断途中に豪雨や鉄砲水が襲い懸って飲み込まれる者も多く，兵士たちは息絶え絶えの状態でカルマニアに到達した。

他方，ネアルコス艦隊も，苦難の連続で隊員は海水の塩分で肌荒れし疲労や不眠で憔悴しきって貧血顔だったが，大王本隊と5日の距離という情報をハルモジアで得て大王と再会した。大王は兵士らの無残な姿に悲嘆(ひたん)したが，艦隊の健在を知って感涙(かんるい)に咽(むせ)んだ。艦隊は航海を続行し，ペルシア湾を経て前324年初頭，ユーフラテス川，ティグリス川を遡上し「スーサ」で大王の本隊と合流を果たした。

インドからの帰途は大王にとって想像を絶する困難の連続で，凱旋気分は吹っ飛んだ。というのは，スーサに向かう途中，大王はペルシア総督の不正経理や乱脈行政の告発を受けて4名を処刑し，総督が雇った傭兵の解散令や帰国令を布告，不安要因を取り除こうとしたが，解雇されたギリシア人傭兵たちは没収財産の返還や失業対策など多くの問題を抱え，本国への帰国さえ侭ならぬ不穏な状況にあった。

大王は前331年初頭，マザイオスをバビロニア総督に任じ，以来ペルシア人支配層との協調政策が本格化し，総督は全16人に増えたが，多くの総督はインドまで東征した大王がまさか戻ってくるとか，また，帰路のガドロシア砂漠を無事に通過できるとも思えず，誤った思い込みがルールの違反や職権乱用など不正行為を助長して腐敗を招き，ただ大王に忠誠を尽くす者だけが

総督職を維持していた。総督は正妃ロクサネの父オクシュアルテスほか3人に減少し，残り13人は解任か処刑した。大王はペルシア人総督の忠誠心を捉え切れなかったようである。

ペルシア王ダレイオス時代の総督には，属州で軍事権，行政権，財政権を含む包括的な権限が付与されていたが，大王は行政権だけをペルシア人総督に与え，軍事・財政権はマケドニア人に分権付与するか監督役を付けていた。こうした社会システムの違いや法制の違いが見方を換えれば忠誠心の希薄と誤解され，総督13人が犠牲となったが，自由と民主制を尊ぶヘレニズム文化の浸透には時間が必要だった。

前324年2月，スーサに帰還したギリシア兵士とペルシア人女性との間でペルシア式の集団結婚式を挙行し，大王はアカイメネス朝の正統な後継者の証として二人の娘を妃に迎え，側近80人に新しい帝国の支配層に君臨する証拠としてペルシア人・メディア人族の女性を付与した。遠征中にアジア人女性を妻とした兵士10,000人にも，正式な結婚を認め，祝金を贈呈した。またスーサには，東方で軍事教練を受けた後継者30,000人も集結，大王の発案で東方の騎兵部隊に編入し，ペルシア人貴族を親衛騎兵隊に抜擢した。マケドニア兵は不服ゆえに大王は地元古参兵10,000人に除隊帰国を命じた。「俺たちは島流しかお払い箱にする気か」と暴れ騒乱事件へ発展する兆しを呈したが，大王は和解の饗宴で「**マケドニア人とペルシア人は，共同で世界国家を統治し，古参兵の子息をマケドニアの兵士として養育すると誓って，恩賞を与えて送りだした。大王はクラテロスを引率の責任者と決め，本国の統治を委ねた**」とされる。

前324年秋，最愛の友ヘファイスティオンがメディアの首都エクバタナで急死[25]。大王は悲嘆にくれ，葬儀は荘厳で大規模だった。大王は神域メガロポリスの傍に「アモン像」を建て，そこに「ヘファイスティオン」を半神の英雄として祀った。

前323年バビロンに戻った大王は，各国から表敬訪問を受け，ギリシア諸

---

25) エクバタナ（Ecbatana）は，古代ペルシアの都市でメディアの首都でした。現在はイランの西部のハマダーンである。

2.3 アレクサンドロス大王の使命と死後

都市の使節団がペルシア式の冠を着用し，神事の使節然ながら大王に祝辞と黄金の冠を奉呈し「ギリシア諸都市が大王を神として祀り崇拝（神格化）する」という決議の報告をした。

大王最期の夢は「アラビア半島の就航計画」の実現だった。

大王は，ネアルコスを指揮官に任じて，艦隊の建設や調査隊の派遣準備を進めたが，王室日誌では6月1日大王は突然熱病に罹って倒れ，以後数日は病床から指揮官に指示していたが熱が下がらず，6月5日の夕方から容体は悪化したと記録されている。

6月8日も高熱は続き，将軍らは控え室に留り部隊長級は戸口で待機すべしと指示した。6月9日，大王は重体に陥り，6月10日，マケドニア兵らは大王の死を察し行列してベッド脇を巡った。もう声は出ないが，一人一人に目で会釈していた。

大王は6月10日夕刻に死亡した。32歳11ヶ月の生涯を閉じた。熱病を患って10日目であった。

師アリストテレスを仰ぐアレクサンドロス大王の大胆にして勇猛果敢な「ヘレニズム文化の統合」と「法の統合」事業は，達成までに程遠く未完に終わり，バビロン（Babylon）に凱旋して最期を遂げたが，いかに無念な最後であったか。後継者に関する遺言はなく，正妃ロクサネはそのとき妊娠8ヶ月，2ヶ月後にバビロンで男子を出産した。誕生後彼はアレクサンドロス4世と命名され即位したが，まだ幼子であり，統治能力に欠けることから，側近の一人「ペルディッカス」を摂政に選び，彼が中心となって有力な側近一同を集めて総監領を分配した。

アレクサンドロス大王の死後，その部下将軍たちの間で熾烈な後継者戦争（前323〜276年）に突入した。前306〜304年後継将軍らは次々王座を名乗りヘレニズム5王国が誕生したが淘汰され，最終的には3王朝に分割され初期目的に反して「分割統治」の時代に入った。①プトレマイオス朝は前30年までエジプトを統治し，首都をアレクサンドリアと命名した。②アンティゴノス朝はマケドニアと各ポリスを含むギリシア全域を統治し，国事を司った。③セレウコス朝はシリアとバビロンを統治した。しかし大王の死後，ヘレニズム文化の下では，世界統合は箍が緩み，当初の崇高な理念や共通ルールも薄

れ，領土も失われた。「バクトリア」(現在のアフガニスタン) にはギリシア人によるギリシア風の独立王国が建設されたが，小アジアはペルガモンの統治下に入った。

　大王の死後，後継者たちは異なった民族，異なった法制，異なった文化と接触し，互いに融和しつつ共存し，長期間にわたり地中海の全域⇒アフリカ東部⇒インド⇒アジアを結ぶ交易ルートを形成し，東西産業の発展に大きく寄与した。

　アレクサンドロス大王の治世は，世界各地で凄惨な戦いが勃発し，国宝級建造物が破壊された。大王の東征はペルシア王ダレイオスに代わってアジアに寛容と共存の壮大なギリシア風ヘレニズム文化を移植する大実験であったが，現地人から見れば忘れ難い深い傷跡を残した。またヘレニズム文化は，インドのガンダーラ仏教芸術にも影響を及ぼし，西方にも波及した。ローマ人は，ギリシア人の愛智 (哲学)，文学 (神話)，弁証術，美術，建築など文化の真髄まで懸命に吸収した。

　前146年といえば，かの「バクトリア」にギリシア人が入植して建設した都市国家「アイ・ハヌム」が遊牧民の略奪によって消滅した年で，この年はローマ人がアフリカ北部のフェニキア人の建設した植民都市「カルタゴ」を滅ぼし，ギリシア全域をローマの属州として含めた年でもあった。ローマのプルタルコス[26]は，論説集「アレクサンドロスの幸運と卓越性について」においてこう述べている。

　「アレクサンドロスは，ヒュルカニア人には結婚を奨励し，アラコシア人には，土地を耕すことを教え，ソグディアナ人には，両親を殺さず扶養することを説き，ペルシア人には，母親と交わるのではなく，むしろ母親を敬うよう説得した。

　アレクサンドロスがアジアを教化した御蔭でホメロスが読まれ，ペルシャ人やスシア人やゲドロシア人の子供たちは，エウリピデスやソフォクレスの悲劇を歌うことを学んだ。アレクサンドロスの御蔭でバクトリアとコーカサ

---

26) プルタルコス著『英雄伝』や『倫理論集』など論説集の一篇「アレクサンドロスの幸運と卓越性について」。守谷公俊著『アレクサンドロスの征服と神話』-興亡の世界史-。

スはギリシアの神々を敬うことを学んだ。

　アレクサンドロスは，夷荻(いてき)の諸民族の間に70以上もの都市を建設してギリシア風の国政で，アジアの土地を耕し，野蛮で荒々しい生活様式を克服した。彼は自分が神によって遣わされた万人の統治者で，全世界の調停者であると信じ，人々の生活と慣習と結婚と生活様式をまるで「親愛の杯」の中でするように混ぜ合わせて，あらゆるものを一つに統合したのである」と。

　大王をどう評価するかは視点や基準により違うが，プルタルコスのように「野蛮な東方に文明をもたらした功労者であり，文明の使徒であり，全世界の諸民族の統一者である」と判断する立場，つまり，Pax Hellenes こそがヘレニズムの真髄だとする立場もあった。

　これはローマ帝国が地中海世界を統一し，周辺蛮族が平和と文明の恩恵に浴した後ヨーロッパ世界を統一した平和の守護神 Pax Romana の路線に対応させ，後の Pax Britannia の路線に対応させ，第一次・第二次世界大戦後に世界の守護神として躍り出た Pax Americana 路線に対応させた見方だったといえよう。

　しかしアレクサンドロス大王には，プルタルコスの「野蛮な東方民族」とか「地中海沿岸の遅れた蛮族」といった人種差別の考えはない。このことはロクサネを正妃とし，美貌で知的な故ペルシア王ダレイオスの王妃や二人の娘スタティラとドリュペティスは目の毒として近寄らず，兵士や母オリュンピアスの人種差別の観念を徹底的に批判した点から明らかだ。

　マケドニア王フィリッポス二世の下で教育係だった師アリストテレスも手を焼く数年間の適切な「帝王学教育」の成果であったとされようが，ソクラテスの愛智論，弁証論，正義論，万人平等論をはじめプラトン哲学と理想国家論，アリストテレス哲学と世界国家論，ヘレニズム期ストア学苑創始者ゼノン（Zēnōn，前335-263）のロゴス論，万人平等論，世界国家論，またエピクロス学苑の創始者エピクロス（Epikuros，342頃〜271頃）の快楽主義にも，王子は強い関心を示していた。この点に鑑み，アレクサンドロス大王は，自然的な真／偽，社会的な正／邪，個人的な善／悪の判断は正確に下し，文化や民族への侮蔑や傲慢さには嫌悪し，「アジアの王」となるに相応しい純粋さと素朴さを尊ぶ素質を備えていた。

さらに大王は，性格的には正直で曲がったことを好まず，嘘偽(うそいつわ)りや裏切り，ルール無視や約束違反は，断じて許さなかった。彼の性格を激情的とみなす人もいるが，これは大王の勇気の証(あかし)で，大王の使命はただ2つ。①アジアをペルシア王ダレイオス3世の陰険な支配から解放することと，②ヘレニズム文化に救いを求めて「世界国家」[27]の路線を推し進め，その手段として東西文化や民族の融和政策を打ち出し，漸次的に東西融合をはかることだった。ローマ時代のアリアノスは，伝記で次のように語っている。

「アレクサンドロスの企図は，並みの卑小なものではなかった。たとえ，ヨーロッパをアジアに併合しようとも，また，ブリテン諸島（イギリス）をヨーロッパに加えようとも，彼は自分がすでに征服したところに安住したり留まったりすることはないのであって，つねに未知なるところをさらに遠くへ求めてやまなかった。たとえ他に相手がいなくなっても，彼は自分自身を相手に戦ったのである」と。

2.4　ストア学苑と普遍的な「ロゴス」の探究

アレクサンドロス大王の没後，激しい後継者争いが生じ，折角多くの犠牲を伴って大王らが統合した世界は三分割された。東方では，ギリシア語が公用語となり，金貨本位の貨幣制度もとられ，また東西文化の交流を通じて政治や経済，社会や民族の融和も盛んになり，交易ルートも拡大されたが，恩恵に浴したのは自由民と官僚と軍人に限られていたので，貧富の格差が増大して各地に暴動を引き起こした。なぜなら相次ぐ戦乱によって農産物の生産高は，下落の一途を辿り，奴隷労働も本格化して地方農民は，貧困貧窮に喘(あえ)がざるを得なくなったのである。

荒々しい「マケドニア王国」による併合と支配下に自尊心を傷つけられ，自由を失い，人生の目標を見失った多数のギリシア市民は現実逃避によって安心立命の境地を求めて彷徨(さまよ)っていた。これがヘレニズム期の特徴だった。

---

27) 国家や民族を超越し，直接，個人を単位として「世界市民による世界社会」を実現しようとする思想で，世界主義，世界市民主義，四海同胞主義と称される。

2.4 ストア学苑と普遍的な「ロゴス」の探究

ヘレニズム期に入ると，ギリシア哲学は大きく変化し，ゼノンの万人平等と世界国家への歩みが顕著化し，ストア学苑の開祖ゼノン（Zēnōn，前335-263）は，アルニム『断片』でこう述べている。「**人間は別個の正義に照らして別個の都市国家（polis）に分かれて生きるべきではない。あたかも共通牧場に草食む羊のように，人類共通の「自然法」（lex naturalis）である普遍的理性（koinos nomos）の下に単一の秩序を形成して生きるべきである**[28]」。

ヘレニズム期の主題はストア学苑，エピクロス学苑，懐疑学派にみられるように何れも小川から大洋へ下った子鮎(あゆ)が環境の変化に当惑している有様に例えられ，古代ポリスにおいて悠然と自然の賛美に費やす精神的な余裕などなく現実の荒波に打ち勝って生きる智慧の模索に入り，**どう生きるべきか**が愛智（哲学）の中心テーマとなった。

まずストア学苑の開祖ゼノンは本能的な欲求と心の不受態（apathia）を保ち自然と合致して生きる状態を理想とした。自然（natura）は世界を隈なく支配するロゴスが分有する人間理性を意味する自然法則・倫理法則で，宗教／民族／性別／才能に関係なく等しく分有されている。アリストテレスの「世界国家」（kosmopolitina）や万人平等の人間観も現れ，文化の遅れた異民族を蛮(ばん)夷(い)視する偏狭な思考枠組から人びとは脱却しつつあった。

また「法制」も，各々別個の都市国家ポリスで別個の人定法（lex humana）を定めるのではなく，自然法（lex naturalis）や神法（lex devina）といった普遍的な共通の根拠に基づいて正当化され，自ら何が正しいか否か，何が正義に適うか適わないかを決める力を備えています[29]。誰もが生来ロゴスを備えているから正しい理性も正しい法則も備えている。

もし「法則」を備えているなら，「法律」も備えています[30]。「人間の権利」（人権）も同様です。「ロゴス」は誰も等しく備えているから「法」も万人に等しく備わっており，人権も万人に等しく備わっている[31]。故アレクサンドロス大王の政治的理念は，これで明らかのように，すでにヘレニズム

---

28) Zēnōn，アルニム『断片』第3巻，27，78参照。
29) *Ibid*，第1巻，42，35を参照されたい。
30) *Ibid*，第3巻，78，27を参照のこと。
31) ヘレニズム期に神秘的・普遍的な「ロゴス」の概念へ発展した証拠。

思想の渦中にあったようである。

　人間がジャングル状態から脱却して社会的協力の状態へ移行する際，まず社会的に何が正しいか，何が公正か，何が正義に適うかを公認の約束ごととして決めておかなければならない。そういうわけで，民主制をとる社会では「合意形成」が必須要件とされる。なぜなら，自ら合意に加わることで当然，社会の一員として「責任感」を伴いつつ有効に「自律心」を働かせることになるからである。

　つぎにストア学苑の創始者ゼノンによれば，社会的な「正義の基準」は，それぞれの都市国家ポリスにおいて勝手に決められるような「国家単位」の評価基準であってはならず，国家をA国，B国，C国…とするとき，A国の正義，B国の正義，C国の正義…であってはならない，と。

　「ロゴス」は誰にも等しく備わっているから正義の評価基準も万国共通でなければならない。当然のことだが，ピレネの彼方のロゴスはピレネの此方のロゴスと同一でなければならないのである。これは正義の同一性を意味しており，ピレネの彼方の正義は，ピレネの此方の正義と同一でなければならないことを意味している。ゼノンのロゴス（普遍的理性）思想は古代ローマの多才な哲学者，しかも政治家であるキケロ（Cicero, 前106～43）へ継承発展され「自然法思想」と結びついた。

　キケロ（Cicero, 前106～43）は，「我われは正義のために生まれた。我われは正邪・善悪の区別が自然によってではなく，人びとの意見によって決まると考えるのは狂人だ[32]。正義の端緒は自然の内にある[33]。それゆえ，自然法を知らない者は，正義を認識することができず，正義の意味を理解することはできない。自然法は正義の究極の基準であって，各国の人定法が正当であるとされ，拘束力をもってくるのは，正義が自然法に合致しているとき，そのときに限る」のである。

　キケロによれば，「理性」や「正義」も自然からの賜り物として何人にも等しく授けられている。そして「万人平等の原理」は，自然法から導かれる

32）　Cicero, *De Legibus*, I, 10, 16, 42 参照。
33）　Cicero, *De Inventione*, II, 53, 160 参照。

必然的な帰結であって、この原理は「人びとを結合させる絆の存在」[34]から導かれるのである。彼の唱えた「自然」（natura）は、まさに、ゼノンが述べた「ロゴス」であり、普遍的な理性（ratio）に対応する最高の法（lex summa）であるか真の法（lex vera）を意味している。

キケロは、「正義の根拠」を快楽主義者エピクロスのように「快楽」とか「効用」（utilitas）には求めず、自然からすべての人に等しく付与されている限り、正義もすべての人に等しく付与されている。キケロのいう「法」（lex）は、正しい「理性」（ratio）が命令や禁令となったものだから、法の背後にはどの国も免れない共通の普遍的な基盤があって、正しい社会的協力は、万国共通の自然法に合致した社会的協力であるとき、そのときに限るのである。彼は「正義の根拠」を自然法に求め、自然法に合致しない人定法を無効として必要な修正を要求している。**自然法は、人定法を裁く正義の法であって、法を裁く法でもある。**

こうして、各国の「人定法」は、万国共通の普遍的な「自然法」によって監視され、いかなる国家の法秩序も単一の普遍的な共通秩序の下に統一される。ピレネの彼方と此方の正義基準が対立するときには、どちらかの基準が自然法に合致していないからだとされる。双方共に自然法に合致していれば正義の基準に対立は生じないはずである。

エピクテトスは「我らはみな兄弟だ。同じ仕方で神を父にもつから[35]」と述べ、また、セネカも「ローマの騎士だの…奴隷だの何たること。こうした差別は野望と不正義から導かれた名称にすぎない」[36]とし、いずれもストア学苑の創始者ゼノン以来の都市国家ポリスから世界国家コスモポリスへのパラダイム転換を象徴している。このような万人平等の思想は、ガイウス、ウルピアヌス、アルキアヌスなどに継承発展され、かつて人権がひどく阻害され不遇を強いられてきた女性や子供、奴隷や異民族に対してまで「権利の平等」が叫ばれるに至った。

---

34) A. P. D'Entrèves, *Natural Law, An Introduction to Legal Philosophy*, 1951. ダントレーヴ『自然法』久保訳、岩波書店、p. 25 参照。
35) Epiktētos,（後55頃〜135）,『語録』I, 13節参照。
36) Seneca,（後4〜65）, *De vita beata*, 2, 5, 20 参照。

人権擁護の例として，ハドリアヌスは主人による奴隷殺害を禁じ，次いでアントニウス・ピウスは，奴隷が神々の祭壇に逃げ込む権利を与え，さらにマルクス・アウレリウスは，剣闘士による見世物を禁じた。3世紀になると奴隷が遺言によって財産2/3を自由に処分する権利を与え，次いで4世紀には，奴隷が主人を告訴する権利まで付与した。

しかしローマにおける「人権を平等化する政策」に対しては，イギリスの科学哲学者B. ラッセルは，「ギリシア」と「ローマ」との世界的な貢献を比較した上で，興味深くこう述べている。

「ローマ人たちは芸術形成の草案もなければ，また独創的な哲学もなく，さらに，科学的な発展もなかった。ただ，立派な道路を造ったり，体系的な法典を編集したり，能率の良い軍隊を育てたりしただけ。その他のすべては，ギリシアに仰いだのである」[37]。

ラッセルによれば，ローマ人はギリシア哲学を「法」(lex)へと具体化してストア学苑の開祖ゼノンの「自然法」(lex natura)を「人定法」(lex humana)の根拠とした。こうして人間の定める実定法の背景には，どんな国にとっても免れえない普遍的な共通の哲学的根拠，すなわち，万国共通の正義の根拠というものがあって，「善と公正」(bonum et aequum)の概念の下に法と倫理的な要請との間の調整を図ったのである。

2.5　エピクロス学苑と快楽主義・社会契約論

ストア学苑の創始者ゼノン（Zēnōn，前335-263）は「汎ロゴス主義者」だったが，エピクロス学苑の創始者エピクロス（Epikuros，前342〜270頃）は，すでに「認識の根源」を後の17世紀イギリス経験論を先取りして「感覚的知覚」に求めていた。

これが第1の差異で①「感覚論的な唯物論」と呼んでいる。第2の差異は，すべての価値の根拠を「快楽」に求めたことから，これを②「快楽主義」と

---

[37] B. Russell, History of Western Philosophy, 1946, バートランド・ラッセル著，市井三郎訳，『西洋哲学史』上，みすず書房，p. 277.

呼んでいる。だが「快楽」は多様であり，最も基本的な「胃袋の快楽」から始まって，最高の快楽である「心の平静」（ataraxia）に至るまで段階的に続く快楽の序列というものがある。

エピクロスは「智慧」や「教養」までも快楽のためである[38]とし，最高の快楽である持続的な「心の平静」という王冠は，指導者の崇高な地位よりも価値があるという。一般に人間は，快楽のために友を選ぶが，友のためには最大の苦痛をも引き受ける[39]，と。

エピクロスは「快楽」を善の原理とし，「苦痛」を悪の原理として，生の黄金の樹は緑色だが，すべての理論は灰色である。快楽の追求は，善ゆえに肉体の健康を維持するから，心の平静こそ人生一切の選択基準と努力目標を設定しなければならない。

では，宗教は魂を救うという説もあるが，これはどうか。

エピクロスによれば，宗教は魂に恐怖を与えるから悪である。宗教は魂を救済するというが，これは偽善である。じつは，人心に恐怖の念を植付け，持続的な不安と苦痛を与える。だから悪である。なにも怖れることはない。霊魂は肉体と共に滅びる。神々が実在するにせよ，心を労する必要はない。神々も合理的な快楽主義者であって俗界の営みなどに心を労さない。神々に気兼ねして生きるとは愚かなことだ，と。

エピクロスは「友情」にもふれ，「友情は社会的な快楽である」と定義している。社会的な快楽としての友情を高めていき，他人の憤怒をかう機会やそれを恐れる機会がないように行動すること。これがまさに，エピクロスの定義した「正義」の真意である。

エピクロスは世界最初の「社会契約論」の提唱者だった。人びとの主観的快楽こそが正義や善などすべての「徳の原理」であり，友情は人びとを結びつけ相互信頼の情を高めることに寄与するからである。この友情の互恵性により，人びとは「契約」（pactum）に基づき社会を造って社会的協力に従事し，これを維持しようとするのである。

---

38) Epikuros, エピクロス『断片』429参照.
39) *Ibid*, 546 参照。

なお，社会の契約は「法」に基づくが，その承認と効力は，エピクロスによれば「快楽の利益」を基準として契約の履行を担保する客観的な根拠である。それゆえ，違法行為それ自体が悪なのではない。それが悪であるのは，違法行為が不快感を与えるからである。

　逆に，人びとの順法行為は，友情と信頼に基づく社会的快楽に寄与するから善なのである。エピクロスによれば，順法行為それ自体が善なのではない。そうなのではなく，「順法行為」には，快楽が伴うから善とされるのである。一般に，順法行為が正しいとされ大切とされるのは，快楽の増進に寄与する限りにおいてである[40]。

　エピクロス学苑の価値基準である「快楽主義」は，ストア学苑の価値基準である「汎ロゴス主義」と比べて極めて対照的な思想であったとされよう。こうした理由から，ストア学苑はエピクロス学苑の考え方を「豚の哲学」[41]と呼んで軽蔑したようであるが，豚呼ばわりされたエピクロス学苑の学徒からみれば，これほど自尊心が傷つき，不快な思いに浸ったことなどなかったと思われるが，どうであろう。

　その後は，汎ロゴス思想全盛の中世時代に入り，エピクロスの快楽主義は約1,000年間の長い眠りにつき，「暗黒の中世」とされる約1,000年という長い冬眠から覚めるまで「ドーバー海峡」の海底に身を潜めていた。やがて「ルネッサンス」や「宗教改革」を終え，人びとが「基本的人権」に目覚め，「自由」と「平等」の価値に目覚めるに至って近世の開幕と共に快楽主義は功利主義の衣を纏って深い眠りから目覚め，イギリス経験論や産業革命期の功利主義哲学と融合して急速な発展を遂げた。

2.6　ヘレニズム第3期：神秘主義と魂の慰安

　ヘレニズム期は空しい現実の幻影に対し「懐疑の念」と「安住の模索」に次第に混迷の様相を呈し，古代の黄昏は魂の安らぎを求めて「神秘主義」の

---

40)　*Ibid*, 参照のこと。
41)　拙著，正義の研究3，『社会思想史』成文堂，1997，p. 20。ストア学苑はエピクロス学苑における哲学を「豚の哲学」であると揶揄し，蔑視したとされる。

2.6 ヘレニズム第3期：神秘主義と魂の慰安

道を開いた。人びとは現実に失望し血腥い営みに嫌悪感さえ覚えるに至って理性や良心への倦怠感は極限に達した。こうして，懐疑の眼や神秘的なものへの憧れと魂の慰安へと向かわせた。

懐疑論の始祖ピロン（pyrrhōn, 前360～270）と弟子ティモン（Timōn, 前320～230）には現実の荒れた政界に愛想をつかし救済策を新たな哲学に求めんとする魂の足掻きがうかがえる。何もかも空しい現実の幻影にすぎないという諦めから判断中止（epokhē）がもたらす「心の平静」[42]（ataraxia）に心の唯一の救済策を求めたのである。

しかし，プロティノス（plōtinos, 前204～270）は，プラトン哲学を神秘化した上でストア哲学の「ロゴス」の概念と「自然法」の概念とを継承することによって「太源流出」（emanation）[43]の学説を唱えた。すべてのものは，存在や思考を超越した「神的な一者」から流出し，人の魂も世界霊魂から段階的に流出してくるとした。その「一者」から遠ざかるにつれてヌース（叡智）⇒プシュケー（霊魂）⇒質量（肉体）の順序で完全性が劣って非存在・悪となるのである。善と有徳な魂は肉体と同じ情念と経験内容をもたないで自ら活動し，肉体からの離脱を恐れず，いかなる反対も受けず，ただ理性とロゴスの支配に服するのみだ。

知性界から知的活動が辿って魂に入り，感性界に留まるのが徳。正義それ自体から魂に辿り着いたのが正義の徳である[44]。この正義の徳も，太源から流出する。逆に遡行すれば，神的な一者に辿り着く。すでにプロティノスにはギリシア的な合理的な精神は色褪せた。神秘主義の色合いが濃厚になって従来の旺盛な創造的知性の横溢に代わり，古代ギリシア人が使命を果たした後の疲弊した姿と絶対者への帰依に「魂の安堵」を見出そうとして彷徨える老いた姿が印象的であった。

プロティノスの神秘主義の大橋を渡って中世「キリスト教神学」の時代へ

---

42) 判断中止による「心の平静」はエピクロス主義の「胃袋の快楽」に始まる精神的な快楽でなく，現実界への失望と諦念に基づく快楽であって性格が異なっている。
43) エジプト生まれのギリシアの哲学者であり，新プラトン学派の元祖である。人間精神の究極目的は，一者との神秘的な合一（エクスタシス）にある。プロティノス著『徳について』3。
44) Plōtinos, *Ibid*, 6.

移行した。古代ギリシアのソクラテス、プラトン、アリストテレスの愛智は、都市国家ポリスの興亡と運命を共にしたように、ヘレニズム期ストアの開祖ゼノン、快楽主義の開祖エピクロス、懐疑主義の開祖ピロンは、世界国家：コスモポリスの興亡と運命を共にした。さらに、プロティノスの神秘主義は「一神論神学」への道を開いた。アリストテレスの世界国家論はアレクサンドロス大王の東方遠征（前334～323）によって夢の実現を試みたが、東征後間もなく、大王はバビロンにおいて死亡した（前323年6月10日）。ディアイドコイによってヘレニズム諸王国が成り立つ準備も整うに至って「コスモポリスの夢」は、古代ローマにバトンタッチされることになった。

2.7　ローマの勃興・民族と言語

古代ローマは紀元前5世紀に、地域連合「ラテン同盟」から頭角を現わし勃興した都市国家である。というのは、ローマは前396年ラテン人集落から北部エルトリアを奪還し領土を倍増したり、前338年ラテン同盟の解体後に「ラテン平原」一帯を統一して造られた都市国家である。その後、ローマは兵力を整え、サムニウム、エトリア、ガリア（ケルト）の連合軍を制覇するまでに発展したようである。

当時、イタリア半島において最も優勢を誇った人たちは、ギリシアからの入植者や**エトルリア人**であって、彼らは高度な都市国家を整え、ギリシア語の語源「**フェニキア語**」を話す民族だった。しかもローマは前7世紀、先進エトルリア人に奪われていたが、イタリア半島の小さな村落共同体が大きな都市国家「ローマ」へ発展し、「**ラテン語**」が公用語として使われ、**ローマの全体がラテン語一色**となった。

イタリア半島を支配下に収めたローマは、周辺敵国とも睨み合いを始めるに至り、前202年にカルタゴ[45]と戦闘を開始、わずか一世紀程で北アフリカ、ピレネー山脈南側の「イベリア半島」の大半、ガリアの南部、マケドニア、

---

45)　アフリカ北部チュニス北東12㌔の地にフェニキア人が構築した古代植民都市。前6世紀以来、西地中海を制覇していたが、後にローマに敗れ滅亡した。

ギリシア，アナトリア（小アジア）を領土に加えた。

　前814年フェニキア人（カルタゴ人）によって建造された海洋国カルタゴは地中海西部を制覇，絶大な権力を握っていて，ラテン語はラテン人ばかりでなく，エトルリアをはじめ，広くイタリア全体とその周辺地域にまで及んでいたと解される。こうしてローマはカルタゴと衝突し，3度にわたる戦争を開始した。つまり，ローマは共和政時代にフェニキア人（Poeni）植民都市であるカルタゴとの間で全3回も激突し凄まじい戦争を展開したのであるが，これを「ポエニ戦争」という。

　第1次ポエニ戦争（前264～241）は，ギリシア人植民都市だったシチリアが主戦場となったが，ローマ海軍が勝利してシチリア島からカルタゴ人を追放し，「シチリア」はローマの属州となった。

　第2次ポエニ戦争（前218～201）は，イベリア半島における「カルタゴ」の動きを阻止しようとして戦争に突入した。名将ハンニバル率いるカルタゴ軍がヒスパニア（現スペイン）からイタリア半島に侵入し，ローマ軍を大破して何度も敗れたが，「ザマの戦い」では，名将スキピオがカルタゴ海軍を撃破し，ローマ軍が西地中海を征服した。

　第3次ポエニ戦争（前149～146）では，ローマの名将スキピオ率いるローマ軍がカルタゴ海軍を壊滅，地中海の覇権を掌握しシリアとサルディーニャをローマの属州に加えた（前227）。カルタゴは廃墟と化し，市民たちを奴隷として売り飛ばした。次にローマは強敵マケドニアに目を向けた。

　前2世紀にマケドニア王国はセレウコス[46]朝シリアと手を結びギリシアで戦力を誇って，コリントスを含むアカイア同盟やアイトリア同盟も存在していたが，ローマはギリシアに始まった反マケドニア運動の政治緊張に乗じて軍事介入。第1次戦争（前215-205）ではマケドニア王のフィリッポス二世がカルタゴの名将ハンニバルと同盟して勝利し，第2次戦争（前200-196）では，ローマの将軍フラミニヌスが活躍して勝利し，第3次戦争（前171-167）ではマケドニア王のペルセウスが敗れて滅びた。第4次戦争（前149-148）は

---

46) シリア王国の創設者，セレウコス朝の始祖でアレクサンドロス大王の武将。大王の没後，インダス川から地中海に亘る領地を獲得し（前305年）王位に就く（前358～前281）。

悲惨にもローマの属州になる。その2年後に（前146）ギリシアもアカイア戦争で征服され，ローマの属州になった。

アレクサンドロス大王（前356-前323）の没後，バクトリアのギリシア人の都市アイ・ハヌムに遊牧民が侵入し壊滅状態の前146年といえば，ローマがカルタゴを滅ぼして属州とし，ローマの一部となって地中海の覇権を握ったが，同時に，マケドニアもギリシアもローマの属州になった年である。そのために，当時のギリシアはローマに支配され，しだいに精彩を欠いてきた。アレクサンドロス大王の死後，ギリシアの文化を尊重するヘレニズム文化は衰退し，凋落の一途を辿ったが，これに反してローマは猛虎の勢いで版図を拡大し，地中海沿岸の全域で覇権を掌握していった。

カルタゴが前202年に敗北した後の前120年ごろに，ローマは急速に領土を拡大していった。ギリシアと小アジアに散在するギリシア人の諸都市国家に対しては，外交または武力行使によって併合を進めた。ピレネー山脈以南のイベリア半島に在住のガリシア人，ルシタニア人，バケイアイ人，ケルト・イベリア人など多様な民族は，長期にわたる遠征の末に服従させ，ローマに統合した。このように，領土をイタリア半島の外部へと拡大するにつれて，ローマ人はイタリア内部で適用されていた従来の「合併の原則」を廃棄して故アレクサンドロス大王から学び，「総督が支配する属州を設ける」ようになった。総督の任期は1～2年，任務は秩序を守って徴税監督することだった。だが故大王の場合もそうだったように，総督による汚職が日常茶飯事だったから，前149年には常設の法廷が設けられるようになった。

2.8 共和制ローマからローマ帝国へ

前51年にユリウス・カエサル（シーザー）[47]がピレネー山脈北部のガリア

---

47) 古代ローマの将軍でポンペイウス，クラッススと手を組み「三頭政治」を開始し「国有地分配法」を実施。前58-51年に「ガリア地方」を平定。またブリタニアを遠征し元老院保守派による軍指揮権剥奪に反対，ルビコン川を渡ってローマに入り反対派を倒す。その後ポンペイウスを追ってエジプトに侵攻，前47年クレオパトラに王位を与え，小アジア，イベリア半島の反乱を鎮圧し独裁権限を奮う。ユリウス暦制定などに貢献。しかし，カエサルはブルトゥスら共和制支持者に暗殺された。

2.8 共和制ローマからローマ帝国へ

を征服，前30年オクタビアヌスはマルクス・アントニウスを破りエジプトを併合。前27年オクタビアヌスは尊称「アウグストゥス」を受けローマ初代皇帝になった。後9年パンノニアを属州に加えてドナウ川辺境の安全を確保した。ローマはゲルマン人に敗退しライン川まで辺境を後退させた。

後43年にローマがブリテン島を侵略し，翌年に，マウレタニアがローマの保護国から属州になる。66〜73年にローマの統治下でユダヤ人の初の反乱が勃発。70年ティトゥスがエルサレムを破壊。106年トラヤヌス帝がダキアを征服，115〜117年パルティアと戦争が勃発。トラヤヌス帝がローマの領土をペルシア湾まで拡大し，ダキア，アラビア，アルメニア，アッシリア，メソポタミアを併合した。117年に後を継いだハドリアヌス帝はアルメニアなど3州を手放し辺境防衛を重視すべく政策を転換した。軍隊はハドリアヌス帝の時代に職業軍人が30万人で，彼らは辺境の地を防衛したが，ブリタニアやユダヤのように紛争の多い地域の反乱の鎮圧に努め，また海軍は地中海から海賊を一掃した。さらに，ライン川とドナウ川にも海軍基地が設置され北東辺境の防衛にあたった。132〜135年ユダヤ人の反乱再発。「エルサレム」はローマの都市「アエリア・カピトリナ」として再建された。

ローマは共和制時代には，地中海のほぼ全域を軍事的に制圧し，支配していたが，紀元前2世紀から後の1世紀にわたり各地で内乱や政治抗争が続いたことで，纏まった国家としての社会的協力の理念も共通ルールも秩序ある制度も未発達だったから，初代皇帝アウグストゥス（在位前27年-後14年）は前30年マルクス・アントニウスを破って元首制度を導入し，混乱の時代を乗り越えた。元首制は帝国を統治し防衛する上で長期にわたって継続されたが，3世紀末以来，ディオクレティアヌス帝およびコンスタンティヌス帝によって改革が進められ，ローマ帝国最盛期の2世紀ごろは，5000を超える行政区と住民5000万人以上を統括していたが，臣民の殆どはローマによる統治を受け入れ，西ヨーロッパのほぼ全域で多数の人々が「ローマ文化」と「ラテン語」を習得していた。212年以降は版図内にいるすべての自由民に「ローマ市民権」を付与していた。

ローマ帝国の拡大に伴ってローマ市も大きく発展し2世紀には人口およそ100万人の都市になったが，市民の胃袋や生活を支えたのはティベリス川で

運ばれる食糧や生活物資と一人／1日当たり400ℓの上下水を供給する水道であった。ローマ人の多くは働かないで食料の穀物は無料配給された。市民の心身の満足や快楽を保障するため，アウグストゥス帝など歴代皇帝に習って業績を積み，壮大な公共広場，神殿，宮殿，劇場，大浴場，5万人収容する闘技場（コロッセウム等）などが整備されていた。また，ローマは帝国全体からローマ市民への食糧や建材など生活用品を輸入した。とくに，食料の多くはエジプトや北アフリカから穀物が輸送され，トラヤヌス帝らが河口に建設した装置ポルトゥスで陸揚げされ，そこから小型ガレージ船で川を遡行して首都へ運ばれていた。船を使えば陸路より早く安上がり。そして宮殿や寺院の柱や飾りに用いる大理石の多くは，ギリシアやアフリカから船で運ばれた。彼らの胃袋の快楽は相当なもので，トマトケチャップや魚を発酵させたソースなども調味料としていた。

第3章 神の支配と政教一致

> 3.1 イエス・キリストと「心の救済」
> 3.2 ローマ帝国の衰退，四分統治制，東西分裂
> 3.3 西ローマ帝国の滅亡
> 3.4 アウグスティヌスと「神の国」
> 3.5 十字軍戦争とトマス・アクィナスの共通善

3.1 イエス・キリストと「心の救済」

イエス・キリスト（Jēsus Khristos, 前4？～後28）は北パレスティナに生まれ,「終末論的待望」[1]とキリストの再来や世の終わり説いたユダヤ人であった。30歳頃エルサレムで「**吾は道なり，真理なり，生命なり**」と説き，パリサイ派や祭司階級を批判し，**十字架刑で死亡**。大伝道者パウロは，自らを異邦人の使徒とし積極的伝道を始め，ローマ各地にキリストを信ずる集団が増えた。これに苛立った政府は「ローマの大火」（後64年）以来，激しい迫害や弾圧を加え，3世紀中葉に大規模な組織的迫害や弾圧を加えたが，かえって信徒は結束を強め，すでに公的弾圧や迫害に抵抗する勢力を蓄えていた。

こうしてコンスタンティヌス治世の313年についに「ミラノの寛容令」の公的容認を取り付け，325年の「ニカイア宗教会議」で「キリストは父なる神と実体を同じくする」とされ，以後これが正統信仰とされた。また381年「コンスタンティノポリス会議」では「父なる神，子なる神，聖霊なる神のペルソナは異なるけど，実体は三位一体である」と教義が確立され，ついに392年キリスト教は公認の「ローマ国教」として承認されるに至った。こうしてキリスト教は，一民族宗教から脱しストア哲学的「世界国家」の思想や

---

1) 『ヨハネ伝』§14,6.「終末論」とは死，最後の審判，天国と地獄，世の終わり，未来など凡そ終末思想を論ずるキリスト教神学の一部である。ユダヤ教が源である。

神学に支えられた「普遍宗教」の性格を備えた。教父時代には信仰と理性の論理的な関係を議論の対象とし、「信仰」は超自然的な恩寵によると考えた。これは「理性」の論証とは次元を異にしていた。

　教父1．テルトウリアヌス（Tertoulianusの非合理主義）：不合理なるがゆえに私は信じる（credo quia absurdum）。

　教父2．クレメンス（Cremens, 150？〜211？の自然的な合理主義）：まず、知ってから、私は信じる（intelligo ut credam）。

　教父3．アウグスティヌス（Augustinusu, 354〜430, 超自然的合理主義）：まず信じてから、私は知る（credo ut intelligam）。

　上記3学説の主流は、アウグスティヌスの「超自然的合理主義」だったが、狙いはプラトン、ストア（ゼノン他）、プロティノスなど普遍性の探究であり世界国家を目的としたが、クレメンスはトマスの「スコラ哲学」が出来上るまでは傍流で、テルトウリアヌスは現実と対応しなかったようである。

3.2　ローマ帝国の衰退，四分統治制，東西分裂

　250年ごろ内戦と天井知らずのひどいインフレと政情不安の時代が到来したのである。260年にポストゥムスが「ガリア帝国」を建設した。270年に「パルミュラ王国」がエジプトまで勢力の伸張を図った。273年にはアウレリアヌスが帝国の再統一に努力した。また293年、ディオクレティアヌス帝が「四分統治」の制度と12管区を敷いた。305年、ディオクレティアヌス帝が退位した。312年コンスタンティヌス帝がローマの北ミルウィウス橋の戦いにおいて帝位を狙うマクセンティウスを破った。324年コンスタンティヌスがローマ帝国の皇帝になった。さらに329年、ローマ皇帝テオドシウス一世がキリスト教を国教化した。

　しかし330年、首都をローマからビザンチュムに移し、コンスタンティノポリス（コンスタンティノーブル）と称した。また、キリスト教を保護し、公認宗教とした。

　337年コンスタンティヌス皇帝が死亡した。その後、帝位継承を巡る戦が激化した。これはかのアレクサンドロス大王の死去後と類似の状況であった。

偉大なリーダが没すれば，いずこも同様なのであろう。363年ローマ帝国はアルメニア支配と帰属と宗教問題（ゾロアスター教の下での神政政治のイラン王朝）を巡って「ササン朝」ペルシアに敗北した。また395年テオドシウス帝の死によって遂にローマ帝国は東西に分裂した。

3.3　西ローマ帝国の滅亡

　476年に西ローマ帝国は滅亡した。新しく建設された王国の統治者たちはコンスタンティノープルへ移った東ローマ皇帝との関係を維持しようとし，多くを皇帝代理として統治する姿勢を保持した。西ヨーロッパではローマの法律や制度は保たれ，東ローマ帝国（ビザンツ帝国）では西ヨーロッパに絶大な影響力を及ぼした。蛮族と呼ばれた連中がキリスト教に改宗したからだ。

　6世紀ごろ，往時かなり勢力を誇っていたユスティニアヌス帝がかつての西ローマ帝国領だった版図のほとんどを奪還したのである。しかし568年には，アルプス山脈の山頂辺りに潜む「ロンバルト族」がイタリアに侵攻してきたとき，東ローマ帝国，つまり，ビザンツ帝国はこれを撃退できなかった。これを見ても明らかのように，すでにローマ帝国の勢力は衰え，権威は失われつつあって，西ヨーロッパではローマ文化はフランク族とローマ教皇権に継承されたのであった。

　6世紀のはじめ，西ヨーロッパには幾多の新興国が産声をあげたが，建設された新興国のなかで最大の勢力を誇っていたのは，テオドリック大王の「東ゴート王国」（現在：北イタリア）であった。テオドリック大王は，首都を東ゴート王国ではなく，ラベンナに置いて統治した。なぜなら，ローマには依然として元老院が残存しており，ゴート人とローマ人との関係は，大体において友好的だったからである。

　東ゴート族は北アフリカのバンダル族やイベリア半島の西ゴート族（現在：スペイン）との間に，王族の婚姻をつうじて同盟関係を固めていった。そこで，テオドリック大王は強敵のビザンツ帝国と対抗しようと企てたが，大王が526年に没した後，大王の孫が王位を継いだのたけれども，その孫が夭逝したので王国は崩壊した。

ローマ人が410年、ブリテン島から撤退した後2世紀、記録に残る文書は何もないが、ケルト系ブリトン人は互いに戦い合い、アイルランドから侵略したスコット人、デンマークや北ドイツから北海経由で侵略したアングル人、サクソン人、ジュート族らが戦闘中だったが、600年アングロ・サクソンの改宗を目的に次節で述べる「アウグスティヌス」がローマ教皇から派遣され、諸王国に関する記録も見られはじめた。しかし西部は、まだケルト人の支配下にあった。7世紀は、一時は、ノーサンブリアが最強国でスコットランドのほぼ全域を支配していたが、世紀が変わるごろには、中部のマーシア王国が優勢を誇っていたようである。

現代フランスの礎を築いたのはフランク王国である。その最初の王朝たるメロビング家は481年ごろクロービス1世が即位し、王の下で領土の拡大を図った。また王はロアール川を目指して南下し、アキテーヌの西ゴート族を破った。さらにクロービスの王子たちはアルプス山脈麓のブルグント王国を滅ぼし、東ゴート王国（後ビザンツ帝国）へと続くゲルマン人を支配下においた。497年ごろクロービスはキリスト教に改宗した。511年クロービスの死亡を契機に4王子に王国を分割した。4王子とはネウストリア、アウストラシア・フランシア、ブルグントだったが、分割は等分にではなく、3分割にしたのである。それゆえ、当然のことながら紛争の種を蒔き、王位継承をめぐって内乱が発生したのである。

558年にクロタール1世がフランク族の単独王になった。561年クロタール1世が死亡したので、4王子がフランク王国を分割したが、その分割に問題ありとして、573年、フランク族の間で熾烈な内乱が始まったが、613年に、クロタール2世がガリア全土の王となり、内戦は終結した。そして、629年クロタール2世が死去したので、ダコベルト1世が王位を継ぐことになった。さらに639年、そのダコベルト1世が死去した。そこで、二人の王子の間で王国の分割を進めた。

751年フランク王国の王になったピピンとその王子カールは、イタリアのロンバルト王国を滅ぼし教皇に領土を寄進した。そしてヨーロッパにおけるキリスト教の勢力拡大に尽した。これにより800年にローマ皇帝がカールに戴冠を与えたのは、ローマの中心的な権力を握らんとする教皇庁の野心から

であった。814年カールの王子ルイ敬虔王が即位したが，840年に彼の死後その王子間で戦闘が開始された。そして843年，ベルダン条約で帝国3分割（現在の仏独に相当）を決定した。

10世紀にザクセン朝オットー1世の「神聖ローマ帝国」が誕生し962年にローマで帝冠を受けた。ボヘミアやデンマークやポーランドのキリスト教化とマジャール人[2]の進出阻止に寄与したからであったとされる。

ヨーロッパでは8〜12世紀にかけて，各地で北欧のバイキングが出没して侵攻していたが，司教管区や教会を管理，学問や芸術を奨励してポーランド・ハンガリー・ボヘミアの国々を「キリスト教国」へと改宗させた功績は大きかったようである。

3.4 アウグスティヌスと「神の国」

アウグスティヌス（354〜430）はプラトンのイデア説から「世界二分論」を継承し，永遠の善を愛し神の恩寵を受けた選民らの「神の国」(civitas Dei) と，現実の善を愛する罪人らの「地上の国」(civitas terrena) とを峻別し，現実の見える教会を神の国へ通じる玄関とした。人びとはそこで神を愛し神の下に互いに結合して「愛徳」(caritas) に溢れる共同体を形成し時空を超えた正義を実現し，平和を維持すべきでした。神のみに仕え，人間に属する諸事をうまく統御する愛は「神的正義」(justitia divina) という[3]。

なお，神的正義は永遠の徳として超理性的で，理性的論証によっては認識不能です。我われは神のみに仕え神のみを愛し，神的照明によってのみ神的正義は認識され，実現可能です。ですから，もしキリストによって建設され支配される国でないならば，真の正義とされる「神的正義」は実現できないことになるのです[4]。このように，アウグスティヌスは神への完全な愛がなければ，神的正義は実現できないし，また正義がなければ，王国といえども

---

2) 今日のハンガリー人の自称である。ウラル山脈〜ヴォルガ川付近の原住地から9世紀には民族移動で現在地に至る。
3) Augustinus, *De Moribus Ecclesiae Cathlicae*, 15.
4) Augustinus, *De Civitata Dei*, I II, 21.

大盗賊の集団に他ならぬと述べている[5]。

神には神のものを与え，各人には彼のものを与える。そうすれば神の国は神的正義によって「天上の平和」が維持されるし，地上の国は地上に天上の秩序が適用され，現実の正義によって「地上の平和」が維持される。一切の価値判断の基準を「神には神の者を与えよ」に求めるなら，正義はコトバとなり「法」(lex) となって地上の国に平和の秩序を招く。

こうした法には，①永遠法，②自然法，③一時法が存在する。

① 「永遠法」(lex aeterna) は，神の理性であり，神の意志であり，本来
↓　神に存する究極の法である。
② 「自然法」(lex naturalis) は，神への愛を通じて良心によって理性に
↓　投影される永遠法の像である。
③ 「一時法」(lex temporalis) は，それぞれの時代にそれぞれの場所にて人びとが定めた刹那的な法である。

なお，矢印「→」は諸法の支配関係を意味し，①→②は永遠法が自然法を支配し，また②→③は自然法が一時法を支配する。ゆえに永遠法は一時法を支配しています。かかる支配関係は揺るぎなきもので，アウグスティヌスが信仰を優先する理由はここにある。すべての法に永遠法との整合性を要求し，自然法も一時法も永遠法と矛盾してはならないのである。

プラトンが完全な実在の根拠を「イデア界」に求めたように，アウグスティヌスの場合にも神の国の神的正義とそれを表現した永遠法に完全な実在の根拠を見出している点から，認識論的には上からの正当化と呼ばれ，アリストテレスのように，経験からの抽象化に実在の根拠を見出すという下からの正当化とは認識枠組が正反対であった。

では，いかにして究極の永遠法を知り，神の理性とか神の意志を知りうるのか。永遠法の認識は神的正義の認識と同様に人間の理性の域を超えており，我われは唯一信仰と帰依により，また神を愛し神の恩寵によって認識可能となるのです。すべて神に始まり神に終わる認識論は，神学を哲学の上に置き教会を世俗国家の上に置く根拠を与えた。これは東ローマ皇帝ユスティニア

---

[5] *Ibid*, VI, 4.

ス1世が閉鎖命令（後529年）を下したプラトン創設の学苑「アカデメイア」（前360～後529, 889年）の運命と深く関係し，すべては諸人集いて神の恩寵を殊遇(しゅぐう)されよ！　に帰結します。

　アウグスティヌスの神は「完全かつ全能な一者」であり，プラトンのいう「イデアのイデア」でしたが，神には神のものを！とするとき，神のものを判定する基準は何なのか。すべては「愛徳」によって解決されるにせよ人の理性を超えたものなら，その意味は理性的には認識されず，超合理的な前提から合理的な結論は導出できず，一切は信仰に始まり，信仰に終わることになる。この考えは唯一の絶対者たる神との契約を誘う上で役立ち，神と契約した一大秩序をローマ世界に確立し封建社会の基本構図をヨーロッパ世界に完成させる知の枠組みを構築しました。何人も神の隷として神の秩序の下に規制され，現実の政治体制も経済機構も社会秩序もすべて神中心の一元的な文化に閉ざされ，地上の国はイエス・キリストが着手した神の国への教会の救済事業を幇助する役割を背負い，教会の指導下で政教一致を採用し，異端排除や秩序維持や財政支援を進めた。

　神中心文化は人心に深く浸透し，神への恭順のみか地上権力への服従まで容易にし，また「神の国」の位階秩序は「地上の国」の封建秩序まで正当化し，さらに非人道的な奴隷制度まで「神の意志」に基づく「自然の秩序」とする口実を与えました。神を頂点とする降下体制では地上の権力機構がどう不合理であれ，神の秩序ゆえにとの理由で世俗の政策はすべて正当化されていました。完全無謬を原則とする「神の国」は，「神の支配」によって世俗国家の悪徳を一定の枠内で規制する役割を果たしたけれど，他方では地上の国の腐敗した秩序や不合理な権力機構を正当化するために悪用され続けたということができる。

　問題は，何が正しいか，何が正義に適うか，何が公正か，また何が正当かという社会的価値判断の客観性が保障されていない点にあり，もしそうなら共通の解はえられず，もし共通の解がえられないなら，合意形成は不可能となる。いかに「神の国」では然りであれ，納得し難い人びとがいるようでは喧嘩になる。平和共存はできない。なぜなら，信仰に客観性の根拠を求めることはできないからである。

神の理性や神の意思を永遠法とし，論理学や数学や幾何学等の「公理」と同一視しようとも，公理としての永遠法が客観的に正しいとき，そのときに限り公理から演繹される定理は何れも正しく，永遠法に内包される自然法や一時法も正しいとされるが，公理が正しいのは，そう仮定されるからであり同じく永遠法が正しいのも，そう仮定されるから。実際，公理は正しくないかも知れず，また，永遠法も正しくないかも知れないから，自然的価値として「真か偽か」の問題と同じく，社会的価値として「正しいか否か」の問題が最初に生じてくる。

もし「公理としての永遠法は何れも正しい」ことが信仰によってではなく客観的に実証されるなら，公理ゆえに正しいと仮定するのではなく，正しい実証的な根拠があるからそう信じ，この認識枠組みを信仰しても正しい結果になるとされよう。だからアウグスティヌスの「知るために，私は信じる」とか「まず信じて知る」という認識法は客観的根拠を欠き，順序が逆であるとするのがアリストテレスの哲学を基礎としたトマス・アクイナス（Tomas Aquinas, 1225～1274）の「スコラ哲学」であった。

3.5　十字軍戦争とトマス・アクイナスの共通善

キリスト教の教義を確立するのは教父らの仕事だったが，従来の超自然的認識枠組みを排し自然な合理主義に立脚して「神学体系」を確立したのは「スコラ哲学」（Schorastic philosophy, 9～13世紀）の創設者トマス・アクイナス（Tomas Aquinas, 1225～1274）だった。

アウグスティヌス（A. Augustinus, 354～430）は，プラトンの「イデア論」やプロティノスの「神秘主義」をキリスト教神学の哲学的基礎づけに用い『三位一体論』や『神の国』や『自由意志論』などを著したが，これに対しトマス・アクイナス（以後トマスと略称す）は，アリストテレスの「理論学」（第一哲学＝形而上学，数学，自然学＝自然学原論，天台論，動物誌，動物発生論，動物部分論，霊魂論），「実践学」（倫理学＝ニコマコス倫理学，経済学，政治学），「制作論」（詩学），「論理学」（オルガノン）などの哲学百科，とくに『政治学』における「世界国家論」を用いたのである。

3.5 十字軍戦争とトマス・アクイナスの共通善

キリスト教徒は「神の国」の秩序を「地上の国」に実現するために，遂に武器をとった。これはキリスト教徒が情熱的に回教徒に対抗した十字軍（crusade）戦争であり，ローマ教皇の指揮の下に，封建体制が一体となって動員された大規模な宗教戦争でした。当初の動機は異端者を殺害し異教徒に刃を突き付けて改宗を迫る「正義の戦い」（聖戦）とされ，「神の国」を地上に降下させる崇高さゆえに正当化された。

第1回十字軍戦争（1096～1099），キリスト教の聖地パレスティナをトルコの占領から解放し，エルサレム回復を求めて遠征。ペトルスの巡礼群を初めに教皇代理アデマール司教統率下にフランス騎士軍が遠征した。エルサレムの占領を達成しエルサレム王国を建設。ウルバヌス2世がクレルモン公会議で遠征を宣言し，十字架を戦士の標識と定めた。

第2回十字軍戦争（1147～1149），聖ベルナールの薦めでフランス国王ルイ7世と神聖ローマ皇帝コンラート3世がダマスクスを攻撃したが，失敗した。

第3回十字軍戦争（1189～1192），英リチャード1世，独フリードリッヒ1世，仏フィリップ2世が出陣したとされる。アッカーを「臨時首府」に選んで，エルサレム王国を再建した。しかし，聖地奪還は失敗。第3回以降は現実の利害関係に左右された。

第4回十字軍戦争（1202～1204），ドイツ騎士修道会が成立。ベネチア商人の薦めで聖地でなくハンガリー，ビザンティン帝国を攻撃し，コンスタンティノープルを占拠して「ラテン帝国」を建設した。

第5回十字軍戦争（1217～1221），フランスの貴族ブリエンヌ羅がエジプトのアイユーブ朝を攻めたが敗れて全員捕虜となる。

第6回十字軍戦争（1228～1229），神聖ローマ皇帝フリードリヒ2世が外交上の交渉でエルサレムを回復。しかし間もなくトルコに奪還された。

第7回十字軍戦争（1248～1254），フランス国王のルイ9世が統率しエジプトに攻撃を加えたが，王自身が捕虜となった。

第8回十字軍戦争（1270），ルイ9世に指揮されチュニスを攻撃したが，王は病死し，失敗に終わった。少年十字軍（1212）を結成し，戦いは14世紀以降も続いた。この戦いはオスマン帝国に阻まれ，よって十字軍の教皇権は失墜し封建貴族は没落したが，これに対して王権は伸張し，東方への貿易の

繁栄やアラビア文化と科学技術が西欧都市を興隆へ導いた。

十字軍はローマ教皇の意思によって結成された。そして武力行使は異端の排斥や異教徒の撲滅も含め神の秩序を地上に降下させ，その秩序を実現させるために，その手段として，また正義の戦いとして，さらに聖戦として許容される方法だった。**イエス・キリストは不公正な現実界に汲々と喘ぎ苦しむ無辜の良民らを救済するために現れたが**，キリスト教が世俗の権力を支配下に置くに至って変質し，封建秩序を正当化するのみか，神の意志の名の下に政教一致という体制の不公正ぶりを固定化してしまった。

トマスの立場はクレメンスの「信じるために知る」か「まず知り，そして信じる」という自然理性の「論証知」を神の啓示の「信仰知」の前提とする自然的合理主義の立場で，アウグスティヌスの超自然主義的な合理主義とは認識順序が逆様である。またアウグスティヌスは「地上の国」を堕罪の結果とみなしたが，**トマスは「国家は完成された共同体」**[6]**で，神が人類教育のために計画した制度。国家の目的は各人が社会生活の安全確保と共同の福祉増進にある**。これは人間本来の「社交性」に由来するが，個人の福祉は究極目的ではなく，共同の福祉に従属していた。

アリストテレスは「正義」を究極の徳と判断して「美徳」の一部とした。そこで，トマスも「正義」を徳一般とし，とりわけ，一切の徳性を「共通善」（bonum commune）へ秩序づける徳（virtus）を「一般的正義」（justitia generalis）／「法的正義」（justitia legalis）とした。これはアリストテレスの正義論と同じく共通善が加わっているだけで，各人の徳は，社会全体の共通善との関係において成立するが，共通善を固有の目的とする徳は，他の一切に徳を統合し秩序づける最高の徳であって，一般性と優越性ゆえに一般的正義とされる。なお，共通善へと関係づけて秩序を整えるのは「法」（lex）であるから，一般的正義は法的正義[7]とも呼ばれる。

共通善を実現すること，これが正義の目的である。このためには法の支配と遵守とが必要不可欠で適法性も含意される[8]。トマスの「法」は究極的に

---

[6] Thomas Aquinas, *Summa Theologiae*, 1a, 2ac. 国家は完成された共同体である。"civitas est communitas perfecta".

[7] Thomas Aquinas, *Summa Theologiae*, II-II, 58, 5.

「神の国」の秩序を意味し共通善の完全充足を求めるが，法的正義に欠ける社会は，共通善を実現しようとする共通の意思に欠けているから，恣意的で計略的な利益追求の野心が相互に対立し，無秩序な混乱を引き起こしがちです。トマスの「法」は，理性（ratio）によって認識され，正義（justum）によって実現されるから，アウグスティヌスとは違って神の恩寵によらずして接近でき認識できる自然的合理性を備えている。

　もともと「正義」の狙いは，人間が唯一の客観的秩序を整えること。その意味において法は正しい理性の規範であり[9]，その根拠は世界を統治し秩序づける神の理性計画か摂理としての「永遠法」（lex aeterna）にある。なぜなら神は自然を介して行動するが，吾が創造物を自身に似せるべく無限の善から自然的効験[10]を示した。神は自然の創造主で自然の声は神の声であり，神の手段である[11]。正しいか否かの区別も，理性の光によって認識可能である。神が万人に等しく照らす「理性の光の力」によりすべての価値判断が可能になる。理性的な存在者の永遠法への参与がトマスの自然法なのである。その原理は何か。「善をなして悪を避け，理性的に行動せよ」とされる。

　神は「自然の秩序」を一部とする「永遠の秩序」を設計し，恩寵は自然と調和しているから自然を廃するのでなく，自然を完成へ導く。自然も恩寵を廃さない。このように両秩序は相互に整合な調和の関係にあり，神において一体であるから「自然の秩序」を理性は認識し，自然法の意味を知ることになるが，ただ「自然法」だけでは人間は完成されず，自然法の理解を通じて設計者＝神の意思に辿り着く。このために「信仰」が不可欠の要件となり，自然法は強制力を欠く。社会秩序の安定的な維持を図るには違反者への罰則規定が必要で，共通善を目的とする自然法と矛盾しない限り，有効とされる「人定法」（lex humana）が不可欠だ。自然の秩序は道徳秩序の基礎をなすばかりか，政治秩序や経済秩序や社会秩序の基礎でもある。そこでトマスは既にアリストテレスが唱えていた世界国家論を前提に「人定法」を①万民共通

---

8) *Ibid*, II-II, 120, 2.
9) *Ibid*, II a, 2ac, 58, 2.
10) 神に働きかけた結果の記しをいう。
11) *Ibid*, I, 22.

の「万民法」(jus gentium) の他に，②各国の特殊事情に基づく「市民法」(jus civile) に分けた。万国の秩序はいかなる事情があれ自然の秩序の合理的な顕現とされるべきなのである。

　何人も理性をもっているから，自然法によって，究極的には神と結ばれること，これが各人の努めであり，国家はその幇助役を果たすべきなのである。人の理性は自然を介して神の設計した「永遠の秩序」を認識できるが，それだけでは，一切の法を知ったことにはならないし，「永遠の幸福」へ導くこともできない。人間の不十全な理性は「啓示」(revelatio) によって補完される。どのように有能な統治者でも人の統治では足りず，「神の統治」が必要である。啓示に助けられ神が己をあらわす「神法」(lex divina) による。それゆえ理性や哲学を信仰の侍女とし，信仰知を理性知の上位に置き，哲学が理性的に理解するのは「永遠法」までとした。「神法」は信仰知の対象であるから啓示によってのみ姿を顕現し，理性知は上位の信仰知との調和を保つことが必要なのである。

　トマスは統治に必要な「法」について検討し「アリストテレスの正義論」を継承して「正義」を①一般的正義（法的正義）と②特殊的正義（配分的正義・調整的正義）に区分し，「枢要徳」(vitutes cardinals)[12]とよぶ。これは，一般的正義の本質を分有しており，次のように定義される。

○「一般的正義＝法的正義」とは，徳一般を共通善へと秩序づけるところの徳を意味している。

○「特殊的正義」とは，人それぞれに彼のものを与えようとする恒常不断の意志を意味している。

○「配分的正義」とは，共同体の共通善に配慮しつつ人の価値や功績などに応じて，人それぞれに彼の分を分配することを意味している。

○「調整的正義」とは，個人の価値や地位や身分などに関係なく，客観的な利害得失を人それぞれに平等に調整することを意味している。

　随意的交渉や不随的交渉において，取引上の不公正や裁判上の不公正など当事者間に利害得失が一方に偏ることがあればこれを是正し，各人の利益が

---

12) Thomas Aquinas, *Summa Theologiae*, Ⅰ-Ⅱ, 61, 34, Ⅱ-Ⅱ, 58, 5.

等しくなり，各人に固有のものを守るよう調整することをいう。上の配分的正義の場合には「共通善への配慮」が必要だが，これに対し，調整的正義の場合には共通善への配慮は不要，いや，それを禁止することに特徴がある。というのは，共通善と関係づけると，実際の商取引や裁判において不公正な結果となる虞(おそれ)があるから。欧米では，多くの弁護士事務所や裁判所の玄関に見かける「正義の女神」(themis) は，なぜ，目隠しして右手に天秤，左手に剣を握っているのか。これも同じ理由からだ。

トマスは「正義」(justum) を究極的な徳，つまり，実践理性 (ratio practica) の完全態たる「聡明」(prudentia) の徳とし，この聡明の徳は，共通善を個別善に優先して正しい判断を下し，統治に参与するため不可欠である。しかし人格 (persona) を神的善 (bonum divinum) へ秩序づける徳である「愛徳」(caritas) こそは「神的善」を認識しうる人格の完成態とし「正義の徳」という。碩徳は法の精神を意思内に秘め，法は吾が心に内在している。善人の意思は法と一致し悪人の意思は法に反しているから，法に服従するのは悪人だけ[13]。個人一人ひとりの人格を最高の愛徳によって完成させ神的善へ向かう内的状態が整えられるなら，利益分配を巡る個人相互の対立も社会的緊張も解消できるが，愛徳による人格の完成が困難では，名君の統治下であろうと人びとの権利の対立や衝突は防げられない。

アリストテレスは「財産」の所有に対し規制をかけた。同様に，トマスも共通善の視点から所有規制の措置を必要としたが，どういう規制が正しいか。外的事物はすべて創造主である神の所有に属し，人に委託使用させているにすぎず，個々人が所有する財産は共同体全体の共通善が増大する限り正しいと考えた。必要以上の財産の所有は不当であり，そうした余剰財産は不遇な人や貧しい人に与えるべきとした。ちなみに，

「もし，人びとが困窮に瀕し，土地を売り払って買い戻せなくなっても，ヨベルの年（50年目）には，元の所有者の手に戻される。」

---

13) Thomas Aquinas, *Summa Theologiae*, I a, 2ae, 96, 5.

という**旧約聖書のレビ記25・28の律法**をトマスは公共福祉や共通善の視点から正しい措置であると考えた[14]。アリストテレスの正義論と同様，トマスの場合にも，社会的協力が正しいのは，①徳一般を共通善へ秩序づける徳としての一般的正義（法的正義）を充たし，また②人びとの価値や地位や功績等に応じて共同体の共通善を配慮しつつ各人に彼の分を与える配分的正義を充たし，さらに③客観的な利害得失を個人の価値や地位や身分などに関係なく各人に平等に整え，各人に固有のものを与える調整的正義を充たすとき，そのときに限るという。

自然的合理主義に基づくトマスの「正義論」は人びとを階層的な封建秩序に閉じ込め，現実の世俗君主の圧政に対して一定の歯止め役を果たしたが，封建君主を最高位におくという地上の「階層秩序」の固定化は，天上の秩序において正当化され，また，教会による世俗国家の指導は，神の理性計画に参与する目的論的な至高原理によって正当化された。

トマスはすでに体系化されていたアリストテレスの哲学を用いて自然的な合理主義の「キリスト教の神学体系」を基礎づける一方，アリストテレスの世界国家論と融合させ，救済の普遍性を意味する「カトリック（katholikos）の教会組織」や「世俗国家の封建組織」に対して普遍的な「正義論の基礎」を与えたわけである。

トマスのスコラ哲学は『神学大全』（*Summa Theologiae*, 1267）の完成を俟って全盛期を迎え，封建体制は社会的にも文化的にも円熟期に入ったが，11世紀頃に中世都市に勃興した商工業に伴って貨幣経済が飛躍的に発展して経済機構を変質させ，従来の封建的賦役は次第に物納や金納へ移行し，農奴の身分解放を促した。こうして12世紀頃，封建体制を基礎づける荘園制度は崩壊へと向い，これが土地貴族を没落させて，自ら大地主だった教会や修道院も地上の国の勢力を失っていった。

これに対して世俗の王権は新興都市の市民階層と手を結び，その経済力を背景に中央集権の体制を進める一方，農民解放運動や宗教改革運動などの「反封建貴族」勢力を用い王権拡張を図った。しかも「商品経済の発達」は

---

14) Thomas Aquinas, *Summa Theologiae*, I-II, 105, 2-3.

実利性の意識を高め，合理的な精神の発達を促進し，科学技術の開発や商品経済を促すという好循環をもたらした。教会は依然として，個々人の思想や土地を支配していたが，市民階層に移行していた商品経済の形態は貴族らの支配から脱却しつつあった。こうした経済秩序の変化は，当然ながらそれと有機的に繋がっている政治秩序や社会秩序など他の分野まで影響を及ぼし，連帯的に変化せざるを得なくなった。こうして13〜14世紀，「ローマ教権」は経済的な基盤を失って衰退の一途を辿り，これが教会の支配組織に亀裂を生みだすことになった。

　こうした「世俗王権」の増大に伴って今さら「教皇権」の絶対性や教会の指導的な優位性を説いても，すでに実効性は失われ，教権勢力は世俗王権に対抗する力を喪失していたのである。これに伴いトマスの形而上学的な価値基準も現実的な対応を失って個人的な良心の自由化や宗教の内面的主体化という時代の趨勢には抗しきれなくなり，**中世の「キリスト教文化」は科学技術の発達に支えられた「科学的な合理主義」と，それに基づく世俗文化に道を譲らざるを得なくなったのである。**

　トマスの大著『神学大全』によって一世を風靡した「スコラ哲学」は，彼の神学に反対する「反トミズム」の立場から多くの思想的な挑戦を受けた。その代表はロジャー・ベーコンの経験主義，ドゥンス・スコットスの主意主義，ウィリアム・オッカムの唯名論などであった。彼らの形而上学的・目的論的世界観はその前提から揺さぶられた。

　12世紀ごろ**キリスト教の理想主義**は，**従順・清貧・貞潔**の3誓願を立て，一か所に定住し祈り農耕に生き，教育に携わる修道院やその外で修道に励む修道者の修道会の発展ぶりを見ても明らかであろう。ブルゴーニのシトーによって1098年に創設された修道会は，まずクロルボーのベルナールというカリスマ的な指導者の下でヨーロッパ中に広がっていき，13世紀の初めには，アッシジのフランチェスコや，ドミニクスによって創設された修道会が急速に発展するばかりか，学問への関心もすごく高まりヨーロッパ各地に新しい大学も創設された。

　ギリシア語から，アラビア語の翻訳を介して手に入れた古代文献は中世の学者や研究者には重要な意味があった。アリストテレスの科学と，キリスト

教の教義に潜む論理的な矛盾をトマス・アクイナスが排除してカトリック神学に学問的根拠を与え，その後数世紀間も学術的な基盤は崩壊しなかった。当時は学問への意欲が高揚し古代ギリシアやローマ時代の文献が再発見されたことから，愛智（哲学）への関心も高まり，学制も整備され各地に大学が創設された。また新たに創設された修道会は，「カトリック教会」に新しい息吹を吹き込んだ。

　第1回十字軍の成功に伴い，ヨーロッパのキリスト教徒は冒険心に浮かれたが，それなりの理由があった。というのは，デンマークの東方バルト海の異教徒を鎮圧するための遠征も，またピレネ山脈南イベリア半島のイスラム教徒への軍事行動も，当然のことながら，ローマ教皇の合意を受けて実施されていたからである。

　こうして騎士道的な理想の精神が鼓舞され，聖地の巡礼者を保護する目的で修道騎士団が設立され，多くの領地を保有した。戦争や紛争も「聖戦」という正義の下にヨーロッパ十字軍の理想は正当化され，1096年ドイツの暴徒がコミュニティー内のユダヤ人を不信心者として攻撃し，虐殺したように，人種差別の残虐行為へと発展した。

　バルト海沿岸エストニア，リボニア，リトアニア，プロイセンの異教徒の改宗や布教活動も，またフランス南部の異端者カタリ派の改宗も教皇インノケンティウス3世の呼びかけで十字軍に入った。911年，北フランスに建設されたノルマンディー公国も運命は同様だった。1066年，ノルマンディー公ウイリアムは，大艦隊（兵士7,000人と騎馬）を率いてイングランドにわたり，「ヘイスティングズの戦い」でアングロ・サクソンの王ハロルドを破って征服し，配下のノルマン人騎士に封土として分配した。その功績によりウイリアムはロンドンで戴冠を受けた。

　1189年イングランド王ヘンリ2世の死亡によって，イングランドやアイルランドやフランス西部に領地を領有していたアンジュー帝国が崩壊し，1214年にフランス王フィリップ2世がヘンリの子ジョンを破ってノルマンディー下のイギリス支配を終わらせた。また，ベネチアは東方貿易と十字軍戦士をレバント（地中海東部沿岸シリア，レバノンなど「日の上がる方向」の総称）に輸送して巨万の富を築いた。1204年十字軍戦士はコンスタンティノーブルを

3.5 十字軍戦争とトマス・アクイナスの共通善

略奪し，皇帝を擁立したのである。こうしてビザンツ帝国はベネチア植民地とラテン封土に分割された。

13世紀はヨーロッパの東西で一つの民族から構成される国家が形成され，神聖ローマ帝国は教皇庁とイタリアの都市国家との争いで国力を喪失しつつ衰退を続けた。東方ではモンゴル族の襲撃を受け1240年に東スラヴ最古の都市キエフは陥落した。よって，ロシアはモンゴルの支配下で15世紀まで西ヨーロッパとは違った発展をとげ，北東部ドイツ人が移住し，バルト海を中心に貿易は増大したが，14世紀にはヨーロッパ全域に社会不安が広がって危機の時代を迎えた。飢饉や経済衰退や王朝間の戦が重なり，追討をかけるように1347年にはペスト[15]（黒死病）が襲ってわずか2年間でヨーロッパの人口は1/3が犠牲になった。

13世紀ヨーロッパ東部には強大な新興国が相次いで出現した。ボヘミアはオタカル2世が帝国建設に野心を燃やし，アドリア海まで版図を広げたが，地元やドイツ諸侯から反発され，オタカル2世の死後は，ハプスブルク家がオーストリアで権力を握った。ボヘミアはルクセンブルク王朝の下で主要国として存在し，カール4世が国王として神聖ローマ帝国の皇帝に選出された頃は優勢を誇った。

リトアニアではゲディミナス王，ポーランドではカジミエシュ大王，ハンガリーではラヨシュ王が君臨。バルカン半島ではステファン・ドゥシャン王がセルビア帝国を築いたが，1839年オスマン帝国に征服された。ドイツ人が東部に進出，バルト海の商業都市が台頭した。ヨーロッパは10～14世紀ごろ約2倍の人口に膨れた。技術革新が進み，牛馬用の鉄製犂を用いて農産物の生産性が高まって，大規模な山林開墾で耕作地が増えたことによる。人口が急増して貿易活動も活性化された。商人たちはイタリアからアルプスを越え，幹線道路を通って北のヨーロッパ各国へ移動した。

1300年頃には，さらにバルト海に向かう航路が加わった。こうして都市は

---

15) 腺ペストは中国南西部の雲南省とアフリカ東部に固有の風土病だったが，14世紀初頭にモンゴル軍の移動に伴って雲南からペスト菌をもったノミが広がり，中国東北部の人口の90%が犠牲になった。ペスト菌はクマネズミに寄生するノミから伝染し，500～1500年の間に疫病がヨーロッパ全域を含む広域に広く伝播した。

整然と発達し，1200年頃には大学も建設されたし，壮大な建物や教会も建造された。都市の発展と繁栄の裏に新たな階級「市民階級」（ブルジョアジー）も台頭しはじめた。11世紀以降，パリはカペー朝の下で秩序と安定を取り戻し，市内は3区画に区分され，通りは舗装され，道路は拡張された。セーヌ川の左岸に商人の居住区，右岸に大学の建物，また市や教会の施設は，中州のシテ島を中心に集まっていた。けれども，14世紀には，パリ市は二大事件に遭遇し停滞した。つまり「ペスト」と「百年戦争」である。こうしてパリは暴動と無秩序に悩まされたわけである。

　なお，百年戦争（1337〜1453）は，イングランド国王が「羊毛工業」の盛んなフランドル地方（フランス領土）を領有し，フランスの王位継承権を主張したことに端を発していた。イングランド王室は1338年エドワード3世がアントワープに上陸したのを皮切りに，1422年ヘンリ5世が死亡するまで，6回もフランスへ大遠征隊を送った。

　そして，1346年の「長弓隊」10,000人からなる「クレイシーの戦い」ではフランス騎兵隊に決定的な打撃を与え，1430年までイギリス軍はフランス北部・南西部を占領していたが，ジャンヌ・ダルク[16]の奇跡的勝利によって自信を回復し，最終的にはフランス軍が攻勢となってイングランドを破り，カレー[17]を除く全国土を奪還して戦争は終結したのである。

---

16) ジャンヌ・ダルクはイギリス軍に捉えられ1431年ルーアンの宗教裁判で異端者として火刑に処された。1456年名誉回復のための宗教裁判で1920年教皇庁により聖女と決定。祖国愛の象徴とされる。
17) カレー（Calais）は1958年まで領有したフランス内部の最後のイングランド領である。

第4章 ルネサンスから宗教改革へ

> 4.1 ルネサンスと理性（哲学）の復権
> 4.2 宗教改革と政教一致の国土分割
> 4.3 スペインにおけるトミズムの最盛期
> 4.4 啓蒙思想の展開

4.1 ルネサンスと理性（哲学）の復権

14世紀ごろ，ローマ教権は経済的基盤を失って頽廃し，教会の支配組織に亀裂が生じていた。世俗王権が増大するにつれ教皇権の絶対優位は実効性を失い，世俗王権に太刀打ちできず，また，トミズムは現実との対応を失って「良心の自由」や「宗教の内面的な主体化」の趨勢に抗しきれずキリスト教文化は，科学技術の発達に支えられた「科学的合理主義」や世俗文化に道を譲らざるを得なくなった。トミズム（Thomism）は，実証科学に根差した機械論的な世界観の生みの親：R. ベーコンの「経験論」[1]，D. スコトスの「主意主義」[2]，W. オッカムの「唯名論」[3]から思想的な挑戦に遭遇した。

ベーコンはアリストテレス哲学を継承，何もかも経験による。数学と実験科学は真の学問を守るために不可欠とし，トミズムの自己閉鎖的な固定化に攻撃を挑んだ。スコトスは世界の創造は神の自由意志や善悪や正邪まで神の意志決定により，確実な知識は自明の原理から必然的に導かれる合理的論証だけ。トマスの神の「存在証明」は証明でないと。

---

[1] Roger Becon, c. 1210/1214-c. 1292 は，演繹的な論証の不毛性と実験科学の重要性とを熱心に説いた。
[2] Duns Scotus, c. 1265-1308, 知性に対する意志の優位と人間の意志の自由を説いた。
[3] William of Occam, c. 1300-1350, 個物のみを実在のものとし，直覚的認識たる経験を重視した。

またオッカムは，神学は学でなく信仰である。普遍者やイデアなるものは実在せず，個物だけが実在するもの。オッカムは正統アリストテレス哲学を継ぎ，普遍者は経験され思惟される個物の象徴または記号（signum）にすぎず，抽象的対象を具体的対象とするのは抽象化の誤謬とし，教会から異端視されたが，趨勢は彼を味方した。トミズム批判は（英）オックスフォード大学，（仏）パリ大学，（伊）パドヴァ大学を中心に合理主義・経験主義・科学的人道主義に支えられて哲学を神学の侍女の地位から解放し自由を回復した理性を知の唯一の審判者，真理の唯一の探究者とした。哲学や理性の復権は，ルネサンス[4]運動や宗教改革運動に精神的な基礎を与えた。

「ルネサンス運動」は，商業資本主義の発達に伴って，都市自治体の市民階層から興った「人道主義」の運動であって14～15世紀，イタリア商業都市ヴェネツィア，アマルフィ，ピサ，ジェノヴァ，ミラノ，ルッカ，フィレンツェ，ヴェローナに発生し，ドイツ，フランス，イギリスを初め西欧全域に波及したパラダイム・シフトだった。この運動に内蔵するリベラルな精神が科学技術の発展と地理上の発見を促した。

この趨勢は人間観や社会観にも深い影響を及ぼし，市民階層に個人の自由と権利の意識を芽生えさせた。トミズムでは，個人は不完全な要素だったが，ルネサンス期を経て，神中心の認識枠組みは崩壊。それに代わって人中心の認識枠組と個人主義思想が台頭。知的選民とされる人文主義者も富の財力や僭主王侯の庇護の下に，トミズムの閉鎖固定観念に満足できずに「上からの正当化」を拒み，封建秩序に邪魔されぬ世俗文化（個人の自由・理性の解放）の独立を求める趨勢が高まった。

また，宗教観にも影響を及ぼし，テレジオ[5]は感覚主義の認識論を提唱し，ブルーノ[6]はコペルニクスの地動説をとり宇宙を「単子」からなる構成体とし，カンパネラ[7]は27年間の獄中生活で理想国家を意味する『太陽の国』

---

[4] ギリシアやローマの古典復興を契機として神中心の中世文化から人間中心の近代文化へ転換する端緒となった文芸・学芸復興をいう。
[5] B, Telesio, 1508～1588.
[6] G, Bruno, 1548～1600.
[7] T, Campanella, 1568～1639.

(Civitasu solis, 1623) を著し，異端者で迫害され，流浪の末に火刑（火炙りの刑）に処された。コペルニクス[8]の地動説『天球の回転について』Ⅰ-Ⅳ，1543，およびケプラー[9]の『新天文学』1609，『宇宙の神秘』1619，『宇宙の調和』1619等の刊行，その後ティコ・ブラーエやガリレイとの交誼を通じて経験的・実証的根拠に基づく諸成果を生みだして，科学的合理主義や科学的ヒューマニズムの発展に大きく貢献した。

　過去1,000年間，神の意思や聖書の呪縛から逃れられず，天動説が真か，地動説が真かさえも，神意を問い，聖書を糺せとされていたが，ルネサンス運動によって「神の支配」から解放され，神の奴隷から独立した客観的証拠（厳密には証拠体系）に基づき自然的価値（真／真実／真理…）ばかりか，社会的価値（正／正当／公正／正義…）までも，各人が等しく判断を下せる時代になった。13～14世紀のルネサンス運動は，キリスト教文化の欺瞞性を暴く文化大改革運動であった。15～16世紀の「宗教改革運動」は政教一致の封建体制の腐敗と宗教界の俗化を糾弾し従来のローマ教皇の優位性と聖職の特権を廃してローマ教会からの分離独立と「聖俗分離の原理」からの本来のキリスト教への回帰を求めた運動で，封建的権威を著しく失墜させ，三段跳で近世主権国家への道を切り開いた運動であった。

4.2　宗教改革と政教一致の国土分割

　中央ヨーロッパ・ハプスブルク家の広い領地の他に，1519～56年にかけてスペイン，フランドル，イタリアの大半を支配してた神聖ローマ皇帝カール5世に対しプロテスタント諸侯を中心にドイツ諸侯は反発した。フランスのフランソワ1世とアンリ2世も歴代王の遺志を継ぎイタリアにおける支配権を主張した。こうして両国間で争奪戦が始まった。1521年フランソワ1世と

---

8)　N, Copernicus, (1473～1543). 地動説。
9)　J, Kepler, (1571～1630). ケプラーの法則①惑星は太陽を焦点の1つとする楕円軌道を描く。
　②　太陽から惑星に至る直線は，等しい時間に等しい面積を描く（面積速度の保存の法則）。
　③　惑星の公転周期の2乗は，太陽からの平均距離の3乗に比例する。

カール5世との度重なる戦争で多くの人命と膨大な資金とが失われ，1556年の休戦協定でカール大帝は退位し，帝国を弟と王子に与えた。

　M. ルター[10]の『免罪符の効用に関する95箇条の提題』(1517)とライプチヒの『公開討論』(1519)と『3大宗教改革文書』(1520)とが発端であった。彼の「聖書主義」は往時ドイツの中小生産者や農業者の不満を代弁し諸侯貴族の政治的な野心を充たす利害とも合致して爆発的に波及した。ドイツではM. Bucer (1491〜1551)，スイスではH. Zwingli, (1484〜1531)の協力によって，瞬く間に北欧諸国へ広がった。

　J. カルヴァン[11]は，スイスのジュネーブを中心に指導的な「福音主義」を説いて，オランダ，フランス，イギリス，北アメリカへ波及した。宗教的な「自由主義」(libertinisum)はローマ・カトリック教会，東方教会，キリスト教急進派のプロテスタンティズム（Protestantism）という新教3大勢力に分類され，神の栄光のため信仰によって義とされることを強調した。しかし主な新教派はドイツ・スカンディナヴィア諸国のルター主義，またフランス，スイス，オランダ，スコットランド，アメリカなどカルヴァン主義，さらにイギリスの英国教主義に区分される。

　「新教」のローマ教会からの分離独立に歯止めはかからず，いかに教皇の神権と絶対的権威を求めてみても現実的統一は崩壊へ向かった。その例外は依然トミズム全盛の「旧教国」スペインであった。無敵艦隊を誇るフェリペ2世は英国侵攻（1588年130隻，兵員約3万）を図ったが，英国艦隊に惨敗した。以後，スペインは制海権を喪失し，植民地のオランダは独立した。

　この運動目標は，恩寵の秩序を自然の秩序から区分する聖俗分離の原理に基づく教会と国家の分立と良心の自由の問題となり，新教徒の自由と平等はキリスト教の自由と信徒の平等，また自然の秩序では選民か否かに関係なく万民の自由と平等を意味した。経済的基盤の変化に伴って社会秩序も変化し，スコラ哲学は衰退への一途を辿った。自然的価値（真，真実，真理…）の判

---

10) Martin Luther, (1483〜1546). 聖書主義に立つドイツの宗教改革者。1517年免罪符乱売を憤って95条の抗議書を公表し，教皇から破門され，宗教改革の端緒を開いた。
11) J. Calvin, (1509〜1564)は一般市民から多くの信奉者を得た福音主義者。ジュネーヴを中心に運動はオランダ，フランス，イギリス，北アメリカへと波及した。

断も公的な社会的価値（正，正当，公正，正義…）の判断も，さらに私的な個人的価値（善／美／聖12)，幸福，功利…）の判断も神の意思から独立し「社会契約論」の合意形成に委ねた。16〜17世紀のトミズムはスペインで最盛期を迎えた。

4.3 スペインにおけるトミズムの最盛期

　その代表はビトリア（F. Vitoria, 1492〜1546），スアレス（F. Suārez, 1548〜1617）だった。まずビトリアは**「神の前に，万民は平等なばかりか，法の下，自然の下でも万民は平等」**を理由に**奴隷廃止**を求め，また，主権在民の立場から，世界を支配する権利は，ローマ教皇にも皇帝にも付与されていないと説き，人肉を食べない限り，異教徒や異民族を征服する権利はなく，すべての人に安全な「通行権」を保障すべき等々「国際法」にも影響を及ぼした。そして宗教以外に正当な理由が認められない場合は，人民には「参戦」する義務はないと主張した。これは聖戦の制限を意味している13)。

　かつてトミズムの全盛期には世俗国家も，神の意思と神の秩序の支配下にあって国王は神の代弁者に過ぎなかったが，スアレスはこうした降下体制を「国家権力（potestas）の起源と所属とを混同する誤謬に他ならぬ」と考えた。もともと「良心の義務」は他者に負わすことができないものゆえ，神やその代弁者たる国王に所属するのではなく，共同体を形成している人びとの権力または「社会的な諸成員の権力」だから，成員は代表者を選出し国家権力を「契約」（contractus）によって付託し統治権を委譲するわけ。

　しかし，代表者が自然法に反する命令を下すときには，断じて許さなかった。成員らに後の（英）ホッブズさえ許さなかった「契約解除」の抵抗権まで認めていたのである。

---

12)　「美」は善の極致とし「聖」は美の極致と定義した。拙著『公正としての正義の研究』－ロールズの正義概念に対する批判的考察－ 成文堂，1989. 拙著「価値（真理／正義／善美聖）体系の再構築」『比較文化雑誌』東京工業大学刊，1991/5, pp.73〜86.

13)　B. Scott, *The Spanish Origin of International Law, I. Franciscode, Vitoria and his Law on Nations*, Oxford, 1934. 伊藤不二男『ビトリアの国際法理論』有斐閣，1965.

トマス・アクイナスの『神学大全』(T. Aquinasu, *Snmma Thologica*, 1266～1273)によってトミズム全盛を誇った中世キリスト教の規範を示す「スコラ哲学」は大量艦隊の東方制覇によりスペインに最後の花を咲かせた。一般にゲルマン民族移動4〜5世紀から，ルネサンス期14〜15世紀までは暗黒の1,000年とされるが，神の国をモデルに地上の国を建設する壮大な試みは，財政破綻で失敗した。その歴史的プロセスを纏めておこう。

後284年：ディオクレティアヌス即位し「専制君主制」となり，後303年：ディオクレティアヌスの勅令でキリスト教への迫害が激化，後329年：テオドシウス一世がキリスト教を国教化。後330年：コンスタンティノポリスへ遷都，後395年：テオドシウス一世が死亡し，ローマ帝国は「東西に二分」された。後438年：『テオドシウス法典』が成立，後476年：西ローマ帝国滅亡，後529年：東ローマ帝国皇帝が『ユスティニアヌス法典』を成立させ，同時にプラトンがアテネに創設（前360年）した学苑「アカデメイア」に対し閉鎖命令を発した。

後1096〜1270年：「神の国の秩序を地上の国へ」を旗印に異教徒（回教徒）らへの武力行使（第1回十字軍戦争1096〜第8回十字軍戦争1270）を続けた。これら武力闘争中にも異端尋問や魔女狩りは続き，財政破綻や軍の腐敗は進む一方だった。兵士らは暴徒化し戦費調達を目的に富豪処刑や財産略奪に奔った。増税や市民1/3の夜逃げ，貧困，疾病など神の国に縁遠い盗賊の国と化して歴史は逆行していた。ソクラテスの遺言「愛智の必要性」によりプラトンが建てた「アカデメイア学苑」（前360〜後529）でリベラルな発想や合理的精神の育成に916年もの間，心血を注いだ大学を閉鎖し，代わりに教会や修道院を建て，学問を信仰の下に置き，愛智（哲学）を神学の侍女とした暴挙をみてもアカデミズムを殺してしまった。

人びとを神の奴隷として跪かせ，折角，芽生えた理性や良心を麻痺させ合理的な愛智の精神と自由な知的探究心を奪い取ってしまったが，とりわけ十字軍の異端狩りや異端審問や魔女狩りなど，残忍な拷問や非人道の責め苦によって発する金切声と悲痛な叫びと呻き声は，宗教的な禁欲の歪からくる狂気に満ちた饗宴かと思わせる程に「神の国」の玄関は魑魅魍魎の伏魔殿と化していたようである。

4.3 スペインにおけるトミズムの最盛期

　15世紀のヨーロッパには，新たな市民国家が続々と誕生した。百年戦争で傷ついたフランスも，戦勝国として頭角を現して，近代市民国家のモデルとなった。新たに統一されたスペインは1492年イベリア半島に残った最後のイスラム勢力を征服し，また東ヨーロッパではポーランド・リトアニア王国が広大な領地を支配し，その西方の自由ボヘミアも，神聖ローマ帝国に反抗し封建的政治形態は衰退していたのに対し，君主権は貴族・僧侶・市民階層の身分を保障することで強化された。ネーデルランド（オランダ・ベルギー），イタリアなど商業中心地では，ヒューマニズムの思想・哲学・科学・文学・芸術が開花し，ルネサンスの文化運動が活発化した。

　また神聖ローマ帝国では「ハプスブルク家」が条約・結婚・征服を通じてオーストリア，スティリア，ネーデルランドに至るまでの広大な領土をもち1477年以降フランスのブルゴーニュ公領まで領有し，着々と勢力をのばしていた。さらにアルプス峠越えの要衝だったスイスの森林地帯は，近隣強国が政治介入するごとに不満を高め，1291年ウーリ，シュビーツ，ウンターバルテンの3地区が同盟を結ぶと，他の地区もそれに加盟し，自治権を守るべく立ち上り，ハプスブルク家やブルゴーニュ公領と戦ったが，スイス兵は圧倒的に強く，1499年「シュバーベン戦争」に勝利を収めたので，「スイス誓約同盟」は事実上神聖ローマ帝国から独立を勝ち取り，16世紀まで同盟に加盟する地方は増え続けたようである。

　キリスト教の教義や典礼に対する抜本的改革は，16世紀ヨーロッパ政治に大きな影響を及ぼした。ローマ・カトリック教会の自足的信仰や財産の所有や権力の乱用に疑問を抱いたマルティン・ルターは，1517年宗教改革運動に着手し，ヨーロッパ全域を教派分割の戦いに巻き込んだ。カトリックをとるハプスブルク家はそれ以降，勢力は衰退した。またバルト海の覇権を巡ってデンマーク，スエーデン，ロシアは争った。まだスペインの支配下にあったネーデルランドでは，カトリック国スペインに対する反発が高まって信仰の自由と自治と独立を要求したが，報復行為と重税を課し，オラニエ公ナッサウのウイレム率いる独立運動が勃発した。1609年に独立。東方ではオスマン帝国の勢力拡大に伴いキリスト教徒とイスラム教徒の対立が激しく，紛糾に乗じオスマン・トルコはウィーン侵略を画策した。

17世紀のヨーロッパは破壊的な戦いが長く続いた後，近代的な国家制度が発達し，専制的な絶対君主が中央集権的に国を統治し，明確に線引きされた国境を軍備で固め始めた。プロテスタントとカトリックの争いのみならず，ドイツの制度上の難点が広い舞台で争われた「30年戦争」は中央ヨーロッパの大半を荒廃，人口も著しく減少し，1618年に約2100万人だった人口が1648人には1300万人に減少した。フランスはルイ14世下で4度の戦争に関わり犠牲も甚大だったが，ヨーロッパ最強の国家として振舞い，対するにスペインは長い衰退の時代が続いた。スエーデンはバーサ王の下で拡大路線を取ったが，1721年「バルト海制海権」を失った。またオスマン帝国は再度ヨーロッパの中枢オーストリアに攻撃を加え，1683年ウイーン市を包囲したが失敗。1687年ハプスブルクの征服戦争に切り替えたが，これも失敗した。ハンガリー他のトルコ領を獲得したオーストリアはヨーロッパの大国にのし上がり神聖ローマ帝国との結びつきは失われていた。オーストリアにとって往時最大の敵国はロシアであった。

17世紀ヨーロッパの一大国ポーランドは，国境を接する近隣諸国，とくにロシアによって領土をしばしば奪われた。公選された国王は諸国の国事への干渉権を許容し，18世紀末ロシア帝国・ハプスブルク帝国・プロイセン王国の3カ国は相互の不和を解消すべくポーランドを犠牲に1772年第1次分割，1793年第2次分割，1795年第3次分割に入ることを決定した。

4.4 啓蒙思想の展開

18世紀はヨーロッパの大半の諸国で君主制が確立し，土地は貴族または国家の所領とされ，ロシア帝国とプロイセン王国が最大の権勢を誇っていたが，プロイセン王国の他のドイツでは，イタリアに似て小国が乱立犇(ひしめ)き合っていた。しかしポーランドは近隣列強に分割・併合された。農業技術は発展し増えた人口をささえ，都市の数も増大し規模も拡大した。また貿易や産業の発展によって市場は世界へと広がり，海外貿易も植民地開拓も盛んになった。学術とくに哲学・科学・芸術の分野が活気づき，人びとの知識欲も高まって「啓蒙思想」という進歩的な政治思想が急速に発展した。1789〜95年には

「自由・平等・博愛」の旗に象徴される「フランス革命」が勃発，19世紀は大きな政治変革が生じた。

フランスは国家財政が危機に陥り，ルイ16世は1789年5月に全国3部会を招集したが，第3身分の平民代表は改革を要求して，聖職者と貴族の特権は奪われ，領主制に対する反発から各地で暴動が発生，多くの領主は海外逃亡した。1792年にルイ16世紀は投獄，フランスは君主制を廃し共和制を宣言した。1793年国王ルイ16世と王妃マリーアントワネットはギロチンで処刑。急進的ジャコバン派が権力を握り「恐怖政治」で「市民の敵」はすべて処刑した。こうしてフランスは，オーストリアやプロイセンの侵略を免れ，穏健な総裁政府の民主主義の時代に入った。

18世紀「啓蒙思想」を掲げる思想家ボルテール，ディドロは新しい時代の教会・国家・社会的協力の理念と制度・教育について従来の認識枠組を見直すよう市民の理性に訴えた。またJ.J.ルソーは主著『社会契約論』(1762)で「**人間は自由なものとして生まれついたが，至る所で鎖に縛られている**」とし，民主政治について論じている。

第5章　人間解放と社会契約論

> 5.1　イギリス経験論の源流
> 5.2　ベーコンの自然支配とホッブズの人間支配
> 5.3　J. ロックの「理性の正義」と普遍性の洞察
> 5.4　D. ヒュームの「共感の正義」と功利主義の萌芽
> 5.5　フランス合理論の源流
> 5.6　ルソーと人民主権の共和制
> 5.7　ルソーの人民主権から法制改革へ
> 5.8　ドイツ観念論の源流
> 5.9　カントの批判主義と普遍的理想の探究
> 5.10　帝国主義時代の領土争奪戦

5.1　イギリス経験論の源流

　17世紀のイギリスは，旧封建領主，特権商人，保守的な国教派（Anglican）と中産市民・清教徒（Puritan）との抗争状態で開幕し「内乱の時代」と呼ばれる市民革命期を迎えた。自由と権利に目覚めた進歩的市民層は保守的支配層の規制に対抗して緊張激化の深刻な事態を憂いつつ近世は開幕した。こうした「進歩」と「保守」との対立は「若者」と「老人」との対立のようであって，もし若者が強ければ進歩は急速になって歴史も大きく変わるが，逆に老人が強ければ進歩は緩慢となり，歴史は停滞してくる。
　しかし老人／若者は年齢ではなく，心の問題であり，万国共通に歴史を支配する法則である。まず，武将クロムウエルによるチャールズ1世の処刑（1649），「清教徒革命」による「イギリス共和国」樹立（1649），チャールズ2世による「王政復古」（1660），旧教復活と絶対王制を掲げるジェームズ2世の追放とか「名誉革命」（1688）などは，イギリスの過去を清算し，新しい未来を予想する市民革命期の主な事件であった。一般に「老いた心」は宗

教擁護にはしって神中心の形而上学や神学的・目的論的な認識枠組みに固執しがちであるのに対して「若い心」は，科学技術の発展を指向し，実証的・経験的・合理的な科学的根拠や機械論的な認識枠組みを求める。当時の若者たちの心は長らく抑圧されてきた人間性と自律心を回復させ，基本的人権である思想・良心の自由，信仰・集会の自由，政治的・経済的・社会的な自由など「**幸福追求の自由**」に目覚めたことである。

　イギリスは他の西欧諸国と比べて資本主義経済の発達が早く，すでに13～14世紀，新興市民層の台頭と封建制度の崩壊で新旧勢力抗争は激化していたが，チューダー「絶対王政」は，両勢力の対立を巧妙に用い商業資本を庇護して国内的繁栄と，植民地政策，アメリカ開拓，カンパニーの設立とかスペイン無敵艦隊の撃破など対外的にも成功を収め，新興市民層は発言権を高めていた。こうして17世紀初頭には，中産市民階層が下院に進出しつつ発言権を増大させる「好循環」をもたらしたのである。

　アリストテレスは，政府教育係としてアレクサンドロス王子らに帝王学を教えた。とくに王子が関心を示したのは，各ポリスは理念と共通ルールがそれぞれ異なる。主権者もそれぞれだ。ゆえに闘争や戦争は避けようがない。しかし，アリストテレスは人生の究極目的を「幸福」に求めた[1]。人間はみな幸福を望む，と。そのためには「平和」が大切である。ホッブズのいう通り平和がその大前提である。このためには社会的協力の理念とルールは共通でなければならない。これが賢明な解決策である。こうしてアリストテレスは都市国家ポリスから世界国家コスモポリスへ移行する「パラダイム転換」の必然性を強調した。より安定した効率的な社会的協力を実現するには，その理念とルールを共通のものにし，論理的な矛盾やディレンマを原理的に排除する方策を見出すべきだ。要は，解決策である。ヘレニズム期ストア学苑の開祖ゼノン（Zēnōn，前490？-430？）の普遍的ロゴスに訴える解決策も，エピクロス学苑の創設者エピクロス（Epikuros，前341？-270？）の胃袋の快楽から「心の平静」（ataraxia）への快楽主義に訴える解決策もあろう。しか

---

1) Aristotelis Ethica Nicomachea, Recognovit brevique adnotatione, itica Instruxit, I. Bywater, Oxford, 1894, 1097b.

し，アリストテレスの究極の解決策は「世界国家」の構築であった。
　アレクサンドロス大王は「力の支配」による解決策をとり，ゲルマン民族移動の4～5世紀からルネサンス期14～15世紀まで暗黒の1,000年，ローマが神の支配に訴える解決策をとって悲惨な結果に終わった。また15～16世紀，スペイン無敵艦隊時の人権思想に鼓舞，イギリスは市民革命・産業革命後に経験主義・功利主義（快楽主義）・社会契約論を解決策に選んだが，科学技術の発展は凄まじく二度の世界大戦に突入し，各国は国際連盟→国際連合に究極の解決策を求めた。西欧500か国（ウイーン・ハプスブルク家ら支配）から20世紀初頭には25か国に統合されて（世界の土地約9割を占有支配），冷戦後は段階的に「EU連邦」に加盟して今日に至っている。
　人類の理性と良心の進化は，なぜこうも遅いのか，なぜ小さな欲に囚われ大損するのか，これが人類絶滅の予兆なのか。現在では，地球規模の最大の社会的協力の仕組みである国際連合でさえ1945年度設立当初51か国から2011年度には193か国（植民地の独立）となっていて，今なお都市国家時代の面影を残している。人びとが実利を追求し，幸福を追求する経済的自由は，自然が人間に与えた固有の自由であって，国の干渉を許さない基本的自由であった。社会的協力の当初の目的は，自然財の異なる個々人が自分に固有の才能や個性などを活かしつつ互いに貢献し貢献され，より広い市場で生かし生かされる相互的協力によって万人の幸福に寄与するからではなかったか。それが見えなくなった人が増えたようである。

5.2　ベーコンの自然支配とホッブズの人間支配

　イギリスの哲学者F.ベーコン（Francis Bacon, 1561～1626）は，R.ベーコン（Roger Bacon, 1210？～1292？）から感覚論的な経験論の認識論や帰納法や実験科学を継承し，人びとは「帰納法」によって自然法則を発見し，「自然法則」に従って自然を征服することができ，ゆえに，知は力なりとした。これがベーコンの自然征服や自然支配の原点で，環境破壊の始まりだった。当初は蒸気機関の発明により空気や水を汚染したが，まだ，自然の浄化作用で回復可能な範囲にあった。だが一旦，汚染が限度を越えると回復力を

失って濁った水や汚れた空気が元通りに無色透明にはならなくなった。

イギリス経験論を合理的な社会的協力の仕組みに適用して，展開したのはホッブズ（T. Hobbes. 1588～1679）であった。彼は社会のない自然状態を「人が人に対して狼」(homo homini lupus est) としての「万人の万人に対する闘争の状態」(Bellum omnium contra omnes) を継続的不安や恐怖や暴力に怯える貧しく不潔で短命な「戦争状態」[2]とした。朝から夜まで，奪うか奪われるか喰うか喰われるかの限界状態を彷徨いながら生きる往古蛮族らは，衣食住も自給自足という孤独で貧しく，不潔で残忍な生涯を送っていたのである。

これがホッブズの「社会契約論」の要旨[3]である。問題は「社会的協力」の仕組みだが，どのような社会的協力の仕組みが正しいか。ホッブズは流血の惨事に明け暮れる当時の市民革命期を反映して「個人と自然法との契約」が成立し，自ら（自律的・他律的に）その契約が履行されているとき，そのときに限るとした。ホッブズが「絶対君主制」を正当化したのは，ジャングル状態の革命期の狂気を反映している。しかし，自然は各人の心身の機能を等しく造ったとし「自然状態」では何人もが自由で平等ではあるが，人の本性には**①競争心，②不信感，③自負心**という闘争的・侵略的な三つの要因があって①競争心は獲物を獲るため，②不信感は安全を得るため，また，③自負心は名声を博するために「人が人に対して狼」として殺し合う万人の万人に対する闘争状態に陥り，必然的に貧しく不潔で短命を余儀なくされる戦争状態へ向かわざるを得ないと結論づけた。

けれども人間には「理性」がある。その理性が契約によって不安定な自然状態から脱却し，安定した「社会状態」へ移行しなければならない，と決意した。「社会」を造って公的な「法」を定め，社会的協力に従事するときの権利と義務を公的に規定するのである。というのは「権利」は，一般に私がしたいことをする自由や私がしたくないことをしない自由を意味しているが，これに対して「法」は社会的協力においては何れが正義に適うか，正しいか

---

2) T. Hobbes, *Leviathan*, Ⅰ, 13 参照。
3) *Ibid*.

公的な決定を下し、人びとを拘束する基準となるからである。ちなみに生命維持や自己保全や自己拡張のために私のしたい放題の自由、利己的な判断によって最適手段で目的を果たすための自由など、自然権（jus naturale）を野放にした状態にある限り、万人の万人に対する闘争というジャングル状態は避けようがないからである[4]。

このようにホッブズの自然状態には、何が正義か、何が不正義かを公的に決める法も、公的に規制する約束事もないのである。「法」が存在しないのだから、順法か否かを区別することもできず、正しいか否か、正義に適っているか否かという区別もできない。頼れる美徳は、ただ力と詐術だけである。そこで社会契約は、市民の合意に基づき公的権力を君主に譲渡し、統治権の行使を求めるが、チューダー絶対王政時代には、「法」は民主的な合意形成ではなく、中世の残滓を思わせる「神法」に基づき神の意志を代弁する絶対君主の命令であったから、まだ君主は法の上にあり、市民は法の下にあるという片務的な社会契約であった。

ホッブズによれば、君主に統治権を譲渡するのであれば、その手段である軍隊を維持するための徴兵権も、貨幣の徴収権も、また正義をおこなう官吏任命権も与えたことになる[5]。しかし「自然法」は、正邪の決定基準であってストア学苑（ゼノン）の「宇宙理性」（logos）であり、アウグスティヌスの良心によって映し出された「永遠法の像」であり、さらにトマス・アクィナスの「永遠法への参与」に由来する法であるから、自然法と矛盾する社会契約はすべて無効である。「自然法」は市民の合意を超えた法であり、社会契約を越えた価値基準であるとする矛盾を含んでいた。

『旧約聖書』エジプト記20章にヘブライ人の王モーゼ（Moses）は、紀元前1230年、シナイ山で神が下した「十戒」（仏教にも類似の十戒あり）を岩石に刻み込み（表面5戒律・裏面5戒律＝合計10戒律）、「モーゼの十戒」（1230, BC）として告示した。これが「神法」の嚆矢的な存在であった。念のため全文を掲げたい。

---

[4] T. Hobbes, *Leviathan*, I, 14 を参照。
[5] *Ibid*.

―――― モーゼの十戒（1230, BC）――――
1）他の民族の神を崇敬したり服従してはならない。
2）神を示すどんな像も造ってはならない。
3）神の名を濫りに唱えてはならない。
4）七日毎に仕事を休み，神の公共的崇拝に充てるべし。
5）両親を敬うべし。
6）人を殺してはならない。
7）姦淫してはならない。
8）人の物を盗んではならない。
9）偽りの証言で判決を腐敗させてはならない。
10）内心でも他人を害するよう企ててはならない。

「モーゼの十戒」は神法の一例だが，ホッブズは自然法を19条に纏めた。

―――― ホッブズの自然法[6] ――――
第1条　人は望みある限り平和のために努力し，無理なら戦争の支援と利益を求めて戦え。
第2条　平和のため自衛のために必要なら，他人が合意する限り権利を放棄し，他人の己に対する自由は，他人の自由を己が喜ぶ範囲に留めよ。
第3条　結ばれた契約は履行すべし。不履行となる契約は無駄で，空約束に過ぎない。
第4条　他人から恩恵を受け利益を得た者は，相手がその善意を後悔しないよう努めるべし。
第5条　各人は他人に順応するよう努めるべきである（従順の徳）。
第6条　過去の罪を悔悛し，許しを請う者は，将来を配慮して許すべきである（許容の徳）。見せしめの刑罰や将来の利益に配慮しない報復は，他人を傷つけ何の利益もなくして単なる勝利や誇り自惚れに過ぎず，理性に反する。残酷は戦争を誘う。
第7条　報復措置を講ずる際には，過去の悪の大きさではなく将来の善の大きさを見るべし。
第8条　何人も行為・言葉・表情・身ぶりによって他人に対して憎悪や軽蔑を表してはならない（傲慢はいけない）。
第9条　各人は生来，他人を自分と対等の者であると認めるべし（高慢はいけない）。

---

[6]　T. Hobbes, *Leviathan*, Ⅰ, 14, 15. を参照のこと。

5.2 ベーコンの自然支配とホッブズの人間支配

第10条 平和状態に入る際には、自分以外の誰もが保留するのを望まない如何なる権利も、自分自身が留保しようとすべきではないのである（尊大はいけない）。

第11条 人と人との間の対立する要求を裁くよう託されたとき、彼らを平等に扱うべきである（身贔屓はいけない）。

第12条 分割できないものは、共同で使用すべし。もし、量が許すのなら、無制限であるべし。さもなくば、権利を有する数に比例させるべし。

第13条 全権や最初の占有権は、籤引で決定されるべし。

第14条 長子相続はこれを許すべし。

第15条 すべての平和の仲介者には、行動の安全が保障されるべきである。

第16条 論争する者は（当事者が有する）その権利を仲裁者の判決に従わせるべきである。

第17条 何人も自己の裁判官となることはできない。

第18条 不公正な結果（判決）となる自然の理由がある者は、裁判官になってはならない（賄賂を要求してはならない）。

第19条 裁判官は、事実論争において、一方を他方以上に信用してはならない。他に証拠がなければ、第3、第4、……の者を信用すべし。

　ホッブズが定式化した「自然法」の全19条は「永遠の道徳律」であって、「自然の一般法則」である。つまり「自然法」は誰にも等しく認識され、理性が発見する「普遍的な戒律」であるから、自然法に無知であることは、何人にとっても「免罪理由」とはなり得ない。自然法は普遍的な法であるから何人も免れ得ないことになる[7]。というのは、理性を修得した人びとなら、たとい誰であれ、自分にして欲しくないことは、当然ながら、他人に対しても為すべきでないことなど、当り前のことであると周知しているからである。こうした相互性を知っていることは、自然法に合致していることを含意しているから、ホッブズは自然法であるか否かを判定する基準として、「**自分にして欲しくないことは、他人にもしてはならない**」に求めたのである。

　（英）ホッブズ（T. Hobbes. 1588～1679）の「自然法」全19条はすべて普遍的であるから、それが含意する法も、また普遍的である。ホッブズが自然法

---

7) T. Hobbes, *Leviathan*, II, 25. 拙著『社会思想史』成文堂、1997、pp. 55～56を参照のこと。

を発見するために用いた「メタ自然法」(自然法の上の自然法)は,誰にも明々白々な自然の条理としての戒律「自分にして欲しくないことは,他人に対してもしてはならない」であった。

このような条理は,その後,(英)ニュートン[8],ロック[9],ヒューム[10],(仏)デカルト[11],(蘭)グロチウス[12],トマジウス[13],スピノザ[14],(仏)ルソー[15],(独)ライプニッツ[16],カント[17]などなど,先鋭な哲学者たちに継承され,広く世界に波及していったのである。

---

8) I. Newton, (1643-1727), *Philosophiae naturalis principia mathematica*, 1687, *Opytics*, 1704, *Arithmetica universalis*, 1707 等運動の3法則,光学理論,微積分法など偉大な発見あり。

9) J. Locke, (1632-1704) 社会的協力の仕組みが正しいのは,理性の法(自律原理)たる自然法と両立する人定法の支配下で,多数派の意思と合意による決定に基づき万民が等しく自由・平等・独立の平和状態を享受するとき,そのときに限る。

10) D. Hume, (1711-1776) 社会的協力の仕組みが正しいのは,各人心に最高の共感(sympathy)を呼び起すとき,そのときに限る。

11) R. Descartes, (1596-1650) 一切の規制概念を疑い,疑おうにも疑えない明晰判明な真理を第1原理「われ思う,ゆえに,われあり」に求めた。

12) H. Grotius, (1583-1645). 社会的協力の仕組みが正しいのは,自然法を根拠に結ばれた契約に基づき,人間性の基本原理(社交的な欲求)に合致しているとき,そのときに限るのである。

13) C. Thomasius, (1655-1728) 社会的協力の仕組みが正しいのは,良心の自由,信仰の自由等外面的義務が履行され,誠実・礼節・正義の3徳が行われているとき,そのときに限る。

14) B. de Spinoza. (1632-1677) 社会的協力の仕組みが正しいのは,国家目標を民の幸福に限り,自然法の下に愛と寛容の精神に基づき,正義と公正の原理を充たし,各人に有益性と歓喜の感情を覚えさせる説き,そのときに限る。

15) J-J. Rousseau. (1712-1778) 社会的協力の仕組みが正しいのは,理性の戒律たる自然法に基づき成員の自発的な合意によって政策が選ばれ,「自由・平等・独立」の価値がより多く保障されるとき,そのときに限る。

16) G. W. Leibniz. (1646-1716) 社会的協力の仕組みが正しいのは,各人に平等な権利(何人も傷つけてはならぬ)を厳格に保障(調整的正義:justitia commutative)し,各人に彼のものを与えよ(配分的正義:justitia distributive)を充たし,さらに,有徳な仕方で生きるべきとの普遍的正義:justitia universalis)を充たしているとき,そのときに限る。

17) I. Kant, (1724-1804) 社会的協力の仕組みが正しいのは,公的正義(配分的正義:各人に彼のものを与えよ)と,相互修得的正義(調整的正義:殺人犯の罪には死刑の罰を与えよ)とを充たしているとき,そのときに限る。
　言い換えると,汝の意思の格率が普遍的な立法の原理として妥当し,他の人格の人間性を汝の人格と同じく,常に同時に目的として用い,手段としてのみ用いないよう心掛けよ。各人の自由は,他の何人の自由とも普遍的法則に従って両立しうるとき,そのときに限る。

かの著名な数学者・科学哲学者（米）A. N. ホワイトヘッドは，17世紀を「**天才の世紀**」[18]と呼んでいるが，確かに17世紀はイギリスにニュートンやベーコンやロックやヒュームらの「経験主義」の哲学を生みだし，またフランスにデカルトやルソーらの「合理主義」の哲学，さらにドイツではライプニッツやカントらの批判哲学を生みだし，従来の「スコラ哲学」に替わって「科学哲学の基礎」を築き上げた。

ホッブズの「社会契約論」は，主権者（君主）に対して絶対支配の権利を与え，一般国民（臣民）に対して絶対服従の義務を課した。人びとが一旦，自然権（自然法に基づき正義の秩序を実現する権利）を主権者に譲渡すれば，同時に統治権も譲渡し，主権者にはどんな義務も伴わないから「片務的」とされ，臣民には君主の命令に服する義務のみ。君主には自然法に忠実である限りの自由が保障される。失策でも自己を責め告訴する義務はない[19]。

君主と臣民とが権利の譲渡契約を締結し個々人が一つの纏まった人格となるときには，「リヴァィアサン」（Leviathan＝大怪物）が誕生する。この片務的な社会契約と「**絶対君主制**」の統治形式は，中世文化の面影と内乱時代の背景を感じさせるが，ホッブズは，大怪物としての国家を人びとに平和と防衛とを保障する「地上の神」として崇める。

「自然法」は永遠不変の真理だが，国家の命令，意思決定たる人定法ではない。自然法は普遍的な真理で権力を伴わないが，人定法は真理ではなく権力によって構成される[20]。剣を伴わぬ契約は唯のコトバに過ぎず，人びとの生命を保障する力がない[21]。自然法が普遍的な真理である理由は，戦争が人びとの生命を維持することはなく，また平和が人びとの生命を破壊することもないことから明らかである。契約後の社会状態では，人びとに安全保障がある限り，自然法でも良心において常に拘束力を有する。人定法の使命は，秩序ある社会状態の維持と人身の安全保障にあって，この使命を果たす

---

18) A N Whitehead, *Science and the Modern World*, 1925, ch. 3 ホワイトヘッド著作集第6巻．上田泰治・村上至孝訳『科学と近代社会』1981, pp. 51-74.
19) T. Hobbes, *Leviathan*, I 14.
20) *Ibid*, II, 26. (羅) 原文：Anctoritas, non veritas facit legem.
21) *Ibid*, II, 17.
21) Zēnōn, アルニム「断片」vol. 3, 78, 27.

限り，自然法は本来の拘束力を発揮する。

なお，現実的に人定法（lex humana）は自然法に優先されても，論理的には自然法（lex naturalis）と矛盾する社会契約や人定法の設定は無効とされ，その意味で自然法は人定法に優先されるのである。というのは，すべての法は普遍的真理としての「自然法」を根拠に正当化され，ヘレニズム期ストア学苑（創始者ゼノン Zēnōn, 336/5〜264/3, B.C）以来，伝統的に哲学的な基礎づけとして用いられてきたからである。

ホッブズは「平和」を善と捉え，平和への手段も善とする。国家は平和と秩序の監視者で，善の実現をめざす。国家は人びとから譲渡され，付託された権力を行使して平和と秩序を維持し，善の実現に向け使命を果たすが，国家による権力行使の恣意性を防ぐために人定法を設け，権力行使という「法の支配」に委ねる。権力がなければ法はない。また法がなければ正義はない。ゆえに，権力がなければ正義はない。（英）ホッブズはここで「力の正義」に依拠している[22]。

既述のとおり，ホッブズは国家の主権者を君主に求め，君主に自然法の普遍的な善を監視する絶対的な権限を委託し，平和と秩序の厳しい監視を付託したが，臣民に対する君主の振舞は，ただ自然法にのみ拘束されるとはいえ完全に自由放任が保障されており，もし君主に責任があるとすればたかだか，自然法の創造主である神に対してのみ責任を負っていることになる。では，いったい誰がその監視者を監視するのか[23]，誰が君主の専制に歯止めをかけるのか。

（英）バークリ[24]のように，「**堪え難き専制に対しては，畏敬の念をもって抵抗してもよい**」，「**下位の者は，上位の者を処罰できない**」と主張する者もいたが，散々殴られ打ちのめされても我慢を続けて許しを請う哀れな姿に，はたして誰が納得するというのだろう。

（英）ロック[25]は「**殴り返さないで暴力に抵抗する方法とはどのようなも**

---

22) T. Hobbes, *Leviathan*, I 15.
23) *Ibid*, II, 30. Quis custodit custodies?
24) G. Berkeley, 1685〜1753.
25) J. Locke, 1632〜1704. *Two Treatises of Government*, 19, 235.

のか，また，畏敬の念をいだいて相手を殴る方法ってのはいったいどのような殴り方なのか」と皮肉っている。いかにも，殴打と畏敬とを融和できる御仁なら，その報いとして至るところで丁重で慇懃な棍棒の殴打に見舞われるに値するだろう。しかし君主が人民の信託に背いて暴力を行使すること自体がすでに人民に対し「戦線布告」したことを意味しているから，人民は堂々と応戦すべきであって君主の暴力には決して屈してはならない。力に対して力で抵抗することは，まさしく当事者双方（人民と君主）を平等の立場におく戦争状態の特徴である，というべきだからである。

再びホッブズに戻ろう。彼の「社会契約論」では，君主が臣民を監視する権利や君主の権利行使に異議を唱える権利はなく，あるのは，ただ服従する義務のみ。ゆえに，君主が主体的に権利を放棄することがない限り，権利は他者に移譲することもなければ，また臣民に返還されることもなく，万一であれ自然状態への回帰などあり得ない。なぜなら，神は臣民の安全のために君主を創ったわけだから，君主は臣民の安全のため神の意思に応えるべきであって，臣民は君主の許可なく君主制を放棄して他の政体を造ったり，他の合議体にその権利を移したり，自然状態（戦争状態）に回帰したりすることは決して許されないのである。

臣民一人でも，君主の権利を侵す契約違反者が現れるなら，臣民すべてが同罪とされる。いったん「君主」に対して自然権と統治権を譲渡することに合意した以上は，臣民が君主を廃する行動は，臣民が自己の人格を奪い取る行為であって，臣民には断じて許されない不正な行動とされるからである[26]。彼は支配者のいない集団を「群衆」(multitude)と呼び，意志と行動とを同じくする統一体を「国民」(populus)とし，また支配者の人格（魂）で国家が纏まったとき，その有機的統一体を「国家」(commonwealth)[27]と称した。しかし国家に平和の秩序を維持させるには，その成員＝臣民を震え上がらせ，畏怖させるだけの絶対的権限と無制約的権力が必須不可欠の要件

---

26) *Ibid*, II, 17.
27) 　ピューリタン革命期，チャールズ一世は専制政治に反抗したクロムウェル率いる議会軍に敗れて処刑（1649）。王政復古まで1649〜1660間は共和政。ホッブズはその清教徒革命期のイギリスから影響を受け，こうした国家観になった。

となるが，万一かかる権力が「死すべき神」(mortal God) としてのコモンウェルスの存立に不足しているなら，国家に「正義」は望めない。というのは「正義」の美徳の源泉は自然法との契約に求められるのだから。

ホッブズは人びとに二者択一を迫った。愚かにも自然権を奪還して恐怖におののく戦争状態へ回帰するのか，あるいは賢明にも，社会契約を達成して自由な平和状態を選択するのか。善人にとって「法」は自由の守護神であるが，逆に自由の障害だと思う人は，悪人だけである。法が沈黙を守っている限り，人民には最大の自由が保障されている。現実の社会的協力においては「法の支配」こそが「正義」の実現に必須の要件とされる。

では，ホッブズは「正義」をどのように定義しているか。彼は生命財産の自己保全のために「理性の法」が各人に彼に応じた分を与えられるべし，として「分相応の財の分配」を命じた。そうでないと「すべてのものが皆のものとなる」(万物が万人のものなる)。これが戦争状態であって，嫉妬塗れのいざこざや闘争状態に陥ることになる。

しかるに，かつて野獣であった人間にも，「理性と良心」の目覚めるときがきた。こうして人間は，「社会」を造り，「人定法」を定め，「正義」を定義したわけで，これによって人間は，平和と安全を獲得し，猛獣は美徳を身に付けヒトになったのである。

定義1．「一般的正義」とは，各人に彼のものを与えんとする恒常不断の意思をいう。

古代（希）カリクレスは「優れた者が劣った者よりも，また，有能な者が無能な者よりも多くを摑むのは正しい」と述べ，「正義とは常に強者が弱者よりも多くを摑む仕方で判定され，牛であれ何であれ，力の弱い劣った人のものは，すべて力の強い優れた人の所有に帰すのが自然本来の正義だ」とし，強者による弱者支配を当り前としたが，同時代のソクラテスは「平等な分け前を守ることが正義であり，他人のものを侵すことは不正義だ」[28]と反論した。正義の起源はここから始まった。

定義2．「配分的正義」（裁定者の正義）は，各人の資質・価値・功績・財

---

28) Platōn, *Gorgias*, 39, c, d)

産・地位・身分など，個人的諸条件に応じて裁定者が各人に彼のものを公正に分配することをいう。

この定義は，アリストテレスの配分的正義（justitia distributive）に由来する「正しい分配法」を決める公的基準でホッブズは裁定者の正義という。

定義3．「調整的正義」（契約者の正義）は，各人の個人的諸条件に関係なく，売買・雇用・賃貸・交換・取引など契約行為において契約を履行し客観的利害の得失を平等に調整することをいう。

各人の資質・価値・功績・財産・地位・身分など個人的諸条件に関係なく客観的利害の得失を平等に調整せよと求めたアリストテレスとは異なる。

ホッブズにとっては「法」が一切の根拠であって，法がなければ，正しいか否かは不明である。「主権者は君主」であるから，立法者が「法」を定め，「正義」は何かを定めるまでは，各人に彼のものを与えようがなく，それゆえ君主に恣意的な介入を許し，後の（独）カントのいう「悪法も法なり」の余地を残すこともある。この意味で，正義は国民に対するものであって，決して君主に対するものではないと。たとえ，どういう理由があろうとも権力転覆を企て，統治行為を妨害することは，自己の財を破壊し，公的な正義を破壊する行為であるから，君主に対する全権委譲という契約に違反した行為と解されるから[29]，と。

これを避け「内乱の時代」に平和と秩序の契約が保障されるのは，臣民が君主を神として崇拝し（背信行為の報復者として畏怖している）「見えざる力」への恐怖に他なく，不服従の輩に対しては彼の怖れる神に力づくで誓わせるべしとした。これは「鞭による統治」であり，臣民が「自然権」を享受するため逆に自然権を失うというディレンマに陥ることがないための配慮だったか，チャールズ一世の処刑（1649）に発展した「清教徒革命」（1642〜1660）の混迷にあえぐ当時のイギリスには当然だったが，このような「上からの正義」には中世的な残滓が感じられる。「主権」が臣民から人民に移り監視者の行動が人民の意思に拘束されれば主権在民の民主制が望めるが，歴史の流

---

[29] A Dialogue Between a Philosopher and Student of the Common Laws of England, 1682, Holsworth, *A History of E. L.* vol. 480〜500.

れは自然の法則に従い、いずれ君主の「力の正義」は人民の「理性の力」に屈して理性の力に委ねざるを得ないときがこよう。

　君主が自然法の創造主「神との契約」を履行している限り問題はないが、君主が契約を無視し、神の意思に背いて暴走し始めたらどうか。君主を監視する者が神の外には誰もいないのだから、君主は神を否定する自由もあろう。また、君主の放縦は許されるか。ある君主は自己の足幅を長さの基準として物差しの単位を（単数フット、複数フィート）にするよう命じ、また己の脈拍で時間を定義するよう命じたという。これを人民が容認すると一体どうなるか。君主が階段を駆け上るとき、万物の動きは蝸牛（かたつむり）のように遅く、眠りにつくときには、のっそり歩いていた牛が急に走りだすであろう。また君主が愉快なときには、奴隷に妻子を与え、そうでなく怒ったときや不快なときは奴隷をライオンの餌食にするかもしれない。

5.3　J. ロックの「理性の正義」と普遍性の洞察

　17世紀中葉、イギリス内乱期の二大市民革命[30]（清教徒革命1642～1660と名誉革命1688～1689）は、個人の権利意識と自我確立を促し、市民権の拡大と主権在民意識の向上に大きく寄与、経験論や認識論、社会契約論でもフランスを凌ぐ勢いを呈し、17世紀における世界の市民運動に正しい指針と理論的な根拠と斬新な価値基準を提示するばかりか、18世紀ヨーロッパの民主化を支える市民運動や啓蒙運動にも哲学的な基盤を提供した。とりわけアメリカ合衆国の「**人民の人民による人民のための政治**」という君主不要な共和政の民主主義に対し新たな精神的基礎を与え、パラダイム転換を齎（もたら）した先駆者は（英）J. ロック（John Locke, 1632～1704）[31]であった。

---

30)　清教徒革命は前注の如く、チャールズ一世が専制政治を拒みクロムウェル率いる議会軍に敗れて処刑（1649）。王政復古まで1649～1660は共和政。名誉革命（Glorious Revolution）は旧教の復興謀るジェームズ二世の専断に激怒した議会が1688、新教（蘭）の王女メアリと夫オレンジ公ウイリアムに救援を求め、1689にメアリ二世とウイリアム三世を王位につけた革命。ジェームズ二世は国外逃亡。「権利章典」が制定され、立憲政治の基礎を確立した。

31)　ロックはすべての既成概念を「白紙」（tabula rasa）に戻し学問を再構築すべく試

5.3 J. ロックの「理性の正義」と普遍性の洞察

彼の経験主義の認識枠組みは，(仏)デカルト(R. Descartes, 1596～1650)[32]の合理主義の認識枠組みと並行して中世トミズムの枠組みから近代科学の枠組みへの移行を決定づける「パラダイム・シフト」のきっかけを与えたことから有名である。ロックの「認識論」は，何よりも経験的な理解力を重視して，デカルトの「生得観念」(innate notion)さえ否定したが，その理由は次の通りである[33]。まず①普遍的な承認や理性(reason)の使用は生得性を立証しない。②同一原理(PはPである)も矛盾原理(Pは非Pでない)も普遍的には承認されない。③理性は公準を生得的に知らない。④明証性は生得性を立証しない。⑤実践原理は生得的でない。⑥正義や信義は生得的でない。⑦良心は道徳の生得性を立証しない。⑧同一性，不可能性，神の観念は，生得的ではないというのである。

(英)ロックは(仏)デカルトの「**我思う，ゆえに我あり**」を真理に至る唯一の合理的な原理とする発想をとらないで，「経験と観察」を真理へ至る唯一の道とし，人の心は，まず「白紙」(tabura rasa)の状態であったが経験と観察を通じて「観念」(idea)が備わり，その意味で，すべての観念は経験に由来する。その源泉は「感覚」と「内省」であって最初に「感覚的観念」が備わり，次に内省の働きによって「内省的観念」が備わる[34]。このような観念は，認識客体側の客観的性質(第1性質)を示す「単純観念」と認識主体側の主観的性質(第2性質)を示す「複合観念」に分けられる。このように，ロックは認識枠組みを経験の視点から再検討し，知識体系を実証的な根拠に基づいて再構築した。

デカルトは一見イデア論的，超越論的，神学的な上からの認識論をとったのに対して，ロックは経験論的，実証的，科学的な下からの認識論をとって伝統的権威を背景とする選民貴族の思弁的認識論に疑念を抱かせ，古い観念秩序に基づく旧社会秩序に与えた衝撃たるや甚大であった。

みた。John Locke, *Essay concerning Human Understandeng*, 1690, vol. 2.
32) デカルトは方法論的懐疑から，もはや疑おうにも疑えない真理「我思う。ゆえに，我あり」(cogito ergo sum) R. Descartes, *Discous de la Method*, 1637, Ⅳ に至り学問を再構築した。
33) John Locke, *Essay concerning Human Understandeng*, §2. 1, 1690. 参照。
34) John Locke, *Ibid*, vol. 2. On Ideas, §1, 23. 参照。

ロックの革命的認識論は「統治論」へと展開され，新たな市民社会像を形成したのである[35]。というのは，ホッブズの自然状態は，「万人の万人に対する闘争」という恐怖状態であったが，ロックの自然状態には，何人にも等しく「自然法と自然権」が賦与されており，支配権を他より多く享有する者はいなかったからだ。

何人も完全に平等な互恵状態で生きているから，人の上に人はいない。誰かが他の誰かに従って命令に服するような主従関係などは存在せず，他の許可を求めるといった意思に頼るのではなく，「自然法の枠内」で自律して生きる完全な「自由状態」であったとされる。

したがって，ロックの自然状態は，ホッブズの戦争状態でもなければ，フェルマーの放縦状態でもなく，自然法の枠内で許される自然権とされる限りの「自律状態」（自律の自由状態）であるが，自然権の「相互不可侵性」は不安定である。他人の自然権を奪おうとする邪悪な支配欲や野望を抱く者に備えて，自然法の「執行権」は等しく各人の手に委ねられ，その自然権の侵害者に対する「処罰権」は万人平等に賦与されている。それゆえ自由を奪われた者は，侵害者の自由を奪い取る処罰権に基づき，加害者に処罰権を行使するか，被害者は加害者に対して「賠償請求権」を行使することもできる。ロックの自然状態は，ホッブズとは違ってヘレニズム期のストア学苑ゼノンのロゴス（普遍的理性）同様，自然法が完全に執行され，自律の平和が維持されている状態だった。ロックは「自然法」を万国万民にとって普遍的な「自律の原理」と捉えているからである。

ロックは仮え君主（いえど）と雖も一人の個人に他ならず，君主による一方的支配体制が自然状態に優る理由はなく，他者を己の絶対的権力の下に置くという企ては，ホッブズとは逆に，他者を奴隷化する企てゆえに天賦の自然権たる平等な自然的自由を侵害する企てに他ならず，戦争状態への突入を意味するが，誰一人，己が奴隷になるなんて望まないから，**ホッブズの社会契約論は不合理であり，人民の合意形成は望めない**。もし支配権に野望を抱く輩とか支配権を恣意的に行使する輩がいれば，支配者と被支配者間には戦争状態が出現

---

[35] John Locke, *Two Treatises of Government*, §2. 4. 1690. 参照。

5.3 J. ロックの「理性の正義」と普遍性の洞察

するが,戦争状態は敵意に満ちた破壊の状態ゆえに殺意が漲っている。被支配者は「死の恐怖」に甘んずべき道理はない。狼やライオンを殺してよいのと同様,戦争状態を招いた人を殺害するのは合法的だ。人民の上に君臨し,支配権を奪う戦争状態を企てた輩は,捕えて殺すことが許されるとロックはいうが[36],人民は合意形成によって己の生命まで支配される権力を他者に譲渡する筈は確かにない。この件の不安定さは否めないから自然法の執行を公的に秩序づけ,安定化させるべく,自然が等しく付与した処罰権を放棄し人民の合意形成により公的権力(人定法)に委ねたわけ。法の目的は自由を制限するためではなく,自由を拡大するためにある[37]。

では「自由」は何か。法が許す範囲で己の身体や行為や財産などすべての所有物を己の望むがままに処理し整えることで,このとき他者の随意の意思に服従せず,何の拘束もなく,己の意思に従うことだ。社会的協力の理念と共通ルールの構築に際してロックは,自然理性が己に命ずる自律的・自己完結的な「個人主義」の自由と人権を最大限に尊重した。ホッブズにとって個人は国家の素材で,力の支配と外的強制(他律)が必要な不完全な細胞として全体主義の色彩を呈していた。これに対して,ロックは民主的で個人主義的であった。ロックの場合,自然状態にあっても人びとは不安定な自由・平等・独立の状態にあって,いかなる政治権力にも服従してはいなかった。これを安定化して平和な生活とし,人生の価値を最大化して人民の幸福追求の自由を最大化するために,「合意形成」によって自然権の一部を合議体に譲渡したわけである。

しかしロックの場合,J. ロールズと同様,社会契約は当事者数に制限なく非加入者は拘束されず,自然的自由は侵害されない。こうして,契約参加の自由が認められているが,最初の合意形成(完全合意)によって一旦,契約が成立すれば「多数派」の意思が政策を決定して残余の者を拘束する権利が生じてくる[38]。この場合にも,参加を拒んだ残余者の「人権と意見」は尊重されなければならない。多数派が少数派を拘束できない社会は,一つの

---

36) John Locke, *Two Treatises of Government*, §3. 16. 1690. 参照。
37) *Ibid*, §6, 57, 1690 参照。
38) John Locke, *Two Treatises of Government*, §8. 95. 1690. 参照。

団体として行動することが望めず,強大な大国であれ,か弱い生物のようにすぐに崩壊するからである。それゆえ,社会的協力への結合に必要な権力の多数派への委譲には必然性が伴う。では,なぜ自然状態は不安定なのか。

① 誰もが王で共通の正邪の基準がない。自然法は万人に自明とはいえ,現実の利害対立には対処できない。
② 公正な裁判官がおらず,誰もが裁判官として,執行吏として振舞う。激情や報復心が公正な判断を曇らせる。
③ 公正な判決に基づき適正に執行する共通の権力が存在しない。よって己の犯した不正と罪を強引に正当化する輩には対処できない。

だから万事を「力の正義」が押えかねず,この欠陥を補うべく合意形成によって公的機関に「立法権」と「行政権(私法権を含む)」を委譲した。

ロックは自然法の基本を「人類の保全」とし,人定法に罰則が付記され遵守を強制する。自然法は他のみか立法者に対しても立法行為の掟となるから,自然法の創造主である「神の意志」と合致すべきで,人類の保全と矛盾する法は不当であり無効である。また,国家の立法権の行使に関する主な規制は下記の通りである。①立法府は交付された法の下で,すべての人を平等に支配すべきだ。②法は国民の福祉を目的にして立案されるべきである。③立法府は国民の合意形成によらずして所有物に課税してはならない。④立法府は立法権を他の何人にも譲渡してはならない。ホッブズと違ってロックは,立法府が国民の信託に背いて国民に暴力を奮うなど上の制限を無視する場合には悲惨な戦争状態に陥るのは自明,ゆえに国民にはこのとき立法府に対し,自分たちの権力を行使できる「原初状態」に戻すという権利,つまり抵抗権,市民不服従権,反抗権,革命権が付与されている。よって国民は,国の行使する暴力を力で取り除く権利が留保されており,国民は力で立法府を解散に追い込むことができる。しかし立法府は国の最高権力だ。これに他の諸権力は従属しているから,立法府の解散は他の諸権力に及び連帯責任を負うべきだ[39]。

またロックは「平等の原則」に基づく「比例代表制」を理想とし,これこ

---

[39] John Locke, *Two Treatises of Government*, §11. 155. 1690. 参照。

そ国民を利し，民の意志を反映させる最も公正な方法とした。それから国民が「君主」を望むにしても，君主の存在理由は「社会福祉」のために限る。君主にも「独自の利益を認めるべし」という意見もあるが，これが王政／君主制に潜む「諸悪の根源」で，混乱のもとである[40]。もし，国民がかくも不合理な社会契約を結ぶほど愚かなら，「国王の大権」は間違いなく国民にとっては有害で，すべては後の祭り。独自の利益を認めないのなら君主の座につく者は皆無というのならそれでよい。もし，君主が必要なら，その理由は社会福祉に限る。そうでなければ国民に「君主の座」は不要である。ロックは主権在民の民主主義を合理的とし，往時のイギリス国民には君主の座を不要としたが，現存する君主を無視できず，妥協策を講じて**立憲君主制**を採用し，君主の行動は国民の監視下に置かれた。

　こうしたロックの社会契約論は，近代民主主義（議会制民主主義）の理論的基礎を構築し，国民の権利意識の効用を促した点で注目に値する。ロックの主著『統治論2篇』John Locke, *Two Treatises of Government*, 1690 が公刊された前年，英議会選出の国王ウィリアム3世と妃メアリ2世は共同即位の条件として「権利宣言」（Declaration of Rights, 1689年2月）を提出し，国民の権利と自由を宣言，「王権に対する議会の優位」をこう公約した。①君主は議会の承認なく課税しない。②君主は議会の立法権を侵さない。③君主は言論の自由を尊重する。これに対して，バークリ（1685～1753）は，堪え難き専制には畏敬の念を以て抵抗してもよく，下位の物は上位の者を処罰できない，と説いたが[41]，ロックは殴り返さず暴力に抵抗する方法とは何か，畏敬の念を抱いて相手を殴る方法とは何か。バークリは散々殴られ打ちのめされても我慢し続けて許しを請う哀れな姿を心に描いたが，ロックは「殴打と畏敬とを融和しうる御仁(ごじん)なら，その報いに至る所で，丁重慇懃な棍棒の殴打に見舞われるに値する」と皮肉った。

　下位の者は上位の者を処罰できず，また国民は君主に対する抵抗を禁じるとバークリは説くが，ロックは，君主が国民の信託に背いて暴力を奮(ふる)うこと

---

40) *Ibid*, §13, pp. 158, 163. 1690 参照。
41) George Berkeley, Contra Monarchom, vol. 3, §8, 参照。

それ自体，君主の国民への「宣戦布告」を含意する以上，国民は堂々と応戦すべきで，君主の暴力には断じて屈してならない。というのは力に対し力で抵抗することは，当事者双方を「平等の地位」におく一切が帳消しにされた戦争状態の特徴ゆえに，上下の差別も畏敬の念も存在することはなく，不正な攻撃者に対抗する者こそが優位者で，戦争状態を生み出した上位者の権威など通用するはずがない。ロックが導いた国家は**「国民へのサーヴィス機関」**であり**「基本的人権」**の侵害は許されない。

ロックは「理性の力」を信頼し，自然法に優る権威も「理性の正義」に優る権威もなく，社会的な協力が正しいのは，成員らの合意形成に基づく統治であり，人定法が自然法違反の罰則規定であるとき，そのときに限るとした。彼の「理性の正義」はホッブズの「力の正義」とも，ヒュームの「共感の正義」とも違って大きく「基本的人権の尊重」に寄与し，近代の市民社会の基本原理として後世に多大な影響を及ぼした。

ロックにとって力の行使や力の正義は，人民たちの「合意形成」に基づき「理性の正義」と合致しているときに限り有効なのであって，合意形成されない統治や力の行使は不当なのである。こうした彼の政治思想は，その後の「アメリカ独立戦争」(1775～1783)や「フランス革命」(1789～1799)など各国の近代化に精神的な指針と理念とを付与し，新たな建国の目標を定めることに大きく寄与した。その後の歴史は，ロックが確信する「理性の勝利」に帰したという証拠が明らかである。

さて，結論となるが，ロックの『統治論2篇』(John Locke, *Two Treatises of Government*, 1690) に代表される「社会契約論」は，まずアリストテレス以来の経験的・具体的な情報から抽象化され，収束した普遍的な規則性を方法論的基礎とする画期的な成果であって，英仏の啓蒙化に甚大な影響を及ぼす一方ニュートン力学後の飛躍的発展にも大きく寄与した。

ニュートンの「力学の法則」は，空気抵抗や気圧や温度など複雑な要因の絡み合った現実空間から一定の目的に応じて抽象化され，偶然的な諸要因を捨象して辿り着いた一理想空間だったが，ロックの「社会契約論」も現実の社会から一定の目的に応じて抽象化し，偶然的諸要因を捨象して辿り着いた一理想社会であり，思考の枠組みも現実世界から自由な一つの社会モデルを

構築する試みであった。というのは，もし我われが現実空間に埋没しているなら，その普遍的な規則性は隠蔽され見えてこないのと同様，もし我われが現実社会に埋もれているなら，裏に潜む普遍的規則性は隠れた状態にあって社会契約の発想それ自体，意味を失うだろう。

このように，普遍的な規則性（法則）は，現実の具体的事象に隠れているが選ばれた抽象化の諸方法とチャンネルが合った時，そのとき初めて相対的に可愛く顔を出すことになる。ちなみに「真理」と同じく「正義」も，複雑な現実の偶然的な諸要因を合理的・合目的に捨象して初めて可愛い顔をだすが，こうした手続きを踏まないと出現しない。現実に真理や正義などあるものかという野暮ったい声，また（英）ヒュームのように，社会契約論を幻想的な造りごととする人もいようが，一般に，方向の頓珍漢を「方向音痴」というように，科学に不可欠な抽象化の方法を根底から拒む人は，ロックから見れば「抽象化音痴」と呼ばれよう。

5.4　D. ヒュームの「共感の正義」と功利主義の萌芽

（英）ヒューム（David Hume, 1711～1776）の「認識論」はロックの影響が強くイギリス経験論の枠組みを踏襲して認識の起源を「知覚」（perception）に求めどんな「観念」（ideas）も「印象」（impression）に由来するが，「法則」（law）の基礎をなす観念結合の「規則性」は，主観的な「習慣」に他ならぬと考えた。この習慣こそが規則性や法則性の根拠であり，何ら必然的ではなく，偶然的所産に過ぎない。人間の知的描写は，すべて偶然的関係の描写に他ならないと規則性の客観的な存在を否定した。

彼は「事象」（events）の因果関係も必然の客観的根拠はなく，これも習慣による主観的確信とした。また「真理」の客観性も拒み，知識は客観的根拠を失って理性の懐疑論に陥った。さらに「実体」も否定し，人間の心を知覚の束（観念の束）とした。そして，彼は人間の本性を「ロックの理性」ではなく，「エピクロスの感性」に求めて，個人を利己的な存在とした。エピクロスの「快楽主義」は長い眠りから覚めたようだ。

ヒュームは『原初状態について』（*On the Original Contract*），『道徳・政

治論3篇』（*Esays, Moral and Political, 1748*）にてホッブズの流れを汲むトーリー党とロックの流れを汲むホイッグ党を共に独自の思弁で擁護しようとしていると批判し，こう述べている。①トーリー党は，政府の起源を「神」に求め，政府を神聖不可侵なものに仕立て，たとえ圧政的であれ，手出しや押入りの企ては聖物冒瀆の罪に問われるとして禁じている（絶対君主制をとる）のに対し，②ホイッグ党は，政府の権威を「人民の合意」に求め，不当な圧政に備えて反抗権や抵抗権を留保する（立憲君主制）とした。

たしかに，ヒュームの現実主義では，人類史上の政府は大抵権力の奪取や征服を起源とし，人民の公正な合意形成や自発的服従によるものではない。国家の誕生や発展や分裂や消滅などは，現実的な力の支配や権力闘争に由来する，と。しかし，現実には「剣の力」もあれば，「ペンの力」もあり，また不合理な力もあれば，合理的な力もある。ロックは「理性の力」を説いたが，なぜ，人民は市民革命期に暴力を奮い抵抗権を行使し社会的協力の仕組みに変革を求めたのか。人民が自我に目覚め経済活動の自由や幸福追求の自由を求め，社会の存在理由に疑問を抱いたからではなかったか。

ヒュームは「古代の文献で政府に対する服従義務を約束したものは，私の知る限り，唯一プラトンの『クリトン』にあるだけという。…ソクラテスは原初状態のホイッグ的基礎に消極的服従というトーリー的な帰結を打立てている。…ごく最近まで人は，政府の基礎が契約だとは考えなかった。ゆえに政府の基礎が契約になかった点だけは確かであろう」と主張するが，これは誤りである。というのは，哲学史に目を通せば明らかなように，ヘレニズム期エピクロスに，すでに政府の基礎を契約に求める要請があり，中世スコラ哲学末期スペインのビトリアやスアレスらにも，契約論を政府の基礎とする記述が認められるからだ。社会の過半数が奴隷の時代に政治の基礎を契約に求める猛者がどういう運命を辿ったか，ソクラテスの最期から明らであろう。もう一つヒュームは，ある学説を最近まで語る人がいなかった理由を学説の拒否にあるというが，これも間違っている。真理も正義もそうだが，人類の知的探求の絶えざる努力によって，また目的合理的な抽象化によって一定の規則性が収束した集合を発見したり，確立したりしつつ科学技術は進化してきた。生命の続く限り今後も然りだろう。

ヒュームはミミズのように地上を這って情意や感性に生き，ニュートンの理想空間や「抽象化で現れる普遍的な規則性」を否定し，「理性の真理」や「理性の正義」も拒み，「正義」とは，後天的な教育や習慣から形成される人為的な徳であり，一般には他人の財産を尊び，他人の財産に手を出さないこと[42]とする一方，より簡明に，「正義とは，人の情意に最も共感を抱かせる徳目である」という。なぜならヒュームは，人の本性は理性でなく，情意であるとするばかりか，心情的な快感と共感を「尊敬の念」の発生源であると考えたからである。ロックはストア学苑ゼノンのように，「理性の正義」に基づき独自の社会契約論を展開したが，ヒュームはエピクロスの快楽主義に共感を覚え，「共感の正義」に基づいて独自の功利主義を展開した。しかし人間の情意的共感には，各人各様の違いがある。心情的共感もあれば心情的反感もあろう。これでは喧嘩が絶えない。科学理論の前提がかくも具体的であるようでは，例えば社会契約論のような普遍的な理論は構築されるはずがなく，これは科学方法論の伝統から明らかであろう。

5.5　フランス合理論の源流

イギリスは17世紀「市民革命期」を経てついに近代化政策を軌道に乗せ，「経験的理性」に基づく機械論的な自然観や「社会契約論」を方法論として議会制民主主義の市民社会像を構築したが，こうした趨勢は後進の西欧諸国に波及し，まず18世紀フランス啓蒙運動の精神的基礎を与えた。中世以降西欧を代表するフランスは，カルヴァン派の新教運動を契機に新旧教徒間に激しい対立が生じ，16世紀の前半はフランシス1世の圧政下で政治闘争には発展しなかったが，後半には選ばれた君主が無能ゆえに約半世紀にわたって「宗教戦争」が続き，チャールズ9世母妃カガリンによる「新教徒虐殺命令」に従った3昼夜惨事：「セント・バーソロミューの虐殺」(1572) など，次第に政治闘争へと発展していった。

新教徒らはイギリスやドイツに支援を求め，また旧教徒らはスペイン国王

---

[42]　ヒューム『人性論』(D. Hume, On the Original contract, pp. 551. 1739～1740).

フィリップ2世に援軍を求め、まるで国際紛争の観を呈した。しかしながらヘンリー3世暗殺やヴァロア王家滅亡、また、ブルボン王朝ヘンリー4世の君臨（1589）並びに「信仰の自由」と「新旧両教徒の平等」、さらに政教分離を求める「ナントの勅令」（1598）の発令など一連の変革によって戦乱は鎮静化へ向かった。しかしヘンリー4世も反対派に暗殺され、ルイ13世が即位したが幼少ゆえに宰相シュリーマンが「30年戦争」時下の指揮をとり国威の発揚に努めた。その宰相の没後はマゼランが宰相となって諸侯の封建勢力を抑えて君主権を強化したが、「30年戦争」を契機にフランスは強敵ドイツを圧勝し国勢を発揚かつ振興、ヨーロッパ大陸において覇権を握るまでに「フランス黄金時代」が到来したのである。

　ルイ13世は次第に「新興産業市民層」と手をくみ、イギリスの市民革命後ベンタムに似て「絶対君主制」の道を歩みつつ貴族化し、法服貴族の地位を獲得した。デカルトやパスカルが一例であり、彼ら大陸合理論の哲学展開は王権の絶対化と軌を一に、歴史を「神中心」⇒「王中心」⇒「人中心」へと変貌させていった。ルイ13世の御用学者を努めたオランダのグロティウス（Hugo Grotius, 1583～1645）は、ロックの影響か、王にとって神は不要か余計な存在であって「神は存在しないか、人事に関与しないと仮定しても、理性の命令である自然法という絶対概念は存在する」という。

　古代の（希）ストア学苑のゼノンやリュケイオン学苑のアリストテレスの伝統をくむく（英）ロックに似て「理性の力」や「理性の命令」を尊重するグロティウスは、理性が人間の社会的・合理的本性に基づく戒律として己に下す命令、すなわち、信仰を異にする集団であれ、合意形成せざるを得ない人類共通の法を自然法とし、信仰の自由を認めても、秩序を維持する権力の発生源であって「国際法」を基礎づける根拠とした。民族宗教が何か問わず分け隔てなく合意形成されうる普遍的な自明性ゆえに、万民は自然法の下に秩序を形成するわけだ。自然秩序はかくも永遠不変ゆえに理論的な体系化も容易であって、これを正当化すべく「神の存在」や「神の意志」を前提する必要はない。自然法は自明の法だ[43]。グロティウスは数学と類比する手法

---

43) H. Grotius, *De jure belli ac pacis*, 1625, 39, 『戦争と平和の法』を参照。

を用いたが，この手法は（仏）デカルトの『方法序説』[44]の先取りだと評価する人もいる一方，（仏）ルソーは逆に，彼の現実妥協の態度，国家権力への迎合，政治的意図の不純等を激しく批判する。これは彼がルイ13世の御用学者で（瑞）クリステヌ女王の顧問だった事実と無関係ではなく，（英）ベンタムの自然法のメタ原理に似た彼の「**正義とは，法が人間性の基本原理に合致していること**」とする定義から明らかだろう。

大陸合理論の創始者デカルト（R. Descartes, 1596～1659）は認識枠組みを再構築し，英国経験論の創始者（英）ロックの役割を果たした。まず彼は，一切の既成概念を疑って払拭し「明晰判明」な真理を根拠とする確実な知識体系の合理的な再構成を企て，もはや疑おうにも疑いようのない明晰判明な真理とされる「我思う，ゆえに我あり」[45]に辿り着き，これを「第1原理」とした。

デカルトは中世的・目的論的スコラ哲学に代わる合理的・機械論的体系の構築を企て，これに用いる規則を①～④とする。
① 明証的に真とされたもの以外は，真として容認しないこと。
② 問題を可能な限り最もよくわかるように小部分にわけること。
③ 思想の順序に従い最も単純なものから最も複雑なものへ登ること。
④ 何も見落さなかったと確信できる完全な秩序と全体を通覧すること。

これら規則①～④は形而上学的な要素の介入を防ぐ思惟する自我の存在に関する「第一原理」（我思う，ゆえに我あり）であってルネサンス期以来成長を続けてきた「個人のめざめ」や「自我の確立」を記念していわれた「個人の独立宣言」であった。デカルトは『エリザベトへの献辞』でこう述べている。「わが理性を常に正しく用い，最善と思うことを全うする固い意志や強い力がある人なら誰しも聡明であって正義や勇気や節制の徳などあらゆる徳を備えている。けれど，そうした徳はじつは相互に密接に結びついている」[46]と。（仏）デカルト（R. Descartes, 1596-1659）は，「延長」を本質とする「心身二元論」と「機械論的な自然観」を構築したが，（仏）パスカル

---

44) R. Descartes, *Discours de la method*, 1637 参照。
45) *Ibid*, Cogito ergo sum. 1637, IV. 参照。
46) R. Descartes, *Principia philosophiae*,『哲学原理』1644, 22を参照。

(B. Pascal, 1632-1662) の直観的「繊細の精神」を経て，ついに（蘭）スピノザ（Baruch de Spinoza, 1632-1677）は，自ら存在し自ら理解される実体または自己原因とする神か自然の一元的決定論をとり，自然には偶然的なものは何もなく，すべては一定の仕方で存在し，作用するよう神的本性によって決定されている[47]，とする。

スピノザによれば，「感情」は自己を維持する自存力であり，精神にその増減を意識させる観念で，正／邪や善／悪など一切の倫理的価値は，すべて感情の状態から定義され，「善」を歓喜の感情とし，「悪」を悲哀の感情とする。そして最高の精神的満足を最高善として「神への知的愛」に求める。彼の功利主義との類似性は「我われにとって善とは有益な事であることを確かに知っている」[48]とし，また「悪とは我われがある善を入手するときに妨げとなることを確かに知っている」[49]という証による。また有徳な行動は理性の命ずるままに徳に従って行動し「自然法則」に従って生きることだ。精神は神への愛に導かれ最高の幸福の境地（至福）に至ってすべての邪悪な快楽を抑制する力が与えられるが，至福は徳の報酬ではない。では，正義とは何か。国家目標を民の幸福に限定し，自然法の下に愛と寛容の精神に基づき正義と公正の原理を充たし，各人に有益性と歓喜の感情を覚えさせるとき，そのときに限る。

スピノザの自然状態にも歴代の契約論者のように己の思うがままに行動でき，正義の概念も不正義の概念もなかった。契約を締結して国家状態に移ったとき，初めて何が正義に適い何が否かの公的判断が下せる[50]。国家は国民の幸福のためにある。国民の幸福こそは最高の法であって，すべての法はこれに適合されるべきだ，と「幸福主義」[51]を唱えた。彼は愛と寛容を重視し，人心を征服するには決して力によってに非ず，愛と寛容によって達成される[52]。「愛」の源泉は「心の和」にある。心の和は「正義と公正」の品位

---

47) Baruch de Spinoza, *Ethica*, 1672, Ⅰ, Th. 29 を参照。
48) *Ibid*, Ⅳ, Def. 1 を参照。
49) *Ibid*, Ⅳ, Def. 2 を参照。
50) Baruch de Spinoza, *Ethica*, Ⅳ. 2 参照。
51) Baruch de Spinoza, *Tractatus Teologico-Politicus*, 1670, 19 参照。
52) *Ethica*, Ⅳ. Ap. 11 参照。

に帰せられ，人の愛を掴むには正義心が必要だ。しかし正義心とは自然法に適って行動しようとする主体的意志ゆえに，正しい自然法の認識こそは「愛」を得るための前提条件である。国家はただ民を監視するだけではいけない。自然法に基づき愛と寛容の配慮を示し，民の幸福を願うべきである。貧窮の民を援助することは，私的な個人の力や利害を遥かに超えている。したがって，貧困な人びとに対する配慮は，社会の全体に課された仕事なのである[53]。

スピノザは「民主制」こそが政治の最も自然な姿で，何人と雖も自己の自然権を他者に譲渡したきりで，以後は何の相談にも与からないことにはならない。自己が一員として社会全体の多数派に自然権を委譲するだけだから[54]，後に自然権の民主的合理化が必要となる。国家状態にあっても民は完結した個人として主体性を維持し，全体に埋没する存在に非ずとするが，(英)ホッブズ当時の内乱や無秩序の惨状を例示し，抵抗権を認めないから片務的。では，監視者を監視するのは誰か。民主制と絶対君主制は，互いに矛盾し，抑制均衡の機能に欠ける。彼はロックと同年だし，イギリスでは双務的契約論が定着し民主主義思想が急速に高まっていた。これに対してフランスは一世代前のホッブズに近い後進性を呈し，この後進性の精神的風土がフランスの知識層に近代化の焦(あせ)りを掻き立て社会的協力の仕組みに構造上の歪を生みだすことになった。

先進(英)ホッブズの絶対君主制の社会契約論を継承したグロティウスの君主国家論と自然法論は，後進的なフランス「ブルボン絶対王制」の御用哲学として尊重され17世紀フランスの思想的な指導原理となった。そしてルイ14世治世 (1643-1715) 頃フランスは黄金時代に入り「朕は国家なり」と豪語，自ら「太陽王」と称して「フロンドの乱」を鎮圧し貴族勢力を代表する高等法院の「抗議権」を無効とし，「ナントの勅令」も廃止 (1685) した。こうして国王ルイ14世は，国内的には君主権の絶対化を図る一方，対外的には，イギリスと海外植民地の開拓を競い，主にアメリカと東方インドの植民地争

---

53) *Ibid*, Ⅳ, AP. 17 を参照されたい。
54) *Tractatus Teologico-Politicus*, 1670, 16 を参照のこと。

奪戦を企てた。

　しかし，十余年に及ぶ「スペイン継承戦」(1701-1713) は，ルイ14世最後の野心を示して列国の警戒感をあおり，イギリスやオランダなど新教国と敵対する破目になった。またルイ14世の野心は新旧両教国間の対立を引き起したが，この戦争でフランスは極度の財政困難に陥って18世紀になると国際的活動はイギリスに比べて著しく低下し，とりわけ，彼の没後は財政破綻が増大するにつれて貴族層の倫理的頽廃や政治的陰謀など政治腐敗も顕著化し，振興市民層の社会進出に伴って古典的体制が動揺をはじめた。ブルボン絶対王制の御用哲学：「大陸合理論」の形而上学的な理性の崩壊が始まり完全にアンシャンレジームは破綻状態に陥った。

　このような激変期にあって「経験的理性」に基づく（英）ロックの「市民社会構想」は18世紀フランスの急進啓蒙運動の指導理念として絶対王政の非合理性と封建的アンシャンレジームの不当性を糾弾する有力な手懸りを与えることになった。

　フランス啓蒙思想の先駆者は，ロックの影響下で，ブルボン絶対王政を厳しく批判した（仏）モンテスキュー (Charles Louis de Secondat Montesquieu, 1689-1755) だった。彼は『ペルシア人への手紙』(1721) でフランスの政治的な腐敗と頽廃とを痛烈に批判し，「**かりに神がいなくなっても，正義への愛は不可欠だ**[55]」とした。また『法の精神』[56]でも，正義回復と君主独裁体制の防止策として「三権分立論」を提唱した。

　モンテスキューが提唱した「三権分立」とは，①君主の行政権，②等族議会（平民・貴族・僧侶）の立法権，③両権力を抑制均衡づける司法権（これら二大権力に拮抗する第3の中立的権力）の三権を導入し，絶対王政の下で腐敗した政体に対する応急措置を意味していたが，正義を実現する権力構造であるためには「権力をもって権力を制する」という抑制均衡策は不可欠の要請だった。ブルボン絶対王政の腐敗には，幾多の偶然的要因が重なっていたとはいえ，本質的には構造的欠陥によるところ大であって，何よりも等族議会

---

55) Charles Louis de Secondat Montesquieu, *Letters Persanes*, 1721
56) Montesquieu, *L'esprit des lois*, 1748. 17篇, §6.

の立法権に対する絶対君主の行政権優先に重大な欠陥があった。こうした権力構造では君主の野望や法を無視した権力濫用への抑制策や防止策は皆無に等しく，民はただ，暴君の横暴ぶりに目を背け，無謀な命令にも不本意ながら服従するしかない。

　しかし，そうした権力均衡を維持するための「抑制均衡策」は，正義を実現するには不可欠の合理的な権力配置であることから，まず「アメリカ合衆国憲法」(1787) で最初に適用されて，その後，各国で適用されることになった。モンテスキューの「反教権主義」や痛烈な「専制君主制批判」や「不正義なアンシャンレジームの糾弾」は，18世紀のフランス啓蒙運動の嚆矢的存在として後世に及ぼす影響は絶大で，(英)ロックから受け継いだこの批判精神は，(仏)啓蒙家ヴォルテール (Voltaire, 本名 Francois Marie Aronet, 1694-1778)，(仏)百科全書運動の指導者デイドロ (Denis Diderot, 1713-1784)，さらに人民主権／主権在民の急進的な社会契約論を樹立し，ジャコバン党に革命的な指導原理を与えた(仏)ルソー (Jean-Jacques Rousseau, 1712-1778) へと継承発展されていった。

　ヴォルテールは活発な文筆活動を通じて，為政者・僧侶の倫理的腐敗と堕落，貴族らの生活の頽廃ぶり，奴隷制度の非人道性，宗教裁判の残忍性などを厳しく批判し，再度の獄中生活の末にロンドンに渡り(英)ロックのデモクラテックな社会契約論に深い感銘を受けた。成果は『哲学書簡』[57]として公刊され「フランス革命」に精神的基礎を与えた。またデイドロらは，個々人は生来，他に似た素質や欲求があるから，似た快楽に誘われ，似た苦痛と共通の嫌悪感を抱くのだと唯物論的な傾向を強めた。

5.6　ルソーと人民主権の共和制

　こうして(英)ロックの社会契約論を「立憲君主制」という妥協策でなく人民主権の「共和制社会」の構築に向け「フランス的展開」を図ったのはルソー (Jean-Jacques Rousseau, 1712-1778) 著，①『学問芸術論』，②『人間

---

57)　Voltaire, *Lettres Philosophiques ou letters sur les Anglais*, 1734.

不平等起源論』,③『社会契約論』の三部作からなる革命的著作だった。これらは社会的協力の三段階の発展プロセスを説いた斬新な作品で,世界に及ぼす影響は甚大だった。上の①②③を要約すれば,こうである。

① 『学問芸術論』(1750)[58]では,天文学は迷信から雄弁術は憎悪・野心・追従・虚言から,物理学は空虚・好奇心から,また道徳ほか一切が人間の傲慢から,さらに奢侈が芸術,不正が法学,戦争が歴史学を必要とすると学問芸術のルーツを悪徳に求め,無益の他に時間の空費・奢侈・風俗紊乱や趣味の頽廃を招き,自然本来の醇風美俗を喪失したと説く。

② 『人間不平等起源論』(1755)[59]では,不平等の起源を牧歌的な自然人の自由平等な自然状態からの逸脱とし,自然状態とはホッブズの戦争状態やロックの不安定な平和状態でもなく,愛や憐憫の自然感情を人間愛の源泉,かつ善性の基礎とし,素朴で自然な自由・平等・独立の基本価値を各人が等しく享受する原初状態であって,積極的に評価され『学問芸術論』にて賛美される楽園状態としている。だから自然人には,正／邪／善／悪の観念や邪念／邪欲の情念はなく,過度な所有欲による残酷な闘争もない。

しかし知力や欲望など人間の潜在能力の発達に伴い勝手に土地を囲って「此処は俺のもの」と主張するにつれ私有財産の観念が生まれ,私有化の過程で「楽園状態」に生きる自然人らの善性は失われていった。こうして自然状態の自由・平等・独立の価値は,社会状態へ移行しつつ人為的自由・人為的平等・人為的依存服従という「失楽園」へのプロセスを辿った。

ルソーは人間不平等の起源を社会制度による人為的束縛に求め,**不平等の固定化と永続化**を第一期,第二期,第三期という段階の制度化にあるとして,次のように主張した。

第1期:法律と所有権の設定による冨者と貧者の制度化,
第2期:為政者の職の設定による強者と弱者の制度化,
第3期:合法権力から専制的権力への移行による主人と奴隷の制度化。

以上が失楽園への三段階で,この制度化によって①冨者と貧者の差別化,

---

58) *Discouuurs sur les sciences et les arts*, II, 1750.（アカデミー懸賞論文・受賞作）。
59) *Le Discours sur l'origine et les fonde ments de l'in'egalit'e parmi les homes*, 1755.

②強者と弱者の差別化，③主人と奴隷の差別化がそれぞれ制度化される。こうして，身分と財産の不平等，情念と才能の不平等，有害で無益な学問芸術から理性に逆う幾多の偏見が植えつけられる。その不平等の極致とは第三期の専制君主体制であって盲目的服従だけが奴隷らに残された唯一の美徳である。しかし厭だ，元の楽園状態に返して！　と叫んでも，もう遅い。望むなら暴力に訴えよ。これが（英）ホッブズの戦争状態，第三期の結末であった。かつて自然人は自然において己の力で生活を営んできたが，一方，人為人は本来の己を忘れ，自然の外，他の意見の中で他に依存して人為的演技で生きている。かくて純粋無垢の自然人は，人為的差別を設け精神的頽廃の一途を辿った。そして，天賦の自由・平等・独立を忘れて美徳なき名誉，智慧なき理性，幸福なき快楽に溺れ，欺瞞と虚構と偏見に堕落した絶望的な袋小路に追い込まれていく。

　世襲の不合理も明白で，君主は朕の地位を家族に永久化すべく策を弄し計略を謀った。人民は秩序安定の美名の下に真意を見抜けず隷従と安息に足枷の鉄鎖を咬切る牙を失って世襲君主の家畜になり下がった。しかるに君主は正義を弄して民への略奪を企て，平和を口実とする侵略出兵を命じ，もし命令に疑問ありなら複臓を暴露し「生かすも殺すも朕の自由よ！」と豪語する。（仏）ルソーは「平和の代償が人民の奴隷化で屈辱の貧窮ならば，何を得たというのか。平和は牢獄の中にもある[60]」，と。

　現に社会状態では天賦自然権まで朕の恩恵よと誤解，しかし一体，何の権利で己のみかその子孫までも同じ不名誉に服させ，当然の享受権まで勝手に放棄させた。天賦自然権は国が関与すべきじゃない。国が付与した権利でない限り，国が奪い取る権利はない。自然法侵害は君主さえ許されない荘厳な問題だ，とルソーは主張する。

　ルソーは「合意形成」の重要性も説き，家庭でさえ合意形成で成り立ち維持されるとし，合意形成こそは正しい社会的協力に必須不可欠の要件であり，すべての権威を正当化する究極の根拠と考えた。要は，合意形成の在り方だ

---

60)　J. J. Rousseau, *Du Contrat social, ou principles du droi politique*, 1762, I, §4.『社会契約論』中公版，p. 236参照。

が，選挙が全員一致でない場合は，少数派が多数派に従う義務がどこにあるのか。何よりもまず「多数決原理」への全員一致の合意形成が必要であって，以後，一切の決定は多数派の合意形成に委ね有効とされるから，少なくとも最初の一回は全員一致の合意形成が要求される[61]。またルソーは，「社会契約の目的」を外的な障害の集団的克服による自己保存に求め，個々人の総和的な「力の結集」をその手段とした。具体的には，

① 皆の力で各成員の生命財産を守れる結合形態を見出し，
② 全体と結合後も己にしか服従せず，前と同様に自由で平等とする。

まず己の自然権を全体に譲渡し，己を一般意思の最高指揮下に置き全体と不可分の一部として活動させ，①を充たす完全な結合形態とする。しかし主権は人民であって分割不能で譲渡不能だ。ゆえに最後まで留保を望む[62]。また権利譲渡の際の結合条件は「万民平等」だから，各人の自由を保障し②を充たすが，自律と自己服従には譲渡先を平等とすべく，上位者（君主）であってはならない。全体と結合後も他者に服従せず，自律の自由を享受するには，自然権譲渡は同位の人民に限るからだ。こうして上記①と②を充たす社会的協力は人民主権の「共和制」となる。

こうした「主権在民の共和制」によってのみ後の（米）リンカーンが宣べた「人民の人民による人民のための政治」が実現し，誰もが同じ権利をもつ平等な人間として他者には服従しない独立した自由を享受できる自律的な社会的協力が成り立つ。（仏）ルソーの特徴はそのユニークな結合形態にあり，社会契約は（英）ホッブズと違って公共（共和国）と個人との相互契約であって服従強制を伴うが，（英）ロック同様，これに合意を拒む非構成員は拘束されない。契約非締結の人民まで拘束するには及ばず，また己が属さない共和国の一般意思に服従する義務もない。

ルソーの一般意思は個別意思の総体意思ではなく，個別意思とは次元が異なっている。また社会人（市民）は，一般意思と個別意思とが共存状態にあり，「国としての己」と「個としての己」とが共存するから，共和国への服

---

[61] J. J. Rousseau, *Du Contrat social, ou principles du droi politique*, 1762, Ⅰ, §5. 『社会契約論』中公版, p. 241, 参照。
[62] *Ibid*, 1762, Ⅱ, §1～2. 『社会契約論』中公版, pp. 249-250, 参照。

従義務とは,「個としての己」の一般意思への自律的な服従義務を意味しており,こうして「自律的市民」が誕生する。その特徴は,
① 行動原理は本能に代わって正義の道徳性が付与される。
② 義務意識が体の衝動に代わって自律を命じ,自己服従を達成する。
③ 権利意識が欲望に代わって公的秩序に応じて行動を規制する。
④ 一切が合意済の契約条項の相互的・自律的な尊重の視点から自然法に基づき人間理性の許容範囲内に留める。

　ルソーの「社会契約論」における主権在民の社会的協力は,成員たちに厳しい自律の義務を求める。知的レベルの低い他律の習慣に支配されてきた人びとにとっては惨い要求だろうが,そもそも民主主義は知性の向上が必要である。制度上,自律不能な状況では,確かに民主主義は育成し難いと思われる。しかし逆に,民主主義は知性の向上を促すというのも条理に適った根拠のある見方である。またルソーは「社会契約のよって失われる価値はない」という。自然的自由は社会的自由によって強化されはしても失われることはなく,また,自然が人びとに与えた体力や才能などなどの不平等も,社会契約と権利規定によって法の下・道徳的に,すべての人に平等とすることができる[63]。

　独立の価値も同様であり,これは社会契約が共和制の民主的な市民国家ゆえにであって,自然権・統治権の譲渡先も上位者でなく同位の代表者である。では,往時の「君主」の扱いは如何。ルソーからみて君主に与える場所も封建貴族の安住の場もない。君主は存在しないからだ。契約は己と一般的な己(共和国)との自律的・双務的契約だから主権者に対する義務は高次の理性的な自己一般に対する自律的な義務だ。法の下の服従も同じく自律的服従で共和国への義務履行の努力は己のための努力であり,万人の公正な正義の義務と己の利益が一致すれば,共和国は人民の自由と平等を侵害するどころか,逆に自由・平等を増大させよう。

　こうして,ルソーの社会的協力には[64]次のような特徴が認められる。①

---

63) *Ibid*, p. 249. 参照されたい。
64) *Ibid*, p. 256. を参照のこと。

社会契約によるから合法的で，②万人に共通だから公正で，③（アリストテレスや後（英）ベンタム・ミルに類似な）幸福だけを目的としているから有益で，④公共の力に保障されているから確実である。人民が放棄すべき利益などない。必要な法が制定され，不安定で不確実な生活様式からより優れ安定した確実な生活へ移る。しかし社会的協力を維持するには，正義と権力が不可欠である。よって正義の意味と正義実現の手段を区別し，正義は神に由来し神のみが根拠ゆえに合意形成でなく自然理性によって認識される。他方，正義を実現するには実定法を制定すべきだ。言い換えると，正義は自然法が示す理性の戒律であるが，（英）ロックと同様に「実定法」はその自然法違反に対する罰則規定である。実定法の使命は正義を力づくで実現することにある，とルソーはいう。

こうしたルソーの市民国家の構想は民主精神に基づく近代国家の建設に向けて果たした役割は大きかった。かつて（仏）デカルトが "*Cogito ergo sum.*" で「自我の意識」を覚醒したように，ルソーは天賦の「自然権の意識」を目覚ませ，社会的協力の理念と共通ルールの仕組を問い直す契機を与えた。従来は（英）ホッブズ，ロックの契約論の枠内で先進イギリスに追従してきたフランス啓蒙思想は，ルソーの契約論を契機に脱皮し，イギリス式の君主制を振り切って，ついにフランス式の共和政に辿り着いた。ルソーの社会契約論は，ロックと並んで「アメリカ合衆国」の建国精神にも甚大な影響を及ぼし，「アメリカ独立戦争」(1775-1783) にも理論的根拠を与えた。さらにアメリカの「独立宣言」(Declaration of Independence, 1776) にも，またフランスの「人権宣言」(Déclaration des droits de l'homme et du citoyen, 1789) にも，（英）ロックの斬新な「民主主義の精神」や（仏）ルソーの革命的な「人民主権の共和国」の理念が躍動し，自由平等の自律的な正義実現への熱い想いや万人にも大切な「基本的人権」の価値が高らかに謳われていて深い感動を覚える。ルソーの社会的協力の理念や共通ルールは，旧時代の閉幕の弔辞であり，新時代な開幕の記念碑であった。

5.7 ルソーの人民主権から法制改革へ

　(伊) ベッカリーアは (仏) ルソーの影響下にあって，社会の利益はすべて，その成員に分かち与えるべきだが，現実を見れば権力と幸福はすべて特権的少数者の上に，また弱さと惨(みじ)めさはすべて残りの大多数者の上にあるとし，往時，猛威を奮っていた封建貴族など旧勢力を糾弾したのが名著『犯罪と刑罰』[65]だった。彼は謀反(むほん)の誹(そし)りと迫害に抗して旧態依然たる非人道の法制改革に乗り出し「法制の近代化」を図った。もともと自由人同士の自由な契約たる法が，実際は少数者の邪悪な欲望を満足させるための道具と化し，恣意的な動機で制定された規則となり果て権力を恣意的に濫用する輩がいる。

　己の凶悪な暴力行為には疑問を抱かず，良民の僅かな抵抗を大罪として責め苦を強い，犠牲者の痛々しい啜り泣きや呻き声に無上の快楽を覚える恥知らずとし，とくに往時の言語を絶する牢獄の惨状を「理性の法廷」で裁いた。①刑罰の起源は何か。②刑罰権の基礎は何か。③犯罪への適切な刑罰は何か。④死刑は社会の安全と善良な秩序に有効か。⑤拷問や責苦は正しいか。⑥犯罪を予防する最善の方策は何か。⑦同じ刑罰がどの時代にも等しく有効か。⑧刑罰は風俗にいかなる影響を及ぼすか。その解たるや極めて大胆にして明快だった[66]。

　ベッカリーアは①供託された自由の総和は主権を形成，自由の侵害から個人を保護すべく民の合意形成によって法を制定し，違反者に刑罰を課す。これが刑罰の起源だとし，②供託すべき自由は残された自由が確保されるに十分な最小限の自由の総和が刑罰権の基礎だ。③刑罰最小主義をとって民が留保する自由の大きい刑罰ほど正しい。④死刑は犯罪防止に効果なく供託される最小限の自由に「生命の自由」は含まれない。要は強度に非ず継続性だとして死刑廃止論を唱えた（ロシア女帝エリザベス治世の大量の死刑執行を教訓的事例）。犯罪に期待する利得と永久に失う自由とを比較考量できぬ人はな

---

65) Cesare Bonesana Beccaria, *Dei deliti e delle pene*, 1774, §1, 岩波版,『犯罪と刑罰』p. 19 を参照。
66) 詳細は拙著：正義の研究3『社会思想史』pp. 133～142を参照のこと。

く犯罪を思い止めるに十分な刑罰でよい。往時の死刑執行はある人には見世物，他の人には怒りや同情をかう。

　暗殺犯や泥棒にも理屈がある[67]。ベッカリーアは死刑の普遍的感情を民が執行吏を見た時の激しい怒りと軽蔑をあげ，本来，賢明な判事や神聖たるべき執行吏が格式ありげに囚人を死へ導く様子を見て魂は怒り狂い，この法律は暴政の擬制。こんな残忍な遣り口は専制政治の生贄の口実だ。その囚人が断末魔の痙攣に悶え最後の一撃を睨みつけるとき，死刑を宣告した判事は良心の呵責なく権限行使に満足し，生の甘美な喜びに浸っている。人類の歴史は過ちの大海原。原始時代の人身御供は理由にならぬ。いつかきっと人類は正義の法を手にする日がこよう。死刑の合法化を精神異状として死刑廃止を訴え，刑罰最小主義を唱えた。

　また，⑤拷問や責苦も野蛮行為。犯罪は確実か否か，もし確実なら罪刑法定主義で十分。自白の強制は不要だ。もし不確実なら疑わしきは罰せず。犯罪が立証されぬ限り法の下に「無実」（証拠主義）。意思行為は一般に感覚に及ぼす圧力に比例し[68]，火や熱湯の試みと同じく拷問や責苦の結果は物理的に必然。堪え難き生理的限界に達したとき意識朦朧で，無実の者もついに自白し罪を認める。確実か否かの区別を消し去って良民を確実に断罪する一方，悪党を無罪放免にする手段と化し正義は死滅する。拷問は「汚辱を清める」という時代もあって，皮膚を裂かれ歯を抜かれ骨を砕かれる間に自白し，身を清めさせる慣行だったが，苦痛は汚辱を消し去るのか，違う。拷問の犠

---

[67]　俺が守らなくちゃならぬ法律，俺と金持とをこうも酷く隔てる法律って一体何だ。俺が望むパン一切れもくれず，仕事へ仕事へ突лат。…こんな法律，誰が作った。金持のお偉方さ。奴らは貧乏人の裏長屋を知らねえ。ガキらが腹をすかせていようと，カカアが泣いていようと黴の生えたパン一切れ恵んだのを見たことね〜。大勢の者には禍だ。僅かの鬼畜生だけに役立つ。忌々しい約束は破る。不公正の大元をぶっ壊すのだ。俺は自由の身に戻る。…そりゃ多分苦しい年貢の納め時が来るだろうよ。だが，ちょっとさ。一時の苦痛で自由な思いがで仕切る。俺と同じ連中の頭に立って人を馬鹿にした運命のやり口を叩いてやる。あの鬼共は奢り昂ぶって俺達を犬や馬よりも蔑んどる。今度は俺達を見て真っ青になる番だ。Cesare Bonesana Beccaria, *Dei deliti e delle pene*, 1774, §1, 岩波版，p. 47 を参照のこと。
　死刑の刑罰は人心を矯正せず，逆に頑なにして反抗心を植付ける。死刑は残酷行為の手本を示し社会にとって有害だ。風紀温和と犯罪防止が法律本来の目的なら，執行の名の下で公然たる殺人行為を国法が命ずるのは不合理である。*Ibid*, p. 47.

[68]　*Ibid*, p. 63.

牲者に汚辱を与えるのみだ。

次に⑥法は少数者の幸福ではなく，最大多数の最大幸福に寄与すべきである。少数者だけに有利な法制は持続し難い悪法で，どう刑罰を強めても犯罪は増え悪質となる。法制が厳しくなれば，道徳感覚も自律心も麻痺し民主主義は育たず自律心が未熟だと自治共同体は築けない。すべての人が法によって利益を得ている社会的協力の仕組みが犯罪予防の最善策である。これには万人の合意形成の下に合理的法制を構築し公正な執行を図ること。法制の目的は犯罪予防であり，個々人に最大幸福を与えるのが法の技術であるとした。さらに⑦刑罰は時代と共に変化し，精神高揚に伴い合理的な法制が整えられた。拷問や責苦や死刑も人民主権の時代には野蛮で不当な刑罰とされ，また君主制下の封建社会では貴族と平民を差別し，法の下の不平等を正当化したが，モンテスキューやルソーの時代になると，人民はすべて天賦の平等な自然権を備え，法の下での万人平等を保障することが国家の最重要課題とされた。刑罰は自然理性の法廷において常に合理的に調整を図るべし。不当な刑罰は人間性を阻害し，社会の健全な発達を阻止するからだ。最後に⑧残忍な刑罰は必ず野蛮で残忍な風俗を育てる。どう監視の目を光らせ刑罰を強めても，犯罪件数や悪質さも増え悪循環に陥る。不合理な刑罰が淳風美俗や自律精神を攪乱する。人心に残忍な精神を植付けないようにすべきだ。以上（伊）ベッカリーアの罪刑法定主義はルソーの社会契約論における人民主権の共和政から学んだ個人の権利の不可侵性や人道主義を擁護する「法政改革宣言」であった。

5.8　ドイツ観念論の源流

すでに先進国イギリスやフランスは，宗教改革によってパラダイム転換をなしとげ，英国経験論や仏国合理論に基づくアカデミズムの再編と独自の社会契約論に基づく新たな社会的協力へ移行しつつあった。しかしドイツは「30年戦争」(1618～1648)に突入，国土や人心は荒廃し財政も悪化した。結果的にオランダ，スイスは独立，フランスはライン左岸を獲得，スウェーデンも領土拡大。しかし，ドイツは空前の沈滞時代に突入した。

新教側はイギリス，フランス，デンマーク，スヴェーデンの支援を受けドイツ皇帝軍に勝利した。旧教側はイスパニア（現スペイン），ボヘミア国王など旧教同盟と連携するも，英仏の国力増大に伴いドイツへの援軍派遣が抑制され新教側に敗れた。後に「ウエストファリア和平協定」(1648)を結び，新旧両教徒は権利を平等とした。

英仏の近代化は「黄金時代」の輝きを呈していたが，ドイツの近代化は旧教的な認識枠組みや社会契約論の遅れからか，1.5世紀にわたり文化的な後進性を呈し，18世紀になっても依然，封建制度が支配し，産業市民層の経済活動も低調で，自我の意識や自由・独立の気風も希薄だった。そこでプロシア国王フレデリック2世は，先進英米の啓蒙思想を自ら受容しつつ「ライプニッツ・ヴォルフ哲学」[69]と融合させ，上からの近代化を図って，眠れる良民を外圧・不安・恐怖から目覚す効を奏し，英仏と違って，啓蒙思想自体が絶対君主制を強化させ，富国強兵策を盛り込んだ。このようにドイツの近代化は，安眠を貪る知的に未熟な良民の口を開いて注ぎ込んだ予防薬ポリオの計算された近代化ゆえに屈折した民族主義の傾向を呈したが，(独)ライプニッツ(1646-1716)の登場によって修復された。

まず，ドイツ近代化思想は(蘭)グロティウス(1583-1645)「人間本性論」「自由海論」「戦争と平和の法」と(英)ホッブズ「社会契約論」に基づき17世紀ドイツ独自の「社会契約論」『自然法と国際法』を体系化し，国家の目的を「社会の平和と安全」に求めた(独)プーフェンドルフ(1632-1694)だった。彼は，ホッブズが「リヴァイアサン」の監視下に置いた無条件の譲渡を条件付で認めたのに対し，絶対君主の専制に歯止めをかけ，主権者に「公共福祉の増進義務」を課す双務的条件の下で統治契約を結ぶ方式をとったが，正統派のドイツ観念論に圧倒された状態に留まった。新教的な彼の「奴隷廃止論」「人間平等論」「良心の自由論」は往時ドイツの旧教的風土には馴染が

---

69) G. W. Leibniz (1646~1716)はドイツ啓蒙主義の先駆者で，哲学，自然学，論理学，数学，法学，神学，言語学，歴史学の各分野に詳しく，「モナドロジー」や「予定調和説」で有名，微積分ではニュートンと論争，政治家・外交官も歴任。大陸合理論の代表とされる。彼の思想の一面を受け入れたウォルフ学派の哲学を「ラィプニッツ=ウォルフ哲学という。

薄く，後（独）トマジウス（1655-1728）の「幸福主義」[70]に継承される。彼の幸福主義は，①誠実原理：汝が他にこうすべきと思うことを汝自身もなすべし。②礼節原理：汝が他からこうして欲しいと思うことを汝も他にすべし。③正義原理：汝自身が他からされたくないことを他にしてならぬ（Quod tibi non vis fleri, alteri ne fecris.）。トマジウスの三徳説は後のカントの「定言命法」の原初形態である。

さて，17〜18世紀のドイツは依然，旧教的体質を残し隣の英仏蘭に対し遅れた近代化だったが，先進のロックやデカルトやスピノザに触発されたライプニッツの出現によってドイツ精神は，国家再建に必要な固い哲学的基盤が提供された。その特徴は世界観。彼は現実界を自然の最高の設計者たる道徳の最高の立法者「神の意志」による「単子」で構成された最善の世界とし，「予定調和」に支配されていると考える[71]。

ライプニッツは，「正義」（justitia）を「一種の調和で適分性とし，何人も不満なく行動する固い意思」を意味するが，①調整的正義，②配分的正義，③普遍的正義の位階的三段階はすべて神に予定調和に埋め込まれているという。①「調整的正義」（justitia commutative）は「何人も傷つけてはならない」とし，各人の「厳格な権利」を守り保障することをいう。もし①が不充足なら，世の中は不正腐敗が蔓延り，君主は民に酷い命令を下し，父は子に折檻し体罰を加える事態もあり，個人の権利は互いに衝突し，混乱を招くから，一段高次の②「配分的正義」（justitia distributive）から「各人に彼のものを与えよ」と，各人に「平等／衡平」な分配を図るよう求めた。これは古代（希）アリストテレスに由来する価値相対的正義をいうが，彼は中世（羅）アウグスティヌスやトマス・アクィナスに影響を受けた「叡智の愛徳」に救いを求め，善（honestas）と功利性（utilitas）との調和をとり「有徳な仕方で生きよ」を最高の③「普遍的正義」（justitia universalis）である「敬神」とした。これによって「神の宇宙支配」や「魂の不滅」から世界を眺め

---

70) C. Thomasius (1655-1728) *Fundamenta Iuris Naturae et Gentium*, 1705, 彼の幸福主義は『自然法と国際法の基礎』などを参照のこと。
71) G. W. Leibniz, *Monadologie*, 1714, 1. 心身の対応も優れた技師が一定の時刻を示すよう対応させるよう神が造った「予定調和」である。

つつ己の意思が神の意思と調和し，神と精神との交流が達成される理想状態が来世に成就することになる。

　英仏のロックやルソーと比べて，何と遅れた社会認識かと思われようが，ライプニッツは「数学」を普遍的な特性描写（characteristica universalis）とし，「思考を計算で置きかえる学問」ゆえに正義や道徳も計算可能と考えた。自然界に無秩序はない，と。では，論争に際して「さあ，計算しよう」[72]で済むのか。彼は「数学」を人文社会の全域に敷衍しようとしたが，これを展開したのは愛弟子ヴォルフ（C. Wolf, 1679-1754）であった。

5.9　カントの批判主義と普遍的理想の探究

　（独）カント（I. Kant, 1724-1804）が「ライプニッツ・ヴォルフ哲学」から目覚め，ドイツ民族主義の伝統から抜け出したのは，（英）ロックの経験論・社会契約論や（仏）モンテスキューやルソーの啓蒙哲学・社会契約論によってであった。カントの批判哲学に潜む「ドイツ理想主義」は批判の矛先を現実の「社会批判」でなく「認識批判」に求め，振興産業市民層の現実への不満をかの先進英仏に見出された国家批判から認識批判へとすり替えて国家庇護の下に，一躍，世界の哲学界に君臨し，旧体制の強化に指導的な役割を果たし「上からの近代化」に寄与することだった。

　カントの「批判哲学」は，①『純粋理性批判』と②『実践理性批判』と③『判断力批判』の3部作[73]からなる。何れも批判主義の立場から先験主義に立脚して検討を加えたもの。①は普遍妥当な学的認識を権利根拠として基礎づけ，認識形式を関数とし構成的に世界を捉えるという主観優位の認識論を体系化した。また②は，普遍妥当な客観的法則（道徳律）としての実践理性

---

72) B. Russell, *A Hittory of Western Philosophy*, 1946, 市井三郎訳『西洋哲学史』下，pp. 68f.
73) カントの批判哲学の3部作は次の①〜③である。
　① 『純粋理性批判』(Kritik der reinen Vernunft, 1, Aufl, 1781, 2, Aufl, 1787.)
　② 『実践理性批判』(Kritik der praktischen Vernunft, 1788.)
　③ 『判断力批判』(Kritik der Urteilskraft 1790.) 神・自由・霊魂など理念（Idee）は学的対象でなく，上位の実践理性が要請される。

の形式的原理を「汝の意思の格立（Maxime）が常に同時に普遍的立法の原理として妥当しうるよう行動せよ」と定式化し，また，その実質的原理を「汝は汝の人格と同じく，あらゆる他者の人間性を常に同時に目的として使用し，決して手段として使用することのないよう行動せよ」と定式化した。さらに③は，人間の「合目的性」を内省的判断力（refrektierende Urteilskraft）の原理とする「目的論的認識論」を構築。人間理性の客観的合目的性を「道徳」とし，快楽追求の主観的合目的性を「美」として3部作は完結した。

カントの認識論は主観優位で，「認識形式」は①直観形式（感覚与件を捉える感性枠組みに時間と空間）と②悟性形式（直観の多様性を概念的に統一する枠組みに12の範疇）に区別。ついに**「物自体（Ding an sich）の不可知性」**に気付き，認識の主導権を「客観」でなく「主観」に求め，従来の常識を破って「主客転倒のコペルニクス的転回」を図った。こうして一切の認識は，経験からではなく経験と共に始まることになった。

カントは，「世界」を普遍的な理念（Idee）の自己実現とし，社会契約論もドイツ観念論に位置づけられるが，（英）ロックや（仏）ルソーと比較すればかなり保守的で，（英）ホッブズの「リヴァイアサン」の傾向もありありと感じさせる。カントは自然状態を「無法状態」（Zustand der Rechtslosigkeit）と仮定し，社会的協力の理念も共通ルールもなく，暴力行為がまかり通っている状態とする。これを社会契約の動機とし，市民は法的規制の下に結合する義務（自然法の最高原理）を負う。この義務を契約によって履行するとき，「市民状態」へ移行する。

カントにとって「法」（Recht）は，己の意思と他の意思が一致する諸条件の総体であり，法的な外的規制への服従は，同時に，道徳的な内的規制への自律的な服従を意味している。法体系それ自体が普遍妥当な客観的道徳律「汝の意思の格立（Maxime）が常に同時に普遍的立法として妥当しうるよう行動せよ」を前提としているから。合法性は道徳性と合致する。法の順守は己への道徳の命令で，道徳性のない合法性は空虚である。カントの法と道徳は不可分の関係にある[74]。

「法」は自然法と実定法に区分される。自然法は普遍妥当な理性の規範で

あるが，実定法はその理性規範を具現した立法者の意思である。これを刑罰規定という。カントから見れば，自然法と実定法は，強制権能があるか否かの違いに他ならない。社会契約後に「法的状態」を維持し保障するには，普遍妥当な形式的原理（公的正義の原理）「各人に彼のものを与えよ」が必要である。この形式的原理をプラトン同様「配分的正義」と呼び，またカントはアリストテレス以来の「調整的正義」（私的正義）を導入し，これを「相互取得的正義」と呼び，これは「身には目を，歯には歯を！」「殺人犯の罪には死刑の罰を与えよ」と「同害報復」(jus tarionis) をいう。このようにカントの契約論は義務論的で，英仏契約論のような「人民の権利」よりもむしろ市民に「義務の自覚」を促し，市民への国家の福祉義務よりも国家への市民の服従義務を説く。英仏で「悪法は法に非ず，直ちに改正せよ」だが，カントは「悪法もまた，法なり正義なり」とし，これが国家独裁の余地を与え，個々人を国家の手段とする危険が伴う。

　カントはまた，ルソーの人民主権・共和制に基づくベッカリーアの人道主義的な法制改革，とりわけ，死刑廃止論，罪刑法定主義，刑罰最小主義を「法の曲解」または「詭弁」として激怒した由，しかし冷静に考えるなら御用哲学者カントこそが独善的に法を曲解し，詭弁に陥っているからだ。というのは，カントによれば，個人の視点に立てば，個人は尊厳な人格の単位で自ら目的の存在者だが，一方，己の意思をもつ目的の王国に視点を移せば，個人の影は薄くなって，各人の特殊意思が国家全体の一般意思に吸い込まれ，内的外的に強制されて絶対服従すべき義務を負う。なぜなら，国家は個人の上位者，個人は国家の下位者である。ゆえに個人は上位者の目的意思に従うべき義務がある。理由は何であれ，個人が国家に反抗する権利は皆無なのだ，と。国家独走の危険が付きまとう。

　こうしたカントの目的論的な正当化や弁証法的な詭弁は，後にヘーゲルに継承され，ドイツ的体質に根ざした全体主義や目的論の枠組みを形成した。確かに（英）ロックや（仏）ルソーの個人主義的な正義概念は個人の権利や人格の尊厳を大前提に先進英仏の近代化に大きく寄与し，後に功利主義と結

---

74) I. Kant, *Di Metaphysik der Sitten*, S. 32. 1785.『道徳形而上学への基礎』参照。

びついたが，これに対してカントの目的論的，全体主義的な正義概念は，個人の自由権意識に乏しい後進国ドイツを近代化させる指導原理となって社会主義と結びつき，カントの契約論が国家有機体説を整備し，後見的な警察国家への途を開いたのである。

　啓蒙主義における個人の「自由」「平等」「独立」は，三位一体となって爆発的な革新運動に発展し，その総決算は18世紀末の「アメリカ独立戦争」(1775-1783) と「フランス革命」(1789-1795) だった。先進国英仏の啓蒙運動は流血の市民革命によって初期目標を達成したが，これに対しドイツの啓蒙思想は急進的な体制批判や革新運動ではなく，カントの批判哲学に象徴されるように，上からの近代化に適う限りの「認識批判」に止め，英仏とは逆に国家主義の趨勢や民族主義の機運を高め，疾風怒涛（Sturm und Drang）に突っ走った。ドイツ啓蒙思想は体制強化に寄与する民族主義運動となって国家的統一を促したことになる。カントの物自体の不可知性，批判哲学，ドイツ観念論は，フィヒテ（J. G. Fichte, 1762-1814）によって物自体を思惟の怪物，主客同一，主観的観念論とされ，またシェリング（F. W. Schelling, 1775-1854）により主客合一の同一者，積極哲学，客観的観念論とされ，さらにヘーゲル（G. W. F. Hegel, 1770-1831）により世界を絶対者の自己展開，主客合一の絶対知とされるに至った。

　このようにヘーゲルは，「主観と客観」「知識と対象」を弁証法的に止揚(しよう)（Aufheben）し，「思惟形式」即「存在形式」，また「認識論」即「存在論」を導出して「主客合一の絶対知」を哲学的認識の出発点とし，「理念」の自己外化が「自然」で，その自然を止揚した理念の自己帰還が「精神」であると考える[75]。それゆえ，現実世界の変化は「理性の自己展開」に他ならず，精神も自然も発展プロセス上の相違に過ぎない。こうしたヘーゲルの弁証法的発展は，変化しないはずの「秤」が計測される対象と共に変化するようなもので，何を語っているか理解不能。(独) ライヘンバッハ（1891-1953）もこの「弁証法の止揚」を言語的な遊戯か詭弁であって，哲学への一般的な反

---

[75] G. W. F. Hegel, *Enzyklopadie der philosophishen Wissenschaften in Grundrisse*, 1817.

感を植付け，拒否反応を起こさせた事実は否めない[76]という。物の長さは選ばれた物差の単位メモリ（尺，cm，yd…）で決定される。物の長さが即物差とは言えぬ。ヘーゲルは「視点の移動を対象（客体）にすり替える誤謬」を侵している。なにごとも理性の自己展開とみなすことは，古代ギリシアのアリストテレスがすでにプラトンの「イデア」に対して「抽象的なものを具体的なものと置き違える誤謬だ」との批判と同じ科学的根拠を無視した詭弁か独断か言葉のお遊びに陥っている。

カントの批判哲学を受け継ぎ，ドイツ的な体質に浸り切ったヘーゲルの弁証法哲学には，読者に後進的な居直りの印象を抱かせ，歴史に逆行する危険性を予感させる。なぜなら，ヘーゲルは善／悪や正／邪の根拠を国定の法制に求め，社会的協力の仕組みが正しい／正義に適うのは，有機的国家内で人倫の現実態が完成し，後任の実定法に基づいて社会的決定が下されるときとするからである。カントの「法」は，まだまだ個人の自由や平等の自律的な保障を意味していたが，ヘーゲルの「法」になると，英仏の社会契約論から完全に離脱し，独立した個人は幻想と化した。

ヘーゲルにとって個人は細胞のごとしで，国家有機体に固有の伝統的な倫理規範や国家意思において生命は与えられるが，もし国家を離れるなら，死あるのみだと国家を絶対視した。この考えは19世紀初頭のプロシア絶対主義国家の実現を正当化し神格化する企てだった。このようにカントからヘーゲルに至るドイツ観念論の「正義や正当性」の基準は，先進国英仏の場合と異なり「国家主義」の色彩が濃厚だった。そこで，ヘーゲルはまた正義概念を機能的に合法性／適法性と同一視し，法は正義の表現とするが，もし然りなら，そして，法の実現が正義なら，法の前に正義はないことになり，一般に「法絶対主義」／「法至上主義」の傾向を呈していた。かくて法即正義によって，ヘレニズム期ストア学苑（希）ゼノン以来の「自然法」と「実定法」との区別は失われ，実定法独走への歯止めは効かなくなった。ヘーゲルのこの「法即正義」は，後のビスマルク（O. Bismark, 1815-1898）の鉄血宰相の武断

---

[76] H. Reichenbach, *The Rise of Scientific Philosophy*, 1951, p. 3 市井三郎訳『科学哲学の形成』みすず書房, p. 1.

政策を準備したものとされる。

5.10 帝国主義時代の領土争奪戦

　植民地の支配権を巡る列強の争いが激化したのは19世紀末だった。イギリスに先んじて無敵艦隊で大航海時代の先駆けとなったスペインやポルトガルは，後発の新世界「北アメリカ」の争奪戦に敗れ去り，植民地大国の座から滑り落ちた。フランスは1830年後に植民地開発に着手し，イギリスも19世紀から植民地開拓に乗り出した。イタリアやドイツも1880年ごろ海外進出をはじめた。こうした列強による植民地争奪戦の主な舞台はアフリカ，東南アジア，オセアニアであった。

　17世紀初頭からオランダ領東インドは存在したが，本格的な東南アジアの植民地化は19世紀後半だった。1883年オランダはスルタン王国を攻撃。1884年ドイツはニューギニア北部とビスマルク諸島を植民地化し，1886年イギリスは，インド以東のビルマ，マレー半島，北ボルネオに関心を示し，第3次ビルマ戦争の後に併合した。フランスは植民地拡大を求め，1858年艦隊を送ってサイゴンを攻略した翌年に占領した。1893年までにトンキン，カンボジア，アンナン，ラオスを支配し，「フランス領インドシナ連邦」を立ち上げた。

　しかし，植民地を拡大せんとする帝国主義の争奪戦に対する武装抵抗もアジアやアフリカでは顕著になった。ちなみに，オランダへのスマトラ，イギリスへのスーダン，イタリアへのリビア，等々，現地住民は武装して立ち上がり侵略者の撃退を試みたが，軍事力の圧倒的格差によって退廃を余儀なくされた。例外もある。1896年イタリア軍がエチオピアに敗北した。1916年傾いた帝政ロシアは中央アジアでも大規模な抵抗運動に遭遇した。中国では列強の干渉を巡って内部紛争も発生した。

　英仏独，オーストリア，ハンガリーの列強間で植民地の争奪戦が激しくなったことで1914年に第一次世界大戦が勃発，死傷者数千万人の犠牲者を出してヨーロッパは地図を塗り替え，ハプスブルク家とオスマン帝国とが滅亡し小国家が多数誕生，中東で領土争奪戦も生じた。1917年ロシア帝国は革命と

内戦で崩壊，勝利者ボリシェビキが世界初の共産主義国家を立ち上げた。参戦したアメリカはベルサイユ体制で中心的役割を果たし，政治・経済・社会を通じ優位を誇って絶大な地位をかためた。一方，1922年崩壊したオスマン帝国は翌年トルコ共和国に生まれ変わり，シリア，イラク，トランスヨルダンなど従前の領土はイギリス，フランス統治領に様変わりした。また1911年の清の崩壊と1917年のロシア革命は，東アジアに政情不安を招き，領土の拡大と植民地獲得を狙った日本は，シベリアと中国と太平洋諸島を手に入れた。

19〜20世紀初頭，800万人を超える人々が故国を離れ，その半数が南北アメリカに渡った。南北戦争が終結（1865）した後，先住民の跡地に大勢の開拓者が入植，アメリカ合衆国やカナダは「移民の時代」を迎え，多くのヨーロッパ人も仕事を求めて移住した。一方，ユダヤ人の大移住の歴史もある。フランス革命やナポレオン戦争やイタリア・ドイツ統一は，多数のユダヤ人には空前の解放時代となった。ロシア帝国は1795年ポーランドの併合で世界最大のユダヤ人強制集合住宅約490万人のコミュニティを支配することになったが，1881年アレクサンドル2世暗殺を契機にポグロム[77]が発生した。これによって多くのユダヤ人がより安全な場所と仕事を求めて新大陸アメリカへ移住した。

---

[77]「ポグロム」とはユダヤ人とその住宅や店舗に対する集団的襲撃，破壊，虐殺をいう。

第6章　功利主義の自由・平等

```
6.1  自由優先の功利主義
6.2  イギリスから始まった産業革命
6.3  ベンタムの最大多数の最大幸福
6.4  J. ミルと J. S. ミルの功利主義
6.5  自由・平等の均衡原理としての功利性
6.6  平等優先の社会主義の台頭
6.7  ルソーの契約論とフランス型の社会理念
6.8  唯物史観とドイツ型の社会理念
```

6.1　自由優先の功利主義

　一般には，フィリッポス2世によるマケドニアとギリシアの統合（前338），アレクサンドロス大王による東征とペルシャ滅亡，ローマ帝国勃興，大王の死（前323）から，ローマによる東方征服までの期間をヘレニズム期（ギリシア尊重の時代）という。往時は商工業や貿易は隆盛し，東西文化や民族の交流も盛んだった。しかし，相次ぐ戦乱によって農業の生産率は低下し，奴隷労働は本格化し，一般市民は貧窮を極め，文化の恩恵は，ただ，一部の官吏や軍人や自由民だけが受け，上下の格差拡大がしばしば暴動を引き起こした。こうした状況の下で，自由を失い人生目標を見失ったギリシア人らは現実逃避によって安心立命の境地を求めて彷徨ったのである。
　ヘレニズム期の主な思想は，ゼノンやエピクロスだが，いずれも小川から大海へ流された小魚のように環境の激変に当惑し，必死で現実との対応策を探し求め，自然賛美に費やす鷹揚さも，精神的なゆとりもなく，どう生きるべきかが緊急課題だった。アリストテレスはアレクサンドロス王子らに対し政治学，ニコマコス倫理学（幸福論[1]），世界国家論まで講じていたが，王子

はとくに世界国家の動向に強い関心を示していた。

　後にストア学苑の開祖ゼノン（前335〜263）は，本能的欲求と心の不受態を保つ自然と調和した生き方が理想，自然は世界を隈なく被うロゴス（一切の原理，自然法，倫理法則）とそれを分有する人間理性をいう。ロゴスは万人平等で人権も万人平等である。ゼノンは「**人間は別個の正義の基準に照らし別個の都市国家（polis）に分かれて生きるのではなく，あたかも共通の牧場で草食む羊のように，人類共通の自然法たる普遍的理性（koinos nomos）の下に，単一の秩序を形成して生きるべきだ**[2)]」と述べた。

　古代ギリシア末期のアリストテレスが述べた通り，ゼノンは，人類共通の自然法（lex naturalis）と普遍的な万人平等の人権意識に基づき，社会的協力の仕組みを古いポリスから新しいコスモポリスへと移行せよ，パラダイム転換を図るよう求めたのである。

　自然法概念や万人平等の原理や普遍的な共通正義に基づく人権概念というストア学苑の開祖であるゼノンの主張は，後に正義の端緒を自然内に求めたキケロ（Cicero，前106-43），我ら皆兄弟，同じ神を父にもつというエピクテトス（55?-135），ローマの騎士や奴隷差別などは，野望と不正義によるものとするセネカ（4-65），そして，万人平等に基づき従来は不遇だった異民族や奴隷や婦人や子供らに平等な権利を認めたガイウス，ウルピアヌス，マルキアヌスらに継承され，また，主人による奴隷殺害を禁じたハドリアヌスや奴隷が神の祭壇に逃れる権利を与えたアントニウス・ピウスや剣闘士の見世物を禁じたマルクス・アウレリウスに引き継がれた。

　さらに3世紀になると，奴隷が遺言で財産の2/3を自由に処分する権利を保障し，また4世紀には，奴隷が主人を告訴する権利まで認めた。こうしてストア学苑のゼノン以来の「自然法」に基づく万人平等の人権意識は，その

---

1) Aristoleles *Ethica Nicomachea*, Recognovit brevique adnotatione instruxit I, Bywater, Oxford, 1894, 1097b. 参照。幸福はそれ自体のために選ぶ。決して他の何かのために選ぶのではない。最高の善は自足的だが，自足的なものは自ら生活を潤し不足なきものにする。幸福を究極的・自足的なものにするのは明白で，幸福こそは人の行為の究極目的である。

2) H. von Arnim, Stoicom veterum fragmenta. vol. 1, 35, 42. アルニム『断片』を参照。人類共通の自然法と普遍的な共通の正義に基づき，都市国家から世界国家への移行を求めた。

6.1 自由優先の功利主義

普遍性ゆえに「ローマ・カトリック」[3]に継承され，ひろくヨーロッパ全域に広がって約1,000年もの間，世界全体を支配してきたのであるが，こうした普遍的な宗教に救いを求める生きかたとは違った「社会的協力の仕組み」を選んだ国々も現実にはあった。

前述の通りヘレニズム期には，ストア学苑のゼノンとは対照的な生き方を選んだ哲学者もいた。それは認識の源泉を感覚知覚に求め，客体の放つ像が感官に流れ込む認識の成立を唱えた①感覚論的認識論と共に，価値の根拠を快楽に求め②快楽主義を唱えたエピクロス学苑の開祖エピクロス（Epikuros, 前341-270）だった。彼は「人生の目的」を「幸福な生活」とし，善の根拠をまず胃袋の快楽に求め，智慧や教養や友情さえ快楽によると。快楽には刹那的なもの，持続的なものもある。最高の快楽は「心の平静」である。その王冠は指導者の地位よりも価値が高いと。生の黄金の樹は緑であり，理論はすべて灰色だ。快楽は善の原理，苦痛は悪の原理である。宗教は魂に恐怖と不安と苦痛を与えるから悪であり，魂を救済するという学説は偽善だ。霊魂は肉体と共に滅ぶから。神々が実在するにせよ，合理的な快楽主義者である。それゆえ，俗界の営みに心を労することはない。神々に気兼ねして生きるというのは，愚の骨頂というもの，という。

エピクロスは「友情」も社会的快楽のためとし，「正義」は，友情を高め他の怒りをかう機会やそれを怖れる機会をもたぬよう行動すること。人々の主観的快楽こそが正義や善など一切の「徳の原理」である。これをストアのロゴスに求めてはならない。友情は人々を結びつけ互いに信頼の念を深める。かかる友情の相互利益のために，人びとは契約（pactum）によって社会を形成しこれを維持する。こうしたヘレニズム期のエピクロスによって，歴史的には最初の「社会契約論」が芽生えた。

エピクロスのこのような「社会契約」は，実際には，法に基づくが，その効力と承認は快楽の利益を基準とし，これが契約履行を拘束する根拠である。違法行為それ自体が悪なのではない。契約違反による友情の利益喪失という

---

[3] 英語で Roman Catholic という。ギリシア語で Katholikos は「普遍的」を意味し，キリスト教的な「救済の普遍性」を意味している。

不快な結果ゆえに悪なのである，という。

　我われの「順法行為」も，友情と信頼とに基づく「社会的快楽」の利益のためであり，順法行為それ自体が善だからではない。それゆえ，順法行為が尊重されるのは「快楽増進に寄与する限り」においてである。ストア学苑の「ロゴス主義者」は，エピクロスの「快楽主義」を軽蔑し，「豚の哲学」と呼んだとされるが，ロゴス主義者と快楽主義者とは，もともと肌の合わない間柄であったようで，ゼノンの普遍的なロゴス主義の思想はローマに渡って，中世初期にはアウグスティヌス（354～430）の「教父哲学」に継承され，さらに中世末期にはトマス・アクイナス（1225？～1274）の「スコラ哲学」に受け継がれた。こうして，神の支配が「暗黒の1,000年」を覆った。

　しかし，15～16世紀の「大航海時代」に入って無敵艦隊を誇るスペインのビトリア（F. Vitoria, 1492～1546）やスアレス（F. Suárez, 1548～1617）など勇気に溢れた叡智者によって最後の「全盛期」を迎えることになったのである。すなわちビトリアやスアレスなどの進歩的な示唆を通じて近世社会への橋渡しの役を担ったわけである。

　ビトリアの正義概念は（蘭）グロティウス[4]（H. Grotius, 1583～1645）を先取した卓見に富み，①すべての人は神の前に平等のみならず法の下，自然の下でも平等とし，奴隷制度の廃止，②神も民族も世界の支配権をローマ教皇や皇帝に賦与してないとして「主権在民」の民主制を唱え，③人肉を食わない限り罪なき者を罰せずとして異教徒や異民族に対する征服権を禁じ，④万民への通行権の保障（国際法）を提唱し，⑤もし宗教の外に理由がないならば，人民には参戦の義務はない，と主張した。

　スアレス[5]の「社会契約論」はすでに（英）ホッブズを越え（英）ロックを先取して，「人民主権」の民主制，抵抗権の容認（チェック＆バランス），義務の双務性などを提唱した。こうしたスアレスの人民主権論や双務的な抵抗権を含む社会契約論は，国王自体が民の意思の下に置かれ，近世社会の民

---

4) H. グロティウスは「国際法」の生みの親。主著はH. Grotius, De jure belli ac pacus, 1625. 『戦争と平和の法について』。彼4 F. Suarez, De Legibus, Ⅲ, 4, 2. は自然法により「国際法」を基礎づけた。

5) F. Suarez, De Legibus, Ⅲ, 4, 2.

主制の先駆けとして画期的な17世紀のデカルト（1596〜1650）などの大陸合理論者や（英）ロックの英国経験論者へと受け継がれていった。

他方，エピクロスの「快楽主義」の思想は，ドーバー海峡を経てイギリスへ渡り，18世紀産業革命期に発芽した。つまり，イギリス経験論者ヒューム（D. Hume, 1711〜1776）を経て，「功利主義」(最大多数の最大幸福) 創始者ベンタム（J. Bentham, 1748〜1832），ジェームズ・ミル（James Mill, 1773〜1836），ジョン. S. ミル（John Stuart Mill, 1806〜1873），後シジウィック（H. Sidgwich, 1838〜1900）に継承され，近代経済学の父アダム・スミス（Adam Smith, 1723〜1790）の『道徳感情論』(1759) や『国富論』(1776) と結びついて発展した。「資本主義」(capitalism) は封建時代に現れ，産業革命に伴い商品生産が支配的な生産形態である。一般に，生産手段をもつ資本家が生活手段のない労働者の労働を買い取って商品生産を行う生産様式の価値と，生産した商品価値との差額分である余剰価値を利潤として獲得する「経済体制」をいう。この近代経済学は，新古典派に始まってケインズ学派，オーストリア学派，スエーデン学派に受け継がれたが，1870代以降は，平等重視のマルクス経済学と自由重視の近代経済学とに分かれて継承発展され，今日に至っている。

6.2　イギリスから始まった産業革命

イギリスは17世紀後半からニュートンの「微積分の原理」(1669) の発見や「万有引力の法則」(1687) 発見など人類の科学技術を牽引し，まさに「天才の世紀」にあった。ヨーロッパで科学技術の最先端を誇っていたイギリスは18世紀後半，政治，経済，社会の各分野で急速に発展し，従来の農業国から高度に都市化された工業社会へ脱皮していた。そして，後に「産業革命」と呼ばれる変革は，19世紀を通じて世界に波及した。この時期にヨーロッパの人口は倍増し，農業生産も倍増した。石炭で動く蒸気機関の技術は，産業の活性化を促し，新たに鉄や鋼鉄など建材が使用され，技術革新や輸送機関の整備や改良が功奏して，効率的な生産で大量生産を可能にした。こうして，イギリスは工業化の先駆者として躍り出た。

彼らは認識枠組みも経験的な根拠・科学的な根拠を尊重する人びとであり，大西洋に面した良好な港湾に恵まれ，石炭や鉄鉱石などの地下資源も豊富にあり，市場は世界であり不自由はなかった。また，植民地は原料の調達先で，製品の市場でもあった。人口の増加に伴って需要も伸びた。初期の段階でも技術革新の恩恵に浴した分野は繊維産業で，生産高も生産効率も，飛躍的に躍進した。都市の発展は，工業化の波と表裏一体の関係にあった。19世紀を通じて都市化が進んだのは，マンチェスターのように労働力が集中，機械化が進捗して石炭や鉄の豊かな鉱床に近く，工場を主体とする産業が発展した地域に限られたようである。なお，1830年代のヨーロッパ諸国は，いかなる町や村も大抵は手工業に頼っていたが，1840年代になると蒸気機関の発明によって鉄道の建設ラッシュが始まり，鉄や石炭の需要も高まった。ベルギー，ドイツ，フランス，ロシアなどヨーロッパ北部でも繊維産業が発達，石炭や鉄など鉱物資源も採掘されていたし，交通機関の発達に伴ってあらゆる技術一般が南部へと伝播していった。

一方，労働者の劣悪な生活環境はコレラ，天然痘，赤痢，結核，くる病を蔓延させた。1854～55年，イングランド北部の工業が盛んな港湾都市ニューカッスルでコレラが発生した。住宅が密集し一部屋5人が同居，下水設備はなく水も不衛生だし，約8割の人にトイレが不備。1854年のコレラの流行に罹って5週間で都市総人口9万人のうち1500人が死亡した。

6.3 ベンタムの最大多数の最大幸福

18世紀末～19世紀前半にかけヨーロッパは「産業革命」の原因・結果として科学技術は飛躍的に発展を遂げ，ニュートン（I. Newton, 1643-1725）力学の「機械論的な自然観」に基づき自然科学の発明発見が続出する時代であった。これを社会科学に適用したベンタムの「功利主義」（utilitarianism）は18世紀末イギリスに始まった産業革命の所産で，初期資本主義の社会で実権を握るに至った新興産業市民層の利益を代弁する哲学だった。彼はニュートンのいう「重力の原理」に対応する社会科学の基本原理を「功利原理」や「選好原理」に求め，こうした原理から，社会科学上のあらゆる問題を科学

的・体系的に説明し尽そうと企てたのである。

　彼は「功利原理」(principle of utility) を人間の本性に深く根ざした二方向の性向：①快楽追求の志向と②苦痛回避の志向を前提として一切の価値判断を快楽の増／減や苦痛の増／減に求めるヘレニズム期のエピクロス（前341-270）に由来する「快楽主義」（ヘドニズム）の一種である。唯一の違いは，私的／公的な行為をAとするとき，行為の価値Vを快楽と苦痛の七個の性質を変数とする「関数計算体系」とみなす点である。

　○「功利原理」：Aの影響の下で幸福が増大するか，減少するかの傾向によってAを肯定するか，否定するかの基準をいう。
　○「功利性」[6]：関係者らに便益や便利や快楽や福利や幸福をもたらし，苦痛や損害や不幸を避ける傾向をもつ性質をいう。

　ベンタムの功利主義は，ヘレニズム期エピクロス（前341-270）の快楽主義（hedonism）と類似し，行為の価値は，快楽の①強度，②継続性，③確実性，④遠近性，⑤生産性，⑥純粋性，⑦延長性を変数とする関数「快楽計算」を体系化している点が特徴である。これはニュートンの力学体系からの影響による。ベンタムの「快楽計算」は，Vを行為Aの価値とし，快楽（pleasure）の性質①〜⑦を変数とするとき，下記の通り定式化される。

　○「快楽計算」：$V =_f A(p_1, p_2, p_3, p_4, p_5, p_6, p_7)$
　○「価値基準」：すべての行為Aについて，Aの価値が高いのは，Aの快楽値が高いとき，そのときに限る。

　ヘレニズム期のエピクロスと同様に，ベンタムは快楽を善の原理，苦痛を悪の原理とし，快楽をうる行為は善い行為，苦痛な行為は悪い行為とした。「選好」は各人各様。しかし己が快楽を感じる行為は，己にとって善い行為である。だから，苦痛を感ずる他者には遠慮は禁物である。

　(独) カント（1724〜1804）は個人を有機的社会の不完全な要素と捉え，社会の人格を認めた点で「全体主義」であったが，これに対しベンタムは，個人を社会の基本的な単位，社会を個人の集合，しかも社会に独自の人格を認

---

6) J. Bentham, *Introduction to the principles of Morals and Legislatoin*, 1789, Works 1, p. 1.

めず徹底した「個人主義」をとった。こうして，ベンタムは個々人の快楽総計を社会の快楽値／快楽度として「社会的協力の目標」を「最大多数の最大幸福」(the greatest happiness of the gratest number) という個人の最大福祉に求めることにしたのである。すなわち，

　○「功利主義の原理」：社会的協力の目標が正しいのは，最大多数の最大幸福に寄与するとき，そのときに限る。

しかし，人びとの「選好」は各人各様。ゆえに，選好を廻って各人の間に対立が生ずる。では，どうすべきか。ベンタムは次のような「選好原理」に従うよう求めた。すなわち[7]，一切の行為がその時点で

　○「選好の原理」：他者の幸福にいかなる結果をもたらそうと，あえて自己の最大幸福に最も寄与する行為を選ぶべきだ。

たとい他者を不幸にすると思われる行為であろうとも，徹頭徹尾，自己の幸福に寄与するに違いないと思われるような「行為」を選ぶべきである，と主張したのである。

ベンタムの選好の原理は，「利己主義」(egoism) であって，個々人の選好の基準が互いに矛盾しているとき，一方の行為を快楽！　幸福！　満足だ！　ゆえに善い！　ゆえに，社会正義に適う！　とするが，他方の行為を苦痛！　不幸！　不満だ！　ゆえに悪い！　ゆえに，社会正義には適わない！　とする事態に遭遇するとしょう。もし快楽や苦痛が加算可能なら，または，加算不能なら尚更のことだが，社会秩序は維持されようがなく戦争状態は必至だろう。「私の最大の快楽は心の平静さ」と言う人と，「へえ〜俺様の最大の快楽は人殺しさ」と言って行為に移す人がいたとしよう。

もし選好が加算可能なら，善い＋悪い＝0。もし加算不能ならジャングル状態へ逆戻り，殴り合いの喧嘩は必至。何れにせよ，合意形成による理念と共通ルールによる持続可能な平和共存は望みようがない。利己主義の放任は「力の正義」の横暴と極端な経済格差を許し，いわゆる「ジャングルの掟」(homo homin lupus est) に陥って力の強い少数者の最大幸福に寄与することになりはしないか。社会的協力に必須不可欠の「法の支配」は，どこへ消

---

[7]　J. Bentham, *The Constitutional Code, Works*, vol. IX. を参照。

えてしまったか。これではカントの「無法状態」(Zustand der Rechtslosigkeit) に他ならない。もし、然りなら「最大多数の最大幸福」はディレンマに陥ることになる。もう一度「白紙状態」(tabula rasa) に戻って出直すべきだ。人間は無法状態に必至の「ジャングルの掟」から脱却すべく、合意形成に基づく「法の支配」に服する仕組みを選んだのではなかったか。

6.4 J. ミルと J. S. ミルの功利主義

　ベンタムの「選好原理」(preference principle) は、個人の利己的性向を容認し自己の快楽や幸福に寄与する行為なら、たとい他に苦痛や不幸を招く行為であれ、遠慮するには及ばない。なぜなら定義によって、それは自己にとって善い行為であるし、また、定義によって、公的な「最大多数の最大幸福」は社会正義に適うからである、とした。

　これに対して、ベンタムの功利主義に見出される人びとの利他的な性向に対する配慮の欠如／不足を「観念連合」(association of ideas) の原理によって補完しようとしたのは、ジェームズ・ミル (James Mill, 1773～1836) だった。J. ミルは「個人の利他的性向の美徳」を強調し、利他的行為を自己目的へ転化させる心理的な可能性を指摘して、①「最大多数の最大幸福」が含意する利他性と②各自の「選好の原理」が含意する利己性との間に論理的な整合性が成り立つことを論証したというのである。

　しかし、利己性と利他性とを論理的に矛盾させないでおく方法があるとは考えられない。なぜなら、善いか否かは個人的な選好の問題だが、正しいか否かは社会的な選択の問題だからである。前者は「私的価値」の問題であるが、後者は「公的価値」の問題であって、「価値レベルを異にする誤謬」を侵してならない理由は明らかである。

　そこで、J. ミルは社会教育の重要性を指摘し、選挙法と議会制度の改正、自由貿易の実施、経済活動の自由促進、言論・出版の自由など、最大多数の最大幸福を目指す自由化に努めたが、各人の幸福や善追求の社会的な総計の最大化が公的・社会的に正しいとか、正義に適うとする「功利主義」に潜む利己主義の発想は如何ともなし難く、社会的協力における相互信頼を前提に、

互いに相手の存在を願い,相手の価値を尊び,相手の利益に配慮し,互いに相手の自尊心を尊重する自然の「愛の美徳」が育たず,それゆえ,公共性に欠ける欠陥社会となるおそれがある。

　肝要な問題は,理論の前提を支配する「人間の本性」の洞察不足にあった。ベンタム以来の功利主義では,人間の本性は自己中心的とされたのに対し,J. S. ミル (John Stuart Mill, 1806〜1873, 以下ミル) は,「同情」(sympathy) や「慈愛的衝動」を備えた自己規制的な存在とし,各人は生まれつき善意の内的制裁 (internal sanction of good will) をもつとした。ミルも「快楽を善の原理,苦痛を悪の原理」とし,また,「最大多数の最大幸福を社会正義」(social justice) に適うとした点でヘレニズム期エピクロス以来の伝統を踏襲している。

　しかし,ミルは「快楽」にも身体的な胃袋の快楽から精神的な心の平静 (ataraxia) へ至る快楽の質的相違を主張し,快／苦を単純な数量で捉えようとするベンタムの「快楽計算」に反論を加えた。ミルの「功利主義」に対する修正論は,カントの「功利主義批判」であるとか,「ドイツ・コールリッジ学説」からの影響もありはする。しかし,近代資本主義社会の発展過程において顕在化するに至った社会システムの階層間の対立や労働運動の激化からの歴史的影響は遥かに甚大だった[8]。

　晩年になると,ミルは「正義」(justice) が功利主義と拮抗している根拠を察知し,はたして正義は「便宜」(expediency) に依存しているのか,それとも「正義」は便宜から独立した社会的協力の仕組みの要件として不可欠なのかと考え,この問題は功利主義の展開方向を決める重要問題とされた。そこでミルは功利主義の体系に「正義」をどう位置づけるかを検討し,正義を感傷 (sentiment) の面と道徳 (moral) の面に分け,前者を「感傷としての正義」と捉え後者を「道徳としての正義」とした[9]。もし,前者を社会的共感へ発展させるなら,私的善は共通善や社会善と調和させるべく整えられ,社会的な感傷による道徳化 (moralization) が達成されるからである。つま

---

[8]　J. S. Mill, *Utilitarianism*, 1863. 彼は晩年には「正義」という概念が「便宜」という概念と相容れない理由を十分に理解していた。

[9]　J. S. Mill, *Utilitarianism*, 1863, *Ibid*.

り，①感傷としての正義は共感性の最大化を意味し[10]，②道徳としての正義は功利性の最大化を意味するとされるからである。

なお，②は功利性と実質不可分の関係を有し，もし功利性といった内容を失うならば，古代ギリシアのソクラテス，プラトン，アリストテレス以来の伝統に見出されるように，正義の形式性（各人に彼のものを与えよ等々）が様々な対立を生みだし，正義本来の現実的使命や現実的意味を喪失することになるというが，ミルの所見では，正義に関する歴史上の対立は「便宜」(expediency) の対立に他ならず，その意味では「道徳としての正義」の意味は，実質的に功利性に依拠しているからとされる。

それゆえ，功利性から離れた途端，その意味はまったく空虚なものになると。なぜなら，「正義」は伝統的には「平等」(equality) や「公正」(fairness) を意味していたが，ミルは「正義のために平等を求めるのは，その平等が己にとって好都合だから」という。もし平等が己にとって不都合な結果を招くと予想されるなら，むしろ不平等を要求するに違いない[11]，と。自由，利益，権利を巡ってジョンとメアリーが議論しているとする。①ジョンは不平等な分配の方を好都合とする。そこで不平等を要求するが，②メアリーは平等な分け前を守る方を好都合とする。そこで平等な分配を要求する。明らかに，好都合か否かは各人各様なのである。

これではミルにとっても正義問題は解決できない。では，どうすべきか。ミルは考えた。利己的要求の対立克服を図るのが正義本来の伝統的な使命であるから，個々人の上位に位置する公的基準を導入すべきであろう。つまり個人的好都合という私的概念から，社会的好都合という公的概念へ移行することだ。人びとが正義のために平等を要求するのは，平等が社会的に好都合であるとき，そのときに限る，と。平等の要求が結果的に社会的に不都合であるなら，平等は正義ではない。ミルは「正義の道徳化」を要請し，社会にとって好都合な行為を道徳的行為とするが，社会的利益や社会的効用を配慮しない利己的行為は道徳性を含まない。ミルの正義概念が道徳的な正義とさ

---

10) D. Hume (1711〜1776), *A Treatise of Human Nature*, Part 2, §1, 1739〜1740, *On the Original Contract*, p. 551. の「共感の原理」からの影響が認められる。
11) J. S. Mill, *Utilitarianism*, 1863,

れるには，私的な利己的行為から脱却し，公的な視点から己の行為を全体の利益に適うべく利己的動機を社会福祉の視点から好都合な行為へ調整し直すべきだが，この公共的・社会的な正義の利他性の要請は，アダム・スミスの倫理・道徳哲学やカントの定言命法[12]からの影響と思われる。

　ミルの正義概念は「総福祉の原理」(principle of total welfare) に相当する社会政策上の基本原理であって，彼の「社会正義」と同一視される原理である。したがって，ミルによれば，社会的協力が正義に適う状態にあるのは，社会全体の快楽総計が最大化されているとき，そのときに限る。エピクロス以来，功利主義は一般に個人主義的であって，ベンタム以降は，利己主義の色彩さえ帯びてきたが，ミルによって全体主義（totalitarianism）の傾向を呈し，人々は社会全体の快楽総計を最大化するよう快楽追求の内的・外的調整を強制され，これが社会正義に適うとされる。これでは幸福追求の自由や主な社会財さえも不平等な分配を正当化する可能性がありはしないか。

　ある特別の人々に99％の功利性を分配し，残りの多数者に1％の功利性を分配する寡占状態さえ①「最大多数の最大幸福」と②「社会全体の功利総計の最大化」を両立可能とするのか。各人の功利性を生涯的に最大化するため各時点にどう配分するかは各人の自由だったように（将来の目的のために今勉学に励むか，胃袋の快楽や若気の肉体の快楽を享受するのか…），開かれた社会を時系列的に功利総計の最大化を図るべく各人にどう分配するかは，政府の裁量に委ねられることから，現時点か将来のある時点において，より大勢の人がより多くの功利性を享受できるよう調整することが社会正義とされるのである。では，その決定を誰に委ねるのか。政府に委ねるなら，恣意的な判断か否かは誰が判断するのであろうか。主権在民なら人びと自身であろう。

　功利総計の最大化を社会正義とみなすような認識枠組みでは，正義の名の下に一部の人々か多数の人々に国家的な犠牲を強いる危険性もあり，一部の

---

12)　I. Kant, *Krikik der practischen Vernunft*, Werke V, S. 35, 1788『実践理性批判』カント全集，岩波書店，桑木・天野訳，参照。カントの「定言命法」(Kategorisch Imperative) は実践理性の原理であり，こう定式化される。「汝の意志の格率（Maxime）が常に同時に普遍的な立法の原理として妥当しうるよう，そのように行為すべきである。」

人か多数の人が国家目標を達成するための手段とされる恐れもある。将来のある時点で功利総計最大化の目的達成のために，現時点の不平等や不公正を正義とする政府の不条理にどう対処するのか。個人の場合なら，現実の快楽や幸福を犠牲にし将来のために刻苦勉励するも否も当人の自由だが，これを社会的選好に当て嵌めるのは不合理というもの。人生わずか80年，しかも，一回きりの人生なのである。社会的な不運や世代的な不運は，避けることが大切である。ロールズも警告している通り，私的選好を公的選好と混淆する誤謬は，決して侵してはならない[13]。

そこでミルは「功利総計の最大化」をアリストテレス以来の配分的正義に対応させ，平等や公正の正義と整合性を維持すべく下記の「平等の原理」（principle of equality）を導入した。

平等の原理：平等な処遇を受けるに値するものに対しては，社会は平等に処遇しなければならない。

では，「誰が平等な処遇を受けるに値するのか」という判断を下しうるのか。私は値する。いや，値しないなど，喧嘩は一生涯続くだろう。要は，客観的基準とは何かであるが，偏差値は大人げない虚妄（きょもう）に他ならぬ。人の価値ほど複雑で評価し難いものはない。私的選好が主観的であるのは当然であるが，公的な選好でも，客観の衣を纏った間主観性（かんしゅかん）の域をでない。これが先決問題であるが，ミルはこの上位概念を明示しなかった。平等な処遇を受ける価値に公認の基準が導入されぬ限り，伝統的な正義の概念と同じく，ミルの「平等の原理」も空虚とされざるを得ない。

ミルの平等の原理と功利最大化の原理との両立を図るなら，功利最大化に寄与する度合いや，社会への貢献度に応じた分配を正義（配分的正義）とするしかない。しかるに果たしてA会社への貢献度に応じた人事や，B大学への貢献度に応じた人事など，何をもって貢献度とするのかも定かでないトップ主導の薄っぺらな人事では会社，大学…の真価を問い，真価を支え，真価を発揮させる永続的で持続可能な発展は保証されるか。話はそう簡単ではな

---

13) 拙著『公正としての正義の研究』（J. ロールズの正義概念に対する批判的考察），成文堂，1989, pp. 222〜, 拙著『合意形成論』成文堂，2008, pp. 82〜97.

い。今なお親馬鹿・子外道(げどう)・孫非…の掟があるが、プラトンもアリストテレスも統治者の世襲を禁じ、各人の眠る才能など自然財を問い、それを支えて発揮させる能力をソクラテスから学びたい。

　ベンタムは人間の利己的本性を前提としたが、ミルは人間の社会的本性を前提とし、社会的功利性の追求を人間の本性によるとした。したがって社会福祉は人間本性に深く根ざした性向と合致し、社会的犠牲さえ正当とされる場合があることを認めた。ミルは社会福祉や社会保障を個々人の権利として認める一方、社会的な功利総計を最大化する最適均衡点において当該権利の各人への配分を適正と考えた。一般に、功利総計の最大化を究極目的とする社会的協力は、功利性その他、自由や権利など社会財の分配に不平等が生じがちで平等な処遇には困難が伴う。どう修正を加えても「正義」を功利性で定義する限り、民主主義の基本理念とされる個人の基本的人権の不可侵性や個人の人格の尊厳性の平等な保障は困難を極め、個人の天賦の「自然権」や自然的自由も容認し難くなる。もともと、正義を功利性の関数として捉えるのが功利主義であるから、基本的人権を功利主義に要求するのは、初めから無理難題であるというしかない。

　ミルのいう「功利総計の最大化の正義」は、振興産業市民層の経済活動の自由を擁護し、経済成長の成果たる雇用促進や福祉増進といった美名の下に、最大化政策の捨て石となる勤労者の手段化や犠牲を正当化する19世紀の産業市民層にとって有利を装うような正義概念であった。したがって容認される自由も平等も、政府の最大化政策に貢献する産業市民層のための「自由」に他ならず、視点を変えるなら、平等に処遇されるに値すると言える者である限りの「平等」であることだけは確かであった。

　ミルは18世紀〜19世紀のイギリスの産業市民層が実権を掌握するに至った過程で次第に顕在化しはじめた「階級対立」の現状や急速な資本主義経済の発展に伴う社会的な歪(ひずみ)や非人道性をつぶさに観察、勤労者による階級闘争に一定の理解と同情とを示しはしたものの、基本的には、支配階級の視点から福祉への寄与という功利主義社会のもつ意義を代弁し、その利益を擁護する立場を貫いてディレンマに陥った。なぜか。たしかに「功利主義」は個人の幸福追求の自由、とりわけ経済活動の自由を享受し、社会的協力の活性化に

大きく寄与したが，その反面，資本独占，生産手段の独占，個人の手段化，人権の軽視，階級の固定化，階級分裂，階級対立，階級闘争，パイの増産に関心を寄せても，パイの分配に無関心な状態からくるパイ争奪戦の突発など幾多の深刻な難問に直面し，ミルから見てもこれは放置できず，何としても合理的な解決策を必要とする緊急事態に突入していたからだった。それではミルはどう考えたか。

　そこでミルは「ナザレのイエスの黄金律」（己の欲するところを他者に施し，己の如く隣人を愛せよ）を至高倫理として導入し，弱肉強食の自然的趨勢を社会的に是正し，人間としての平等を実現しようと試みた。しかし資本主義が未熟な社会では，こうした是正策は，功利総計の最大化政策の足枷（あしかせ）となって社会的発展の阻害要因になると危惧され抑制を余儀なくされた。功利主義はたしかに封建秩序の残滓を一掃し，歴史上個人の自由や人権の自覚に大きく寄与した事実は拭えないが，それが今度は，相手の存在を願わず，相手の価値を尊重せず，相手の利益に配慮せず，それゆえ，自尊心を充たしえない僅か一部の資本家のための手段や道具として，一部資本家のために血と汗を流すという功利主義の新たな奴隷制度，つまり，新たな差別を生みだす破目になったようであるが如何か。企業家の自由を優先する西側「資本主義」は，勤労者の人権と平等を優先する東側の「社会主義」と激突するに至り，全世界を二分する「冷戦時代」を迎えた。

　功利主義はミルによって一応，完成の域に達したが，その体系化が不十分であることに注目し，もう一度，理論体系の全体の視点から，ソクラテス，プラトン，アリストテレス以来の伝統的な「正義」をめぐる諸問題について功利主義的な解釈を試みるばかりか，ベーコン，ロック，ヒューム，アダム・スミスらのイギリス経験論の認識論的な伝統に基づくベンタム，J. S. ミルの功利主義的な解釈に検討を重ね，こうして徹底的な体系化の見直しを図って合理的・決定的な解決策を見出したと高く評価され，それによって紛糾する功利主義学会の現状に終止符を打ったのは，(英)ヘンリー・シジウィック（Henry Sidgwick, 1838-1900）であった。

6.5 自由・平等の均衡原理としての功利性

シジウィックは「正義」と「合法性」との両概念を重ね合わせた上で正義本来の意味を抽出し，正義概念に普遍的定義を与え，「法順守としての正義」(justice as law-obsevance) を平等・公正・公平無私な分配 (impartial distribution) から区分する。この正義概念は伝統的「一般的正義」(justitia generalis) または「法的正義」(justitia regalis) に対応しているが，徳全般を含意していないから「法を順守する正義」とは異なり，シジウィック (H. Sidgwick, 1838-1900) は次のような定義を与えた。

定義1．法を順守する「正義」とは，法を順守する行動をいう[14]。

彼はまた，法順守以外の正義を，①理想的正義 (ideal justice) と②保守的正義 (conservative justice) に分類し，それから，①は③個人主義的・理想的正義 (individualistic ideal justice) と④社会主義的・理想的正義 (socialistic ideal justice) に峻別される。なお，①は現行法ではなく，あるべき法に基づく分配を正義と考える。ただし，③は社会が個人に干渉しない非干渉の個人的自由を原則とする点で個人主義的正義であり，またあるべき法に基づく分配を正義とする点で理想的正義とされる。さらに④は，社会的な総福祉の視点から，仕事に応じて各人に応分 (desert) の公的分配を原則とし，それをあるべき法とする正義である。以上をまとめると，

① 理想的正義はあるべき法に基づく分配をいう
② 保守的正義は現行法に基づく分配をいう。
③ 個人主義的正義は個人の自由を尊び，分配の社会的な非干渉を原則とする正義である。
④ 社会主義的な正義は社会福祉を尊び，仕事相応の応分の分配を原則とする正義である。

なお，個人主義的・理想的正義の利点は，政府が総福祉の名目で個々人の基本的人権を侵害する可能性を封じ込め，天賦の自然権に干渉しないことだ

---

14) H. Sidgwick, *The Method of Ethics*, 1874, p. 264.

6.5 自由・平等の均衡原理としての功利性　165

が，その難点は，個人に対する非干渉の自由が平等の要求と両立し難いことである。それゆえ，往々にして「弱肉強食」の戦争状態に陥るとか，不平等への不満が増大して社会的混乱を招くおそれがある。しかも，その防止策に不可欠とされる「国家権力の強化」には，予想された以上に，膨大な負担が伴うことになるであろう。

　もう一方の社会主義的・理想的正義の利点は，政府の監視の下に，勤労に応じた公正な分配が保障されることだが，その難点は下記の１〜３である。

1. 社会福祉を口実に政府が個人の自由や基本的人権という自然権を踏みにじるし，また，本来，自然権は存在しないとするし，いかなる権利も国家の贈物とする行き過ぎた監視が付きまとう。
2. しかし，過剰監視は社会的協力に従事する成員たちの意欲や創意工夫や自律心を阻害し，しぶしぶ社会的協力に加わっても，他律的・消極的な人間を造って社会は活力を喪失するか，我慢の限界を超えて不満が暴発するか，それでも依然として，監視を強めるなら警察国家になるだろう。いずれにせよ，社会は貧困の一途を辿る。
3. 各人への応分の分配をどう決めるかは，「合意形成」は容易ではないし，誰もが満足のいく「応分」の意味をどのように決定するのか，この問題はソクラテス，プラトン，アリストテレスなど，伝統的な「正義」概念の主な研究テーマだったが，今なお解決されていない。

　以上がシジウィックの辿り着いた個人主義的・社会主義的な理想的正義における利点と難点であった。これに対して「保守的正義」は，現行法，現存する制度，現行の慣習に従った分配を正義とする考えかたで，現状の維持を原則とする保守的な正義であるから変化を好まず，一層，合理的な分配策が発見されても，頑として否定し，それを阻止しようとする。いつの時代にもそうだけど保守的正義は，理想的正義と抗争し合い，あたかも老人と若者の関係のように，互いに相容れず，仲睦まじい間柄にはならない。

　こうしたシジウィックの正義の分類に批判はあろうが，彼が述べたかったことは，この多義性ゆえに「正義」をめぐる歴史的対立が2500余年も延々と続いてきたことだ。たとえば，理想的正義と保守的正義との対決の代表とはイギリス市民革命（1642〜1649），アメリカ独立革命（1775〜1783），フランス

革命（1789～1799）であり，また個人主義的正義と社会主義的正義との対決の代表は，ロシア革命（1917），中国共産党革命（1921～1949）である。かくてシジウィックは正義の多義性から統一的な視点を見出し，自由と平等の均衡原理を功利性に求め，共通の「功利主義」思想から，次のような新たな理論的再構築への途を探ったのであった。

シジウィックによれば，正しい社会的協力は，次のような仕組みによって自由と平等の均衡点に達しているときである。

> **定義**：社会的協力が正しい（正義に適っている）のは，正義概念が何であれ功利性の最大化を意味する正義を充足し，「自由と平等との均衡点に達している」とき，そのときに限る。

というのは，彼によれば「常識的な道徳」は訓練された直覚と経験規則が科学的手続きによって技術的方法に取って代り，必然的に功利主義に基づく道徳へ到達する[15]からだという。よって各人への「公平無私な分配」もまた「順法義務」も，その正当化の根拠は功利性に見出すことができるのであり，功利性ゆえに正義なのだと。こうして，シジウィックは正義概念を功利性によって定義し，多義性の排除に努めた。たとえば，ソクラテスは紀元前4世紀末「平等な分け前を守ることが正しい（正義に適う）」と主張したが，なぜ？　その理由は，平等な分け前こそが各人への功利性の最大化に適うからだった。また，社会主義者が労働に応じた分配を正しい（正義に適う）と主張したのも，労働に応じた分配こそが彼らへの功利性の最大化に適うからだった。もし，「正義」が功利性の基礎を失えば，空虚な形式的概念に堕すことになる。それゆえに，正義の前提に功利性を求め，功利性を正義の基礎概念としたのである。

シジウィックの個人主義・理想主義の正義には，各人の「自由と平等」をどう調和両立させるか難問を秘めていたが，その均衡解を功利性の最大化に求め，統一のとれた視点から，誰もが合意する最適解として均衡解が導かれ，どんな正義観に立脚しても功利性の最大化こそは，すべての人が合意しうる正義の中心概念ゆえにである，という。

---

15) H. Sidgwick, *The Method of Ethics*, 1874, p. 425.

この見解は楽観論を前提し，社会を形成する個々人の幸福は「最大多数の最大幸福」と両立する。しかし社会は個人の集合ゆえに「個人の功利性」も「社会全体の功利性」と両立するという。この仮定は「真」か。功利主義の元祖ベンタム以来の謎は「個々人の最大幸福」が「すべての人（社会全体）の最大幸福を含意せず，極端な場合には，幸福の一者独占をも許す」といった余地を残し，「社会の功利総計の最大化は，各人の功利性や万人の功利性の最大化を含意せず，ときには，功利性の一者寡占を容認する」という余地を残している。なぜなら，社会は時空連続体であり，時系列的に開かれているから，社会的発展の各時点で功利性をどう分配すべきかを不問に付す限り，功利性を正義の基礎概念とする妥当な理由は存在しない。社会的選好の原則は，一般的には，個人的選好の原則とは両立し難く，いかに「功利主義」が個人と個人との功利性の対立を社会的な功利性の視点から調整しようと努めても，社会の功利総計を優先すれば，個人に対する不平等な分配を正当化し個人の基本的人権を侵害する危険に遭遇する。

　W. ジェームズ（Williams James, 1842-1910）流のプラグマティズムの真理観では「功利性ゆえに真（true）である」とし，人間の恣意性を含む危険性があったように，功利主義の正義観は「功利性ゆえに正義（justice）である」とする社会全体の福祉でも奪えない人格の尊厳性や基本的人権の不可侵性を根底から否定し，功利総計の最大化を口実に非人道の強制を個人に求める余地を残している。こうしてシジウィックを含む功利主義は，J. ロールズなど後に述べる「義務論的な正義論」とは，真正面から対立した発想である，ということだけは明らかであろう。

6.6　平等優先の社会主義の台頭

　17世紀に，イギリスに端を発した市民革命は，封建秩序からの個人の解放と自由の自覚とをもたらした。続いて18世紀，同じくイギリスに始まった産業革命は，個々人の合理的な知性を目覚めさせ，価値観の再編成をもたらした。歴史的には，往時の「産業市民層」の自由と功利性の最大化を代弁したのが「功利主義」であった。これに対して「労働者層」の自由と功利性の最

大化を代弁したのは「社会主義」であった。(英)ベンタムや(英)ミルの功利主義は，功利性の最大化を正義に適う社会的協力の正しい仕組みとしてパイの増大に関心を寄せたが，不思議にも，そのパイをいかに分配すべきか，適正な分配の基準は何かについては無関心だった。こうして，権威に基づく封建体制下の階級闘争に代って，資本に基づく産業社会体制下の階級闘争が始まった。これをシジウィック流にいえば「功利性争奪の階級闘争」とされるが，言い換えれば，「功利性を争奪する資本家階級と労働者階級との間の熾烈な闘争」，つまり，「功利性の争奪戦」が始まったのである。

確かにJ. S. ミルのように，労働者階級の貧困に同情し，社会保障の充実を強調する功利主義者もいはしたが，それは功利主義の本性的な欠陥に対する補完措置であった。つまり「福祉」は補助政策に他ならず，19世紀に入って資本主義経済の高度な発展に伴って労使間の階級対立が激化する様相を呈し，労働者のための「社会主義」(socialism) 運動となった。

こうして功利主義は，企業家の自由を尊ぶ資本主義と労働者の平等を尊ぶ社会主義という仲の悪い「双生児」を生みだした。かの「女工哀史」を連想させるように，「幸福追求の自由」を謳歌できない労働者の悲痛な叫び声か，誰のためか，社会的功利総計の最大化のためか，交換可能な手段や道具や機械とし，閉塞感や絶望感に閉ざされ，未来への展望なき労働者への拷問や責苦に等しい賃金奴隷の血と汗を流す溜息の咽び泣きか，それとも「本来の経済格差」に夢も希望も奪われた労働者らの苦痛の呻き声か，何れにしても往時の労働者にとって「社会主義」は救世主の到来とされた。

6.7　ルソーの契約論とフランス型の社会理念

ロバート・オーウェン (Robert Owen, 1771-1858) は，功利主義に始まる資本主義社会における個人の手段化による人格の歪みと経済格差の増大による社会財（富，資産，名誉，地位…）の固定化などの不合理に気付き，まず，「協同社会主義」を提唱した。彼は「私有財産制」や「宗教制度」や僧侶の「結婚制度」を厳しく批判した上で，有名な「悪の三位一体説」を提唱して以来，多くの影響を及ぼすことになった[16]。オーウェンは経営者だったが，

同様な人間として労働者の窮状に同情を禁じえず，労働組合の健全な育成を図るなどなど労働者の「人権確立」に大きく寄与した。こうして，彼は，労働者のための献身的な努力を惜しまなかった。

サン・シモン (C. H. Saint-Simon, 1760-1825) は，ルソーの「社会契約論」を実践し人民主権の社会（人民の人民による人民のための社会）を実現するには，24/25 の比率を占め，社会の最も有能で，有用な階級である「産業者」(industrials) の主権確立が緊要であるとした。社会は一体誰のためにあるのか。もし社会が一握りの「有閑者」のためにあるのでないなら，産業者が有閑者に支配されるべき理由はない。現在の明らかに不合理な逆立ちした状態は，改められるべきだ。これはルソーの「社会契約論」から導かれた「革命宣言」[17]だった。サン・シモンは，資本主義における労働手段の独占や世襲形態の顕在化は，新しい形態の封建社会の再来であると考えた。こうした不合理に対する批判は「サン・シモン主義者」[18]らに激しく糾弾され，搾取のない社会の建設に関する提案や計画経済による能力相応の分配といった「社会主義的な分配の正義」が提唱されるに至った。つまり，

> **社会主義的分配の正義**：社会的協力の仕組みが正義に適うのは，搾取なき計画経済の下で，能力や働きに応じて各人に分配されているとき，そのときに限る。

「資本家」は功利総計の最大化を理由に資本の「過剰貯蓄」を正当化するが，これに対し「労働者」はこれを不当な搾取とし，そうした搾取の自由が容認され，放任される限り，社会の大多数を占める労働者の奴隷状態は改善される見通しがない。ルソーの「社会契約論」に基づき「人民主権」を認め政策が多数者の意思に委ねられるべきであるなら，労働者の主権確立は必須不可欠である。かかる往時の社会主義の理念は，後に「空想的社会主義」と称され，また，フーリェ (F. M. C. Fourier, 1772-1837) の社会批判も厳しく，産業市民社会を「商業的封建制度」である，と糾弾している。

---

16) R. Owen, *A new View of Society*, 1813.
17) C. H. Saint-Simon, *Lettres d'un habitant du Genēve*, 1802, *Du systēme industriel*, 1821, *Catēchisme des industrials*, 1823-24.
18) E. D. Enfantin, 1789-1864, A. Bazard, 1791-1832 など。

6.8 唯物史観とドイツ型の社会理念

　フランスの状況は以上である。ドイツの状況は少々異なって，1830年代はヘーゲル哲学の全盛期でドイツの体質に深く根ざした「道徳的理想主義」は民族統一と富国強兵，とりわけ青年学徒の思想的善導に寄与するとして国家公認の「御用哲学」に指定されたが，ヘーゲルは1830年に歿した。その頃ドイツではフランス「7月革命」(1830) や「ベルギー独立」(1830) など近隣の革命運動に影響され，反動的な旧体制に反旗を翻す反抗運動が盛り上がってヘーゲル学派の内部分裂も顕著。シュトラウス『イエスの生涯』[19]が決定的となった。彼は聖書解釈学によってヘーゲルの「表象の形式」を神話と捉え「神の座を占めるのは，本来，無限の発展を秘めた人類に他ならぬ」として保守的ヘーゲル右派と急進的ヘーゲル左派に分断され，宗教批判に留まらず体制批判へと発展していった。フォイエルバッハの批判は強烈で，ヘーゲル神学の「神の座」を奪還して人間に与えたのである。

　フォイエルバッハの「神の追放」および「人間の復権」は，後世に及ぼす影響は甚大だったが，法批判や政治批判を経て，「科学的社会主義」に辿り着いたのはカール・マルクス (K. H. Marx, 1818-1883)[20]であった。彼はエンゲルスの示唆と協力によってまず「イギリス古典経済学」を研究する一方，今なお過酷な労働条件に喘ぐ労働者たちの窮状を実地に調査し，その成果を纏めて『ドイツ・イデオロギー』として「唯物史観」を完成させたのである。その概要は次のとおりである。

(1) 資本主義社会の労働は阻害された労働であり，ブルジョアジーとプロレタリアートとの階級分裂は避けられない。
(2) 人類の歴史はすべて階級闘争の歴史である。
(3) 宗教・哲学・芸術・法律・政治などは社会の物質的環境や経済体系を土台として決定される上部構造であり，土台に伴って必ず変化を余儀な

---

19) D. F. Straus (1808-1874), Das Leben Jesu, 1835-36.
20) K. H. Marx, *Die deutsche Ideology*, 1845〜1846.

6.8 唯物史観とドイツ型の社会理念　171

くされる。人間の意識が社会の仕組みを規定するのではなく，逆に社会の仕組みが意識を規定するのである。

　マルクスはいう。「**哲学者の使命は世界を解釈することではない。世界を変革することである**」と。また，「科学的社会主義」の特徴は「人間」を個々バラバラな独立した個々人ではなく，有機体として社会に依存する不完全な要素と捉えることとした。これは旧教国に共通する残滓であり，その理由は，フレデリック2世の上からの啓蒙による近代化が個人の自覚と自我の確立を遅らせ，社会依存的・没個性的・没人格的・小児的な人間観を維持していたことによる。こうして，①「各人」は有機的な社会の不完全な要素である。②「社会」は全体として纏まった有機的構造体である。③人間の客体が主体を支配する。その逆ではない。

　以上から明らかだが，伝統的に継承された「社会契約論」は，イギリスで功利主義「最大多数の最大幸福」を生みだし，宗教改革に疲れ切った人々に一抹の夢と希望を与えたが，同時に，悲惨な「女工哀史」の悲劇を生みだして功利主義に反省の機運が高まり，ヨーロッパ諸国に後れをとったドイツではドイツの体質に適した歴史的展開となってカントの「同害報復」やヘーゲルの「有機体的国家」などを暗黙裡または明示的前提に含む「平等優先の社会主義」と「同害報復に基づく逆差別の正義」を容認した社会契約論となっている。社会的協力の正しい仕組みとは何か。要約すれば，

① サンシモンは，搾取なき計画経済を実現し，各人の能力や働きに応じて分配されるとき，そのときに限るとし，また，

② マルクスは，働かざるもの，喰うべからず，各人の働きや能力に応じて分配されるとき，そのときに限るとし，また，

③ エンゲルスは，労働に応じた分配の平等と自由権の平等と独立権の平等が保障されるとき，そのときに限るとし，さらに，

④ レーニンは，労働者の労働者による労働者のための搾取なき社会が実現するとき，そのときに限るとし，目的達成に必要な手段なら暴力革命や国家解体や反革命勢力粛清や殺害や人権剥奪まで正当化している。

　こうしたドイツ的な「社会契約論」は，カントの「同害報復」[21]（目には目を，歯には歯を）に基づく「差別原理」を前提とし，「プロレタリア独裁」

の期間中は，過渡的な手段としてではあるが，富裕階級に対する「逆差別の正義」を認めていた。「マルクス・レーニン主義」はこれらドイツ的「社会契約論」を総括した思想であり，イギリスのロックにも，フランスのルソーにも，依然として見出せなかったカント「社会契約論」に由来する同害報復の逆差別の正義を活かしていた。カントは古代ギリシアのアリストテレス以来の伝統も無視して配分的正義と調整的正義とを理念的に同一視し，「正義」と「合法性」とを同一視した。英仏契約論では「悪法は法に非ず，直ちに改正すべし」であるが，カントは「悪法も法なり正義なり」とし，専制君主の恣意的横暴を許す危険性を潜めていた。

---

21) I. Kant, *Die Metaphysik der Sitten*, S. 139-142. これは「犯罪と刑罰の厳しく等しい対応」を求める「同害報復」（jus talionis）を意味し，これを「相互取得的正義」（wechselseitig erwerbennde Gerechtigkeit）とし，「殺人犯の罪には死刑の罰を与えよ」という。

第7章　ヨーロッパの統一と近代化

> 7.1　ナポレオンとナショナリズムの台頭
> 7.2　ナショナリズムの動向と諸国統一
> 7.3　科学的社会主義の台頭
> 7.4　人権侵害への報復措置の正義
> 7.5　第一次世界大戦はなぜ勃発したか
> 7.6　第二次世界大戦はなぜ勃発したか
> 7.7　日本の近代化と太平洋戦争

7.1　ナポレオンとナショナリズムの台頭

　帝国主義は広義的には，軍事力を背景に経済的な繁栄を求め，他国や後進民族を征服して植民地を開拓したり，従属国に転化したりして，歴史的には膨張主義や征服主義をとり，強大な国家を建設しようと企てる国家を意味し，これを「帝国主義」(imperialism) というが，狭義的には19世紀に始まった資本主義の独占段階であって独占の形体や金融の寡頭制を形成したり，また資本の輸出や国際カルテルを結んで世界を分割したり，列強によって領土を分割したりするのを特徴としている。

　1796〜97年ヨーロッパの強国フランスは革命軍を率いてイタリアへ遠征し，ナポレオン将軍はユニークな作戦でオーストリア軍に圧勝し名声を博した。1798年，エジプト遠征に次ぐヨーロッパ遠征でも連勝し，1809年までに中央ヨーロッパを制覇したが，スペインとの「イベリア半島戦争」(1808〜12) と冬季「モスクワ遠征」(1812) は敗退を余儀なくされ，以後，没落の一途を辿った。1799年エジプトから帰還後クーデターで第1執政に就きフランスを支配し，教会，立法，司法，行政，教育などの諸制度の思い切った改革へと踏み切った。1793〜1815年に，フランスはヨーロッパのすべての強国と戦

い，1807年には実質的に，ヨーロッパ全土を支配下に置くに至ったから，もはや敵国はイギリスしかなかった。

1804年（ルイ16世処刑から11年後）にナポレオンは「フランス皇帝」として征服した国々の君主に一族を配属して一大帝国を築いた。しかし彼の野望はイギリスに阻(はば)まれたのである。イギリスは海上を封鎖しフランスを締め出すばかりか，植民地まで占領したのである。また，イギリスは他の諸国と連合し，フランス領地のすべてを包囲し「ナポレオン帝国」を封じ込め，国土を狭めていった。こうしてナポレオンは1814年に連合軍に大敗し，エルバ島に追われた。しかし1815年，本土に上陸し「ワルテルローの戦い」に敗れ南太平洋の「セントヘレナ島」に島流しされた。ナポレオンはその6年後の1821年，その島で死亡した。

7.2 ナショナリズムの動向と諸国統一

ヨーロッパが混乱した「ナポレオン戦争」の終了後に，平和と秩序を回復させるべく「ウイーン会議」(1814～15)が開催された。ウイーン会議はナポレオンから勝ち取った領土を分配するためだった。その目的は，ヨーロッパの勢力均衡を図るには，合意形成による苦しい妥協が必要であったし，政治安定を回復するには，ナポレオンに王座を追われていた世襲王族の復位こそが不可欠の要件だったからである。

そこで「ウイーン会議」にはヨーロッパ列強が挙って出席したが，会議の主導権を握ったのはオーストリア，イギリス，ロシア，プロイセンであった。会議の結果，ヨーロッパの政治地図をフランス革命前に戻し，すべての支配階層が元の地位に戻った。フランスが征服していた領土をいずれも取り上げ，ブルボン家が再び王位についたが，復位した君主たちの統治が余りにも厳し過ぎたから，リベラルな自由主義者，共和主義者，ナショナリストの面々は反乱的になった。1848年その運動は最高潮となって，フランス，イタリア，オーストリアの各政府を揺さぶった。こういうわけで以後30年，保守反動体制が続行したが，その間に「アメリカの独立戦争」や「フランス革命」に触発されたナショナリズムや共和制や基本的人権への渇望は，旧体制を打倒す

る方向へ進展していった。

　ちなみにヨーロッパでは，ギリシアやバルカン諸島が「オスマン帝国」の衰退を見通して独立した。また西ヨーロッパではイタリアとドイツが念願の統一を成しとげた。しかし従来生じていた王室間の争いは今では工業国間の争いに変わって，この対立が「第一次世界大戦」に繋がっていった。

　1815年，ドイツ連邦は，オーストリアを盟主とする35の君主国と4つの自由市から成る連邦に再編成され，これら連邦は1834年ドイツ関税同盟を発足させ結合を強めた。1866年プロイセン首相ビスマルクはオーストリアを連邦から除外すべきであると申し出たが，オーストリアはこの提案を拒否した。ドイツの統一を激しく要求するビスマルクは，オーストリアに宣戦布告してこれを破り，北ドイツ連邦を成立させた。1870年プロイセン対フランス戦争でプロイセンが勝利した。こうして1871年，バイエルンなど南ドイツ諸国を含むドイツ帝国が誕生したのである。

　1859年サルデーニャ・ピエモンテ王国の首相カブールは，ナポレオン3世の支援によってオーストリア勢力をロンバルディアから排除した。1860年にガリバルディは兵士1000人の「赤シャツ隊」を率いてシチリアとナポリを制圧し，サルディーニャのビットーリオ・エマヌエーレ2世に献上した。こうして1861年，イタリアは統一され，エマヌエーレ2世がイタリア王に即位した。1870年，教皇領はこの新王国に編入された。

　ナショナリズムはバルカン半島でも激化した。この地区は長期にわたってオスマン帝国に支配され，多くの民族が独立を願っていたからである。当初はギリシアだけが「独立」に成功を収めていたが，オーストリアやロシアもこの地域を支配しようと競っていた。1854年ロシアの拡張主義は「クリミア戦争」に発展したが，イギリス，フランス，オーストリア，オスマン帝国に敗れた。けれども1877～78年，ロシアはオスマン帝国と互いに激突し合い，ついに「ロシア対トルコの戦争」が勃発した。

　オスマン帝国は1878年に開かれた「ベルリン会議」で，モンテネグロ，ルーマニア，セルビアに対する支配権を放棄するよう求められた。こうした動きに乗じ1912年，セルビア，ブルガリア，ギリシアは，オスマン帝国に奪われていた領土を奪還し，第1次バルカン戦争で勝利を収めた。ところが，領

土分配上の不満から，第2次バルカン戦争が勃発した。セルビアは勝利を収めたけれども，バルカン半島の諸国間では，ますます対立は激化し，この件も「第一次世界大戦」の一要因となった。

7.3 科学的社会主義の台頭

マルクス，エンゲルス，レーニンによる「マルクス・レーニン主義」という「科学的な社会主義」は，「社会」を一体構造と捉え，その「構造分析」によって社会現象を支配するさまざまな客観的法則を発見し，それに基づいてすべての社会現象が科学的に説明できるばかりか，法則の発見自体が人間を自然法則から解放，自然の主人たるの地位を獲得したように，個人を社会の「奴隷状態」から脱却させ，社会／国家の主人「主権者」となることによって世界を適切に変革できるとする思想である。では，「社会構造をどのように変革する」というのか。これが問題である。

マルクスとエンゲルスの共著『共産党宣言』[1]は，労働者の「権利宣言」であって，労働者のための社会を建設し，世界を変革させる現実的・具体的な行動プログラムの戦闘的な「プロレタリアート革命宣言文」であった。この宣言は「従来のすべての社会の歴史は，階級闘争の歴史である」に始まって「万国の労働者，団結せよ」で結ばれている。すなわち，ブルジョアジーの必然的な没落と，プロレタリアートの必然的な勝利といった歴史的な確信に支えられた宣言であり，この確信に支えられ労働者を救済する「福音書」として世界の労働者を鼓舞し，勇気を与え，元気な夢と希望と光明とを与えることになった戦闘的パラダイム転換とされる。

「科学的社会主義における真理」は理論によってではなく，実践によって決定される。タルスキーの「真理」の定義[2]では，言明「雪は白い」が真であるのは，雪が白いとき，そのときに限る。つまり，言明に対応する証拠が

---

1) K. H. Marx, F. Engels, *Manifest der Kommunistischen Partei*, 1848.
2) A. Tarski, The Semantic Conception of Truth and the Foundation of Semantics, *Journal of Philosophy and Phenomenological Research*, 4, 1944. Der Wahrheitsbegriff in den formalisierten Sprachen, *Studia Philosophica*, 1, 1935〜1936.

存在するとき，そのときに限る。だが科学的社会主義では，認識は客観の完全な反映（模写）であるとき，そのときに限り，絶対的真理が成り立つ。かくて「絶対的真理」は相対的真理から弁証法的に合成され，歴史的に接近されるに過ぎない。客観の反映が相対的に正しいか否か，それが客観の完全な反映にどの程度，接近しているかは，理論によってではなく，実践によって決定されると。それゆえ「実践主義」の立場をとっている。

　科学的社会主義の基盤はこの「実践主義」の真理観にあり，革命権の行使は実践の第一歩とされた。まず，資本家の存在と支配に必要な条件は私人による資本形成・蓄積だが，本条件は賃金労働上の競争原理と労働者の孤立化に委ねる。しかし，産業の発展に伴って「内部矛盾」は拡大の一途を辿り，労働者は資本家の誘導を見破って己の自覚と革命的な団結を促す。資本家は生産物の占有基盤を失って己の墓穴を掘る。これは前提が一定なら歴史的・必然的な推移とされ，人為的には避けようがなく，こうして資本主義社会は，組織内部に含まれる格差増大の矛盾によって必然的に新たに崩壊し，労働者による搾取のない社会が実現すると弁証法的に予測されていた。

　（西）スアレスや（英）ロックや（仏）ルソーの「社会契約論」においても，すでに人びとに賦与された正当な権利とみなされていたように，政府が強権発動の暴挙にでるなら「暴力には暴力で応ずること」が許容されていた。そうでないと労働者は，自然から賦与された本来の権利（自然権）さえも享受できないが，これは人権違反であるから，労働者が自然本来の権利を手に入れ享受するには，革命権を行使して労働を中止し，労働者に不利な生存条件を変革させるしかない。国家は資本家の利益を代弁して労働者の団結を妨害し，公権を発動して団結を阻止するだろうから，不公正な国家を解体するための「暴力革命」は避けられないとした。

7.4　人権侵害への報復措置の正義

　ルソーの社会契約論に基づくベッカリーアの最小刑罰論や死刑廃止論をカントは法の曲解とし「目には目，歯には歯，殺人には死刑を」という同害報復こそが正当だとしたが，マルクス・レーニン主義はカントから同害報復の

戦闘性を受け継いで，従来の労働者への「人権侵害」には，報復措置を以て処すことを正義に適うとし，次のように考えた。

① 交換によって生産物が商品になるとき，人と人の関係は，物と物との関係となって必然的に人間疎外を生みだす。

② 私有財産制が生活を搾取抑圧する状態になると疎外も極度に増大する。

③ 労働は必然的に資本に隷属，疎外労働（賃金労働）となって，労働と生産物の配分の量的質的な不平等を生みだす。

④ 経済的支配階級は国家により政治的支配階級となって労働者・無産者を一層抑圧し搾取する。

⑤ 国家は公権を発動して支配階級の権力源を強化し，国内的には労働者を支配し，対外的には権益拡大のために植民地政策を展開し，内政干渉や領土侵略を企てる。

⑥ 宗教はアヘンである。誰も階級から自由でなく，天賦の自然権や平等な人格は否定される。

⑦ 国家解体の目的や逆差別の原理に沿って，「暴力革命・反革命勢力の殺害」や「権力剝奪」も正当化される。

（英）ロックや（仏）ルソーの社会契約論[3]にも民主化の傾向が強い。だがそれは理性と良心が忍耐の限度を超え，すでに統治者が狼やライオンなどの猛獣と化し，合意形成に応じない戦争状態に陥ったとき，そのときに限った。言い換えると，ロックやルソーにも，一定の条件下では「逆差別の原理」が働いていた。寛容な（米）ジョン・ロールズ[4]でさえ，合意形成の余地があ

---

3) ロックは社会制度が公正でないとか，協約から利益を得ないとか，提供される機会を利益の増大に用いない場合，人は制度に拘束されず，自己の役割を果たす責任は生じない。自己にとって不当な制度や威嚇され強制された同意や合意には拘束力も効力もないからだ。強盗が侵入し喉元に短刀を突き付け有無を言わさず「資産譲渡契約書」にサインさせたとせよ。このとき強盗は何らかの権利を得たことになるか？ 武力を用いて服従を強いたり，不正な征服者が剣を用いて手に入れる権利とは，こうした権利に他ならない。もし誰かが戦争に訴えて征服し，略奪など暴虐無尽の限りを尽くし，仮に征服者が被征服者に対し隷属や隷従を強いたにせよ，彼らが手に入れる権利は皆無である。J. Locke, *Two Treatises of Government, a ciritical edition with an introduction and apparatus criticus by Peter Laslett*, Cambridge at the University Press, 1963, ch. 16, sec. 176 参照。

4) J. Rawls, *A Theory of Justice*, Cambridge, Harvard University Press, 1971, pp.

る限り，理性と良心による話し合いや，市民不服従や良心的拒否の余地はあるが，そうした限度を超えてしまった戦争状態では，いかに叡智に富む良民であろうとも，相手の出方しだいでは，武力闘争に救いを求めざるを得ないであろう，と述べているからである。

　上記のドイツ的体質に深く根差した「逆差別の原理」に基づく暴力革命や反革命勢力の殺害や権力の剥奪は，既述の通り，カントの社会契約論に由来する思想であって，これは明らかに英仏のリベラルな社会契約論とは性格を異にしていた。この点は，カントの正義思想・社会思想が義務論的で，かつ極めて保守的な伝統の上にあって国家の個々人に対する「福祉義務」よりも個々人の国家に対する「服従義務」を強調し，ドイツの「上からの啓蒙」にも寄与した事実から明白であろう。このことは，英仏契約論では当然のことであり，人道的にも合理的とされ，ルソーを継承・発展させ「法制」に活用したベッカリーアの「死刑廃止論」や「刑罰権の制限」に対してもカントは異議を唱え，詭弁だ，法の曲解だと決めつけた点からも，ドイツの後進性は如実に示されている。ベッカリーアの「罪刑法定主義」とか「刑罰法定主義」は何れも「自然法」に合致し合理的であったが，カントはこうした民主的枠組みまで全面否定した。英仏の民主主義と比べて成熟度に大きな違いがあり，これは以後，ドイツの運命とも無関係ではなかった。

　社会的協力の正しい仕組みは，英仏の「社会契約論」以来，二つの流れを形成してきた。イギリスは，ホッブズの「絶対君主制」では，「人と自然法の社会契約が成立し，自律的・他律的に契約を履行しているとき」とし，またロックの「立憲君主制」においては「理性の法（自律原理）自然法と両立する人定法の支配の下に，多数派の意思と合意形成に基づき，何人も等しく自由・平等・独立の平和状態を享受しているとき」とされた。

　これに対しフランスは，「君主制」を放棄して「共和制」を採用し，ルソーは「理性の戒律である自然法に基づき成員らの自発的な合意によって選ばれ，自由・平等・独立の価値が前より以上に保障されるとき」とした。

---

368. ロールズは市民不服従の権利や良心的拒否の権利を容認している。これらについては拙著，正義の研究II『ロールズ哲学の全体像』成文堂，1995第4章，とくに4，5，6，7節を参照されたい。

英仏共に民主制の嚆矢的存在だったが，ドイツは英仏的「社会契約論」の荒波に乗り遅れ，まずマルクス，エンゲルスは『共産党宣言』(1848)において万国の労働者に結束を呼び掛け，労働者の意識改革を迫った。また1860年代には「国際労働者組合」(International Workinng Association) の組織化を進めたが，この世界的運動は往時の植民地争奪戦へ向かう「帝国主義」の潮流に押流され，10年後に解散した。カントの同害報復思想はマルクス・レーニン主義に継承され，階級間の憎悪に満ちた「ロシア革命」(1917)へ発展し，世界初の社会主義国家を樹立した。こうした階級闘争は国家を二分し世界も二分する「冷戦時代」へと突入していった。

本格的な「帝国主義時代」の開幕は，列強の利権の調整や関係を規定して，後の歴史的な動向を決定づけたドイツ帝国の鉄血宰相ビスマルクの跋扈した「ベルリン会議」(Congress of Berlin, 1878) にある。かくして，列強によるアフリカ，アジア，太平洋への進出が続き列強間の利権対立も激化したが，ヨーロッパ世界が脅威を抱いたのは，独自路線を歩もうとするドイツ帝国の非協調的・独善的な外交政策 (1871) にあった。

ビスマルクの鉄血政策は後にカイゼル（ドイツ皇帝ウィルヘルム二世の称号）やヒットラーに継承され，世界を脅威と不安の坩堝に陥れた。列強間に思惑が対立し，ビスマルクを中心にドイツ，オーストリア，イタリアは「三国同盟」(1883) を締結した。イギリス，フランス，ロシアは「三国協商」(1907) を結んでこれに対抗した。帝国主義列強の植民地争奪戦の最中なので労働運動は弾圧され，国際的共闘は危機に瀕した。

先進国のイギリス，フランスの民主主義はかなり定着し，労働者の権利も拡大される傾向にあった。たとえば，1880年代のイギリスは，選挙法改正によってすべての成年男子に選挙権が付与されたし，1918年の選挙法改正では「婦人参政権」が認められ，これに伴い労働者階級は次第に社会的発言権や実権を握ることになって，労働党を結成したり，上院の拒否権をなくしたりなど議会の民主化を成し遂げた。

他方，フランスでは，1870年の第二帝政の崩壊後に，1871年3/18〜5/28「自主管理政権」がパリに設立され，敵国プロイセンの支援を受けた政府軍の攻撃によって「血の一週間」闘争という「パリ・コンミューンの乱」後に

壊滅,「啓蒙思想」の影響下でブルボン王朝の積年の失政と第三身分が台頭し「フランス革命」(1789〜1799) が勃発した。ルイ16世 (1754〜1793) とその王妃マリー・アントワネットも断頭台で処刑された。この革命で封建的なアンシャンレジームや絶対王政を倒し「人権宣言」(1789) を公布,「1875年憲法」を基礎に共和制を目指した。

1880年代以降は大資本と連携した共和派が支配したが,議会政治は何度も危機に瀕した。しかし第3共和制は安定に向かい「憲法」も公布され進歩的な「共和主義」の政策が展開されていった。

アメリカ合衆国においても,「進歩的な共和党」が「保守的な民主党」を制して着実に民主国家として躍進していた。労働運動も頻繁に発生,新大陸アメリカにおける民主主義の発達は祖国イギリスよりも目覚ましく,すでに「ヴァージニア権利章典」(1776),「独立宣言」(1776)[5],「合衆国憲法」(1791) に示されるように,フランス「人権宣言」(1789) 以前に労働者を含むすべての市民の基本的人権が確立され,「南北戦争」後はリンカーンの「奴隷解放令」〈1862〉など人権政策が拡充された。

列強内は対内的な労働運動・人権拡充要求に加え,対外的な帝国主義間の利権対立も激化して動乱の時期を迎えた。カイゼルの野望は,オーストリア皇太子夫妻の「暗殺事件」(1914) へ発展,国際協調を無視して隣国に覇権を行使した「第一次世界大戦」(1914-1918) が勃発し,ドイツ帝国はイギリス・フランス・ロシアを敵に回した。そして軍部の主戦論と社会党の平和論とが対立したが,前者が支配的だったのでイギリスとフランスは応戦を決議したが,後にアメリカ合衆国が参戦し,優勢に転じた。

ドイツ同様,ロシアも近代化に遅れ,19世紀末,封建専制の政治を続けた。ニコライ二世下の極東で積極政策を展開したが,「日露戦争」(1904-1905) に敗れて革命に突入した。憲法を求める民衆運動 (1905) の末に「立憲君主制」(同年) が導入され,「日露戦争」の終了を契機に国会も開設 (1906) されたが,議会の内部抗争が激化し民主化は停滞。生活の貧窮,労働者暴動,

---

5) アメリカ独立宣言 (Declaration of Indpendence, 1776) は,独立戦争後に,ジェファソンが起草した独立宣言で,1776,7/4「大陸会議」において可決されたもの。ジョン・ロックの自然法思想に立脚して自由・平等・独立・幸福追求を天賦人権とした。

食料争奪が頻発。ペトログラードの暴動6)は次第に各地へ波及した。政府は労働者と兵士組織「ソヴィエト」（労兵会：Soviet）の勢力増大に困惑した。1917年3/12（ロシア暦2/27）「2月革命」でニコライ二世は退位（1868～1918），家族と共にシベリアで銃殺。ロマノフ王朝は倒れ，中産階級の首班ケレンスキーの仮政府が革命継続した。レーニンやトロツキーなどの多数派（Bolscheviki）がソヴィエトの実権を握るに至り「十月革命」で仮政府を倒し，労働者を主権者とする戦闘的な「マルクス・レーニン主義の革命政権」が誕生し，人びとの心に一抹の恐怖と不安の念を植え付けた。

「マルクス・レーニン主義」のいう理想社会・理想国家とは，要約すれば，①労働に応じた分配を達成し，搾取なき社会を実現する（労働相対的な平等の保障）。②何人の等しく自由を享受しうるような平等な権利を保障する（自由権の平等）。この権利侵害を監視するための国家を建設する。③何人も他者に依存せず，独立した生活を営めるような状態を保障し，奴隷状態なき社会を実現する（独立権の平等）。上のように，②自由権と③独立権の平等な保障は①労働に応じた平等な分配を前提とするが，では，未成年者や病弱者や心身障害者などは如何？ 当然，彼らは「働かざる者，喰うべからず」から除外されるべき正当な理由がある，とされた。

というのは労働を条件づける理由は，搾取を廃し，タダ乗り（free rider）を禁じ，利益を得ている何人にも同じ自己規制を求める権利を与え，何人にも公正な尽力を求めるためである。たしかに「マルクス・レーニン主義」では「階級」という差別原理が前提され，「差別に対する逆差別」が暴力革命の目的論的な正当化の根拠とされるが，階級闘争の反対階級への人権剥奪は「プロレタリア独裁」の期間に許容される限りの過渡的な手段とされ，その目的が達成された暁には，逆差別を含む一切の差別が不正義なる許されざる手段として禁じられ，新しい国家体制の下で「万人に対する普遍的な正義が実現される」7)とされる。

---

6) 1703年ピョートル大帝がサンクト・ペテルブルクに築いた都で，1914年ペトログラードと改称された。1918年まではロシア帝国の首都として「ロシア革命」の中心地となった。その後1924年に「レニングラード」と改称された。
7) 拙著『正義の研究3，社会思想史』成文堂，1997，pp. 207.

では，階級闘争はどの時点で終了，導入された差別原理はいつ廃されるか。この疑問は，論理的には既存国家の解体まで続くとされる。果たして然りか。革命終了後もプロレタリア独裁…と称して人民に対する人権剥奪は止まないのでは？　革命は未完成であると，プロレタリア独裁を10年…50年…100年…1000年…世襲制となる虞はないか。無限遠点に位置する理想郷と役得の影に隠れた人民の犠牲は？　夢と希望と情熱を失い，新たな封建秩序に埋もれたままの無気力な人生？　とは悲しいことだ。

　国家による過剰監視が目的に反し人民の幸福追求の自由・独立の夢を破り，魑魅魍魎の伏魔殿である警察国家の誕生？　監獄にも平和あり？　政策批判は反革命分子として重刑・重罰の覚悟を要し，言論，出版，集会…の自由さえ抑圧される。国家の上には，正義も法も，道徳も権威も，天賦なる自然権も普遍的平等もなく，すべての価値は国家の意思の下に創造され，人民に付与される。こうして国家は，絶対統治権を獲得，人民の反抗権も貧しい人民の要求も認めず，強権を用いて人民の絶対服従を強いる。しかし「目には目，歯には歯」というカントの同害報復を正義とする組織や社会や国家は，一般に愛に由来する美徳ではなく，憎に由来する悪徳たる憎悪や不信感や猜疑心が渦巻く組織や社会や国家にありがちだ。

　いったい国家は何のため誰のためにあるのか？　社会契約論は何処へ行ってしまったか。人生は僅か80年の営み！　無限遠点にある「理想郷」を求めて人民に犠牲を強いる状態へ至るまでに1000年でも10000年でも待つという（その政策に賛成し合意形成する）人などいるだろうか[8]。現実界は夢や幻ではない。J. ロールズがかかる功利主義の不正義を承認する人はいないと考えたように，私も万人への普遍的正義が実現される迄かかる社会主義の不正義を承認する人はいないはずと考える。社会契約論の枠組みによれば，いつ解放されるか保障されない「牢獄国家」の監視に合意形成できる人民が果たしてどの程度存在するであろうか。また，自治や自律の精神に燃え上がる人民がそうした鉄の監視に耐えられるとも思えない。鉄の監視に耐えられるのは，ただ血も涙も，愛も良心もない「ロボット」に限る。

---

[8]　拙著『正義の研究5，合意形成論』成文堂，2008，pp. 83-90.

というのは，人間は監視され管理されることで自尊心が傷つき，自律心を失うからである。当初の民主主義の目標は国家による監視期間に見失われてしまい，民主主義に必要な自律の習慣ばかりか，自治の能力までも喪失してしまう。民主主義の育成には，人民による政策批判が不可欠だ。抑制均衡の役割を演ずるから。これを許さず反革命分子と決めつける国家に民主主義は育つはずがない。警察国家や牢獄国家は，民主主義とは相容れず馴染まない概念であり，ゆえに議会制の民主主義は容認されないのである。

7.5 第一次世界大戦はなぜ勃発したか

第一次世界大戦は1914年8月に勃発した。その理由はオーストリアのF.フェルディナント大公がサラエボで暗殺された事件である。ヨーロッパはセルビア，モンテネグロ，ロシア，フランス，ベルギー，イギリスの連合国とドイツ，オーストリア，ハンガリー，オスマン帝国の同盟国という二つの陣営に分かれて戦った。1915年ブルガリアが同盟国に参加し，これに対して連合国側には1915年にイタリア，1916年にはルーマニアも加わり，1917年にはアメリカ合衆国も加わって参戦した。

1914年11月には，西部戦線は膠着状態になり，ベルギー経由でパリに攻め入る予定だったドイツ軍は，イギリス・フランス軍に阻止され，フランドル地方まで撤退し計3年にわたり無益な戦闘を展開したが，双方に戦果は挙がらず，前線に延々と掘られた塹壕に奇襲攻撃はかけられず身動きもとれない状態で対峙を続けた。1918年ロシアの戦線離脱を契機にドイツはイギリス・フランス軍の撃破を企てたが，失敗に終わった。ドイツ軍は戦力を使い果たしたが，連合軍は物量作戦を展開し有利な戦闘を展開した。ドイツ同盟国は内部崩壊に陥り，ドイツ司令官は休戦を指示して戦争は終結した。

これに対し東部戦線は西部戦線に比べて広域で，ロシア軍はオーストリア・ハンガリー軍に比べて比較的に優れてはいたが，ドイツ軍の兵器力には敵わなかった。1915年末にはロシアはポーランドの大半を失い，200万人を超える兵士を捕虜に取られ，結果的に戦線離脱（1917）となった。その理由は，物資不足や指揮系統の不備によるが，こうした多くの犠牲者らを出した

7.5 第一次世界大戦はなぜ勃発したか

戦争の責任や人民の疲弊や社会的混乱が1917年，ボリシェビキが政権を担当した最大の要因であった。

1915年にイタリアは参戦した。連合国に領土回復を約束させた「ロンドン密約」を結び，同盟国オーストリア・ハンガリーに宣戦布告した。イタリア戦線はイソンツォ川流域を中心とする凄惨な戦闘となった。1917年「カポレットの戦い」でイタリアは敗北寸前に追い込まれ犠牲は大きかった。しかも回復した領土は約束より少なく，戦後は国民間に幻滅感が漂い，ファシスト党のムッソリーニが台頭する大きな要因となった。

次は，バルカン半島戦線に移るが，1914年，セルビアは同盟軍の3回もの攻撃に耐えたが，1915年ブルガリアの支援をえたドイツ・オーストリア軍の攻撃に屈した。こうして，テッサロニーキからセルビアを支援しようとするイギリス・フランス軍の計画は頓挫した。1916年，ブルガリア軍が連合軍をテッサロニーキに足止めさせ，ルーマニアを侵攻し，ドイツ・オーストリア・ハンガリー軍が合流し12月ブカレストを占領した。1918年ブルガリア軍は連合軍の猛攻撃で前線は崩壊，士気低下，休戦したブルガリア軍はイギリス軍に首都を占領された。同年秋フランス軍とセルビア軍がユーゴスラヴィア元王国の首都ベオグラードを解放した。

歴史の重大な分岐点「第一次世界大戦」はオーストリア・ハンガリー帝国によるボスニア・ヘルツェエルゴビナ併合を発端として勃発した。この戦はヨーロッパ諸国のみか，世界を巻込み，兵士6500万人が動員され900万人が戦死し，残り1/3が負傷した。一般市民も爆撃や飢え病の犠牲となって命を落とし，連合国は勝利したが打撃は大きく，また敗戦国ドイツは荒廃した。ヨーロッパ政治・経済の優位性は崩れ，1918年世界最強国としてアメリカ合衆国が台頭した。戦争の負債や失望により1930年代の大恐慌に見舞われ，各国に右翼や左翼の革命勢力が増大してきた。

第一次世界大戦が終結に向かう頃，ヨーロッパで旧体制を誇っていた帝国ロシア，オーストリア，ハンガリー，ドイツは大変革の時代を迎えた。まずロシアは1917年革命が勃発し，レーニンが指導するボリシェビキが政権をとった。戦後，戦勝国の「平和条約」によってオーストリア・ハンガリーが解体され，ドイツは領土を奪われ高額の賠償金[9]を課された。多民族の帝国の

崩壊とナショナリズムが芽生え，ヨーロッパ各地で一斉に新しい国家が誕生した。戦後ロシアから，フィンランド，エストニア，ラトビア，リトアニアが独立した。また，崩壊したオーストリア・ハンガリー帝国から，チェコスロバキアとユーゴスラビアが誕生し，ポーランドも1795年の分割消滅の後初めて独立国家に再統一された。また1921年西ヨーロッパで長年燻っていた民族の不満からアイルランド自由国が自治領として独立したが，アイルランドもフィンランドも後に内戦に入った。

1917年帝政ロシアは戦争と経済破綻によって崩壊し，社会主義革命を唱えるボリシェビキがペテログラードの主要設備を占拠して各地の主要都市も支配したが，反ボリシェビキ勢力が協商国から支援をうけ内戦に発展した。1921年に革命軍（赤軍）は帝政派（白軍）を打倒。ポーランド，フィンランド，エストニア，ラトビア，リトアニアは独立し，グルジア，アルメニア，アゼルバイジャンは独立を宣言したが短命に終わった。

1933年ヒトラーは政権を獲得，ドイツの地位を奪還すべく活動を開始した。1936年ドイツ軍は再びラインラントに進駐したが，ヨーロッパ諸国の反応は鈍く，1338年ナチス・ドイツはオーストリアを併合，半年後チェコに対してズデーテン地区の割譲を求めた。イギリスとフランスは「ミュンヘン会議」でズデーテン併合を認めた。イタリアのファシスト党もヒトラーに倣って1935〜36年エチオピアを征服し，1939年アルバニアを占領し，独ソ不可侵条約で勢いづくヒトラーは同年9月ポーランドに侵攻した。スペインでは1936年の選挙で左派（共和派）人民戦線が勝利，軍部右派がクーデターで内乱。フランコ将軍の国民戦線軍はドイツとイタリアの支援で共和国軍を倒した。

1929年アメリカ合衆国の大恐慌はヨーロッパを直撃，世界規模の大恐慌に陥り，ウオール街株価は大暴落，1931年ヨーロッパ中央銀行が倒産，1933年イギリスの失業率25％，世界中で農工業の生産が激減，工業不振が大量の失業者と貧困を蔓延させ，生活を支える社会保障制度もなく，1930代の経済問題・社会問題は左右双方の過激派を刺激した。ドイツではヒトラー，また，

---

9) 「ベルサイユ条約」によってドイツに課された1320億金マルクという巨額の賠償金は，戦火によって疲弊したドイツにとっては，到底，払いきれない重荷になった。1920年代には悪性インフレに見舞われ，通貨価値は紙切れ同然に下落した。

イタリアではムッソリーニの下でファシズム政治勢力が増大した。

7.6　第二次世界大戦はなぜ勃発したか

　その理由は，第一次世界大戦の敗戦国ドイツは荒廃し，ベルサイユ条約でドイツに課された1320億金マルクにのぼる巨額の賠償金は，戦火によって疲弊したドイツには，到底，払いきれない重荷になって1939年～41年ヒトラー率いるナチス・ドイツは破れかぶれの悪事に奔り，他の国々を無断で侵略し野蛮な併合と征服を繰り返したことによる。ナチスとの戦争の先頭に立ったのは，ヨーロッパの西東両端にあるイギリスとソ連（ソビエト社会主義共和国連邦）であり，1941年12月にアメリカ合衆国が参戦した。

　ドイツは陸空から電撃作戦を展開し近隣の国々を次々占領。「独ソ不可侵条約」(1939)を結んだドイツは1939年秋ポーランドを制圧，1940年4～6月デンマーク，ノルウェー，ベルギー，フランス，オランダへ一斉に侵攻した。また1941年4～5月ユーゴスラビアとギリシアも占領，イギリスは孤立，ブルガリア，ルーマニア，ハンガリーはナチスの支配下に入った。同年6月ドイツ軍が北アフリカのイタリア軍を支援している際にヒトラーはソ連へ奇襲攻撃しソ連滅亡を命じ失敗。ソ連征服を謀ったドイツは1942年8月にスターリングラードへ進軍，厳寒のソ連に敗れた。

　ドイツ軍は北アフリカでもイギリス・フランス軍に敗れ，戦況は連合軍が有利に動く。1943年7月クルクスで勝利したソ連軍は進撃，シチリア島にもイギリス・アメリカ軍が上陸，イタリア降伏の足掛かりを。1943年1月からドイツ本土を攻撃，南フランスや北西部ノルマンディーにも上陸。1944年夏ドイツは全面撤退に入り，1945年5月経済基盤や産業設備を破壊，首都ベルリン陥落。総裁亡きドイツに連合軍と戦う余力なく，エルベ河畔で合流したソ連軍とイギリス・アメリカ軍はドイツに「無条件降伏」を要求した。

　ナチス・ドイツは大ドイツ帝国を目指して「5原則」を立て侵略・併合・征服を繰り返した。①純アーリア人の地域は併合／占領し，ドイツに統合してゲシュタポ管轄下に。②無併合地域は軍の支配下。傀儡国・衛星国は厳しい管理下に置き圧政下で利用。③征服した東欧地域はすべて破壊，ドイツ人

が入植可能状態にする。④ユダヤ人・ジプシー，反体制派，社会的逸脱者らを民族浄化。⑤強制収容所に監禁し強制労働に従事。1943年犬畜生の残忍で組織的な大虐殺へ政策転換した。

　1933年以降，ナチス強制捕虜収容所は，1940年から強制労働施設となる。1941年以降，市民の虐殺が始まり，ポーランドと占領下ロシアでは行動部隊と呼ばれる特殊部隊がユダヤ人を処刑。「最終解決」を決めて，ユダヤ人はアウシュビッツ・ビルケナウなどの死の収容所へ大量輸送された。1945年の終戦までにナチスが組織的に殺害したユダヤ人，ポーランド人など，有害な人物は600万人にのぼった。

7.7　日本の近代化と太平洋戦争

　1853年ペリー総督の黒船が浦賀に来航し開国を要求，江戸幕府の200余年にわたる鎖国政策は終わった。翌年「日米和親条約」を締結し，日本と西洋列強の対立は危機的状況に陥る。諸外国が通商を求めて詰め寄ると近代化を迫られた日本は先進工業国に仲間入り路線を明示した。官軍が「戊辰戦争」（1868〜69）に勝ち倒幕，明治天皇が主権を握り新時代の社会的協力（政治経済を含む）の理念と共通ルールを変革し，廃藩置県，明治憲法の制定，鉄道網の建設，造船所の整備など近代産業の育成を急いだ。

　日本は拡大路線の野心に煽られ「日清戦争」（1894〜95）に勝利，台湾を割譲。1897年ロシアは中国東北地方を勢力圏に含め，以後ロシアと日本は遼東半島を巡って敵対し，1904年「日露戦争」（1904〜05）が勃発，日本陸軍は旅順を総攻撃し，海軍は対馬沖でロシアのバルチック艦隊を撃滅し勝利した。その後，第一次世界大戦（1814〜1918）で，日本は広大な太平洋地域を支配下においたが，中国の国民党と共産党の内戦は日本に大陸浸出の野心を煽り，1937年7/7「日中戦争」勃発，同年12/13南京占領，1938年10/21広州占領。1940年まで日本は国際的・政治的孤立状態だったが，急速な産業革命によってインフラを整備。国際社会は約35,000kmの前線「大東亜共栄圏」の建設を目論む日本の野心に反対したが，ヨーロッパ列強がヒトラーとの戦いに追い込まれ，勝算ありと誤算し，開戦に踏み切った。

7.7 日本の近代化と太平洋戦争

　1940年7/26日本が「大東亜共栄圏」を提唱，同年9/27「日独伊三国同盟」締結，1941年4/13「日ソ中立条約」を締結，同年12/7「真珠湾」を攻撃，同年12/10～24フィリピンに上陸，1942年3/9オランダ領東インドが条件付降伏，同年5/6フィリピンのアメリカ軍敗北，同年6/4日本軍ミッドウエーで敗北，1943年2月アメリカ軍の6カ月の攻撃で日本軍ガダルカナルを撤退，同年3月連合軍ニューギニアで勝利，1944年6月日本軍フィリピン沖で敗退，同年10月レイテ沖海戦でアメリカがフィリピン奪回，1945年6月連合軍が沖縄占領，同年8/6アメリカが広島へ原爆投下，8/8ソ連が日本に宣戦布告，8/9アメリカが長崎へ原爆投下，同年9/2日本が無条件「降伏文書」に調印した。日本は野心を抑える謙虚さがなく，傲慢にも，不可能を可能と見誤って前線約35,000kmに及ぶ新植民地を維持できるかの根拠なき妄想を抱かせた。全体主義時代の日本のリーダーには「ノブレス・オブリージ」の美徳も民の生命財産を守る使命感や責任感もなかった。エゴイストの塊か。

　1945年3月空母から空襲。6大都市が焼夷弾攻撃で焦土・廃墟。50以上の都市が焼け野原。1300万人が家を失い路頭に迷う。土佐沖空母艦隊から毎日広島へ向け飛び立つB29大編隊，松山の空を焦がす焼夷弾攻撃…もう日本は終りか，戦地の父は死んだと幼（おさなごころ）心に感じた。殺し合いはもう嫌（いや）だ。

　1945,8/14ポツダム宣言を受諾，8/15日本は無条件降伏。1947年5月3日「憲法施行日」式典に天皇皇后欠席，国歌「君が代」斉唱もなく，その代わりに，新憲法施行記念国民歌「われらの日本」[10]が斉唱された。

　　　　　　　　平和のひかり　天に満ち
　　　　　　　　正義のちから　地にわくや
　　　　　　　　われら自由の　民として
　　　　　　　　新たなる日を　望みつつ
　　　　　　　　世界のまえに　今ぞ起つ

10）　日本私立大学協会『私学振興史－半世紀の挑戦－』五十年史編纂委員会編，2004/10/15刊。構想執筆を藤川吉美，資料提供を故三井公彦氏，実務上の相談を故原野幸康氏が担当した。

第8章　第一次・第二次世界大戦の反省

```
8.1  二つの世界大戦から学ぶこと
8.2  なぜ「国際連盟」が必要となったか
8.3  なぜ「国際連合」が必要となったか
8.4  国連改革の要請
8.5  EU（ヨーロッパ連合）の構築と憲法
```

8.1　二つの世界大戦から学ぶこと

　人間は生きるために戦うジャングル状態から，戦わなくても生きていける仕組みに想いを馳せ，生きるために協力する途を探し求めた。その夢は達成されたか。ソクラテス（前470～399）誕生以来，すでに2,482年が経過した。それでも，ジャングルの戦いは止まず，領土／植民地の争奪戦が続く。国家は生殺与奪権を握る盗賊集団のようだ。ソクラテスやプラトンなら何というか。アリストテレス／ゼノン／エピクロスならどうだろう。

　人間は，確実に命を奪い，猛獣さえ震え上がる高度な武器を大量に生産し，山賊海賊紛いの盗賊行為に憚らぬ「帝国」を形成して醜い群雄割拠の戦争を繰り返してきた。その結果，約500カ国も存在していたヨーロッパ諸国は，20世紀初頭，25か国に統合され，世界の約90％の土地を占領し，支配するに至ったが，その後，民族自決の政策と帝国の崩壊に伴って旧植民地は次々と分離独立し，1945年国際連合発足時に51カ国だった加盟国は2011年7/14現在，193カ国に増大した。

　第一次世界大戦はアメリカ合衆国の参戦によって連合国の勝利に帰した。ドイツの総指揮者カイゼルはオランダに逃亡，新たに発足した社会党内閣が連合国と休戦条約（1918）を結び翌年「ヴェルサイル条約」を締結した。以後ドイツ国内には暴動や革命運動が頻発し，軍部極右勢力の暴動も発生した

が，社会党政権の下で鎮圧した。翌年「ワイマール憲法」(1919) を掲げるドイツ共和国が誕生した。第一次世界大戦終了後，アメリカの大統領ウイルソンの提案によって「国際連盟」が設立されたが，上院に反対されて，彼がせっかく提案したのだけど，国際連盟には加盟できなかった。ソヴィエト・ロシアもグローバルな思想戦の最中で国際連盟には加盟しなかった。

アメリカとソヴィエト・ロシアとが加盟しない「国際連盟」は，当初より弱体化する運命にあった。「ロシア革命」(1917) が成功を収めた後5年目に「ソヴィエト社会主義共和国連邦」(Union of Socialist Soviet Republic) が誕生し列強との強調路線に加え，コミンテルンの思想的喧伝の緩和を条件に国家の承認に加え「国際連盟」への加盟が承認された。レーニン死後スターリンに政権は移り，産業振興策をはじめ，多くの近代化政策を遂行したことで国力も高まり，労働者の主権も拡充された。こうして，世界の注目を集めて誕生した「ソヴィエト社会主義共和国連邦」(ソ連) は，国際社会に仲間入りし労働者主権の新しい国家建設に乗り出した。

戦後，列強の不況は労働者を含む一般市民の生活をかなり圧迫していたことから貧窮生活を背景にイギリスで労働党内閣が発足 (1924)，フランスでも共産主義運動が高まり，徐々に労働者の発言権は増大していった。かくて国際共産主義運動は国境を越えて拡大し，イタリア，ドイツ，日本など世界各国で激しさを増して，戦後の経済不況にもかかわらず，各国の階級闘争に油を注ぐことになった。

しかし，自然界に「作用・反作用の法則」があるように，人間の世界にもそれが成り立ち，政治の世界にも左翼勢力の台頭には右翼勢力の台頭を伴い，労働者の階級闘争に対抗して「ファシズム」が台頭した。このファシズムは国際共産主義運動への市民たちの不安に乗じて発展し，そうした「国際色の強い運動」に対抗して「国家社会主義」という内向きの国家色の強い傾向を呈していたようである。

こうした反動勢力を代表する政権も登場した。後に「三国同盟」を結んで無辜の良民の命と財産を弄び地獄へ突き落としたイタリアのムッソリーニ，ドイツのヒトラー，日本の東条英機がその代表である。彼らは反共と国防を旗印に国際共産主義運動への恐怖を市民の心に叩きこみ，その不安を国力の

結集に巧みに振り向けたのである。
　「ファシズム」は，反共の旗の下に全体主義の思想や独裁主義の考え方を正当化し，他に変え難き個人の尊厳と自由人権を無視し，国内的には人びとの心を縛りつける恐怖政治を正当化し，対外的には国際協調の精神を無視し，あたかも闘牛のように突進した。これは防共を隠れ蓑とする国家エゴを丸出しにした暴挙であって，国際秩序と国際協調の精神に反した熱狂的な野望に満ちた時代逆行の暴挙であった。

8.2　なぜ「国際連盟」が必要となったか

　第一次世界大戦（1914,7/28〜1918,11/11）最終段階（1918,1/8）でアメリカ大統領ウイルソンは，全14条の「平和原則」を提示して「国際的平和維持機構」の設立を提唱した。これは第一次世界大戦の教訓から，1919年のドイツとのヴェルサイル条約他中央同盟国とのサン・ジェルマン条約，トリアノン条約，ヌイイ条約，セーヴル条約など講和条約で「国際連盟」（League of Nations）は発足（1919,6/28）。その目的は国際協力を促進し，平和安寧の完成を目的に設立された。本部ジュネーブ。加盟国は当初42カ国，イギリス，フランス，イタリア，日本が常任理事国だったが，後にソ連が加盟し加盟国は60か国，その後は，脱退や除名で減少に転じた。
　国際連盟は「ギリシア・ブルガリア紛争」など小規模な紛争解決には功を奏したが，「第二次エチオピア戦争」など解決不能なケースもあった。第二次世界大戦の間近な1933年には，日本とドイツが連盟から脱退した。さらに1937年にはイタリアも脱退し，列強国サイドの中小国も脱退する国が多く，ブラジルや中南米諸国も脱退することで，大規模紛争の解決への限界も暴露された。国際連盟は1939年，ソ連による「フインランド侵略」を理由に，ソ連を除名した。以上が主な経緯である。「第二次世界大戦」の勃発によって国際連盟は活動を停止していたが，1946年4月20日に「国際連盟」は廃止され「国際連合」へと移行した。
　機構概要は，総会，理事会（常任理事国と数カ国の非常任理事国），事務局が運営に当たり，専門機関には，①常設委任統治委員会，②常設軍事諮問委

員会，③軍縮委員会，④法律家専門委員会，⑤ナンセン国際難民事務所／ドイツ難民高等弁務官事務所→難民高等弁務官事務所，⑥知的協力委員会，⑦麻薬常設中央委員会，⑧常設国際司法裁判所，⑨国際連盟保健機関，⑩経済金融機関，⑪通信運輸機関，⑫社会問題諮問委員会，⑬国際労働機関，⑭国際連盟婦人児童売買諮問委員会，⑮連合国大使会議，以上である。連盟の最高決定機関は「総会」であり，決定は多数決ではなく「全会一致」の合意とした。また強制力をもつ軍を組織することができず，紛争の解決に連盟独自の指導力を発揮し得なかったとされるが，「国際連盟」が参加国の完全合意たる総意に向け，意見の集約を目指す理念を導入したことは，国際機関としては正義に適った公正な態度であり，中立的姿勢だった。「満州事変」に関わる日本への勧告や「エチオピア侵略」に関わるイタリアへの経済制裁など常任理事国（日本，イタリア）が関与した紛争にも対応したことは評価される。現在の国連は，常任理事国が関与している諸紛争は，解決が困難とされるが，加盟国が対等に意思決定に加わるという決定システムそれ自体，平等の見地からして評価されるべきことである。

　国際連盟が解決した紛争は，1.ギリシア・ブルガリア紛争，2.オーランド危機，3.シレジアの蜂起，4.クライペダ蜂起，5.ハタイ問題，6.ヴィリニスの反乱，7.コルフ事件，8.コロンビア・ペルー戦争，9.ザール地方と自由都市ダンツィヒの統治，10.ペトリチの事変，11.シベリアの強制労働問題，12.満州事変，13.チャコの戦争，14.第二次エチオピアの戦争，15.日中戦争などである。日本が国際連盟に加盟した当時のリーダーは原敬，事務局次長には新渡戸稲造が選ばれ，常任理事国としてギリシア・ブルガリア紛争など，主にヨーロッパ紛争に関与し，公正な第三者の立場から調停に加わった。

　しかし日本は満州事変を契機に脱退。理由は連盟へ提訴され，派遣された「リットン調査団」の報告書で「日本の満州における特殊権益は認めるが，満州事変は正当防衛には当たらず，よって満州を中国に返した上で，日本を含む外国人顧問の指導の下に，自治政府を樹立するよう」求めた。国際連盟特別総会（1933.2/24）において「リットン報告書」を審議，最終合意の確認で賛成42票，反対1票（日本），棄権1票（シャム），投票不参加（チリ），規

約15条4項[1]・6項[2]によって成立。席上で松岡洋右は「もはや日本政府は連盟と協力する努力の限界に達した」として脱退を表明し，1935,3/27脱退した。こうして日本はファシズムの吹き荒れるナチス・ドイツの独裁者ヒトラーやイタリアのムッソリーニと軍事的三国同盟を結び第二次世界大戦への道を突っ走った。結局，ドイツ・イタリア・日本は火の地獄に包まれて崩壊し，国の内外を含め膨大な人命と財産が失われた。

8.3　なぜ「国際連合」が必要となったか

「国際連盟」（1919～1946）は，残念ながら，「第二次世界大戦」を防止できなかった。その反省を踏まえアメリカ合衆国，イギリス，ソ連，中華民国など連合国を中心に「国際連合」（以下国連1945）が設立された。「サンフランシスコ会議」（1945,6～9）において理念と共通ルールを審議，「国連憲章」への署名をまって正式に発足（10/24）した。当初は原加盟国51か国だったが，2011,7現在，南スーダンが加盟し（7/14），加盟国は193か国になった。

国連憲章第1条にあるように，国連の目的は，①国際平和・安全の維持，②諸国間の友好関係の発展，③経済的・社会的・人道的な国際問題を解決し，人権・基本的自由を助長するための国際協力である。このために総会，安全保障理事会，経済社会理事会，信託統治理事会，国際司法裁判所，事務局の他に，多くの付属機関や補助機関が設置され，また連盟時代から引き継いだ国際司法裁判所や国際労働機関（ILO）も機能している。本部はニューヨーク・マンハッタン島にあり，世界各地に事務所がある。

なぜ，国連が必要となったか，その理由は簡単で，アメリカは国際的平和維持機構を提案したにもかかわらず，設立された連盟には加盟せず，ソ連も

---

1)　紛争解決に至らざるときは連盟理事会は全会一致または過半数の評決に基き当該紛争の事実を述べ公正且適当と認むる勧告を載せたる報告書を作成し之を公表すべし。
2)　連盟理事会の報告書が＜紛争当事国の代表者を除き＞他の連盟理事会員全部の同意を得たるものなきときは連盟国は該報告書の勧告に応ずる紛争当事国に対し戦争に訴えざるべきことを約す（報告書が当事国を除く理事会全部の同意を得たときは，連盟国はその勧告に応じた紛争当事国に対しては戦争に訴えない。）原文は，漢字以外はカタカナだった。

1934年まで加盟しなかった。これに加え常任理事国の列強イタリアも日本もドイツも脱退し，世界に指導力を発揮できるはずの列強がケチな国益重視の視点から侵略・征服・統合を繰り返し，主権在民前の旧体制にしがみついて，基本的人権さえ疎かにするご時世だったからである。

しかし連盟の失敗を振り返り，1941年8月アメリカ合衆国のルーズベルト大統領はイギリスのチャーチル首相と話し合って「太平洋憲章」を提案した。その趣旨は「第二次世界大戦」後の世界に連盟に代わる「国際平和機構」の構想が必要であることだった。1943年3月ハル長官はほぼ完成の域に達していた「国際機構憲章草案」を練り直し，8月「国際連合憲章」(The Chater of the United Nations)の草案を完成。一方，イギリスはヨーロッパの安全保障を重視した構想を提示した。かくて米英ソ中の4大国は，あらゆる国の主権平等に基づき，国の大小を問わず，いすこの国も加盟して，加盟国のすべてを含む「総会」と大国を中心に形成される「安全保障理事会」を保有する「普遍的国際機構」の設立に合意が成立した。

懸案の問題（安全保障理事会の「常任理事国」のメンバーと「拒否権」の範囲決定）は，「ヤルタ会談」(1945年2月)で，①大国の拒否権は手続き事項には適用不可。②紛争の平和的解決が継続中，当事国は評決に加わらないとし，イギリスの要請により米英ソ中にフランスを加え5カ国の拒否権を認め，「5大国一致の原則」の合意形成をみた。こうして連合国50カ国代表が国連設立のための「サンフランシスコ会議」(1945年4～6月)に集って「国連憲章」原案の審議を尽して憲章に署名（欠席のポーランドを含め原加盟国51カ国）。常任理事国とその他署名国の過半数が批准し，「国際連合」は1945, 10/24正式に発足した。

「国連憲章」は，国連の主要機関として「総会」「安全保障理事会」「経済社会理事会」「信託統治理事会」「国際司法裁判所」および「事務局」という六機関を設定している。その六機関の主な役割は次の通りである。

「総会」は，すべての加盟国で構成され，国連が関与するすべての問題を討議し1国1票の表決権をもつ。重要問題は2/3，一般問題は過半数で表決する。総会の決議は加盟国／安全保障理事会への勧告に止まり，法的拘束力は備えないが，道徳的権威は備えている。総会会期は毎年9月第3週の火曜

に始まり翌年9月上旬まで。12月に休会。議長は会期毎に5地域グループから選ばれ，会期初めに全体会議を開き一般討議に入る。議題は6分野（①軍縮と国際安全保障，②経済と金融，③社会，人道と運化，④特別政治問題と非植民地化，⑤行政と予算，⑥法律）に分け，これらの「主要委員会」で審議されるが，その活動は翌年7月頃まで継続する。

「安全保障理事会」（安保理）は，国際平和と安全に主な責任を負う機関で15カ国で構成され，アメリカ，イギリス，フランス，ロシア（1991までソ連），中国（1971まで中華民国）など5カ国は常任理事国，他の10カ国は任期2年の非常任理事国で，共に1票の表決権をもつ。手続事項の決定は9/15の賛成投票によるが，実質事項の決定は完全合意を要し，常任理事国は拒否権を有する。安保理事会は平和への脅威が生ずれば，十分な根拠を充たした上で当事者に平和的手段による合意を勧告するが，紛争が激化すれば戦闘拡大を防ぐために停戦命令を発したり，平和維持軍を派遣したり，国連憲章第7章に基づき経済制裁，武器禁輸，渡航禁止，集団的軍事行動などの強制措置を発動することもある。

「経済社会理事会」（経社理）は，経済・社会・文化・教育・保健の分野で責任を負う専門機関であり，これらを含む国連一族の活動を調整するために設置されたもの。54カ国で構成し，理事国は任期3年，各国1票の表決権を有し，総会で過半数の表決で選ばれる。経済社会分野の活動は，様々な計画・基金，専門・関連機関で担われ，報告や勧告を実施すべく，準備会議，円卓会議，パネル・ディスカッションを開くほか，毎年7月に，ニューヨークとジュネーヴで交互に4週間会議を開く。国連憲章71条で経社理は有資格の非政府組織（NGO）と協議でき，現在2870を越えるNGOが経社理と協議する資格を付与す。提携NGOは専門知識も経験も豊富ゆえ国連と市民社会を繋ぐ貴重な組織で，関係は緊密の度を増す。

「信託統治理事会」は，未独立状態の信託統治地域を自治独立させるための準備を目的として設立されたが，1994年までに信託統治地域すべてが自治独立を達成し，任務が完了したので活動を停止している。

「国際司法裁判所」（ICJ）は，国連憲章92条により，オランダのハーグにある国連の主要な司法機関である。裁判官15名で構成，何れの2名も同一国

籍禁止（ICJ規定3条）。任期9年，3年毎に5名改選（ICJ規定13条）。公正な地理的配分の原則に基づき，西欧北米5名，東欧2名，中南米2名，アジア3名，アフリカ3名とする。国連加盟国はICJ規定当事国すべてに開放されるが，個人や国際組織は当事者にはなれず，ICJが提訴事案を審理し判決を下すに必要な管轄権をもつために（ICJ規定36条により），当事国の同意が必要である。判決は，出廷した裁判官の過半数によって決まり，紛争当事者間の当該事件にのみ拘束力を有し，当事国は判決に従う義務がある。法的拘束力こそないが，訴訟事件の判決と同じような極めて高い権威を有する。総会や安保理は，総会が許可したその他の国連機関を含めて，ICJに勧告的意見を求めることはできる（憲章96条，ICJ規定65条）。しかし国家は，ICJに対して勧告的意見を求めることはできない。

　「事務局」は，国連の日常業務を遂行する機関。他の主要な諸機関に役割任務を提供し諸機関が決定した計画や政策を実施する。事務総長が総括するが，契約1年以上の事務局職員は約25,530人，短期契約職員は約30,500人。事務総長や事務局職員は国連憲章100条により，どの国の政府からも，国連以外の当局からも指示を受けない。事務総長は国連行政職員の長（憲章97条）であり，総会，安保理，経社理，信託統治理事会から委託された任務を遂行する（憲章98条）。国際平和・安全維持への脅威について安保理の注意を促進させうる権限が付与されている（憲章99条）。事務総長の国際紛争への斡旋は最も重要な役割である。

　なお，国連システムは各種計画や基金を含み，総会補助機関として個別に予算を有する。1960年代〜1970年代にかけて第三世界から加盟国が増え，総会の多数派を占めるに至り，総会決議で国連開発計画（UNDP）など下記のような補助機関が設置された。①国連貿易開発会議（UNCTAD），②国連開発計画（UNDP），③国連パレスチナ難民救済事業機関（UNRWA），④国連薬物犯罪事務所（UNODC），⑤国連人口基金（UNFPA），⑥国連人間居住計画（UNHBITAT），⑦国連環境計画（UNEP），⑧国連難民高等弁務官事務所（UNHCR），⑨国連児童基金（UNICEF），⑩世界食糧計画（WFP），⑪国連大学（UNU）などである。活動内容が重複する機関もあるが，統廃合は進んでいない。

「専門機関」は政府間協定で設置され，経済社会の各分野で国際的責任を負う国際組織で，国連と連携協定を結んだ機関（憲章57条，63条）も国連ファミリーに属し，国際法主体の国際組織で，専門機関は以下の通り。

1. 国際労働機関（ILO）
2. 国際連合食糧農業機関（FAO）
3. 国際連合教育科学文化機関（UNESCO）
4. 世界保健機関（WHO）
5. 世界銀行グループ
6. 国際復興開発銀行（IBRD）
7. 国際開発協会（IDA）
8. 国際金融公社（IFC）
9. 多国間投資保証機関（MIGA）
10. 国際投資紛争解決センター（ICSID）
11. 国際通貨基金（IMF）
12. 国際民間航空機関（ICAO）
13. 国際海事機関（IMO）
14. 国際電気通信連合（ITU）
15. 万国郵便連合（UPU）
16. 世界気象機関（WMO）
17. 世界知的所有権機関（WIPO）
18. 世界農業開発基金（IFAD）
19. 国際連合工業開発機関（UNIDO）
20. 世界観光機関（UNWTO）

なお，国連と連携協定を締結していない国際組織に下記の関連機関がある。①世界貿易機関（WTO），②国際原子力機関（IAEA），③包括的核実験禁止条約機関準備委員会（CTBTO Prep. Dom），④化学兵器禁止機関（OPCW）。

国連の主要活動は第一に国際平和と安全維持。国連憲章は安保理に国際平和と安全維持の責任を課し（憲章24条），ある国が侵略など国際法に違反したとき，集団安全保障の理念の下に，国連加盟国が団結して終了させ，その手段として国連軍の活動を考えていたが，米ソ冷戦の下で安保常任理事国の

拒否権に阻まれ国連軍は動きが取れず、代替的防衛機構として憲章51条に基づき、北大西洋条約機構（NATO）やワルシャワ条約機構のような集団防衛体制が採用され、集団的自衛権の行使が可能になった。

しかし安保理が主な責任を果たし得ないときには、総会（1950,11/3）でも国連軍使用を含む集団措置を勧告することができ、24時間以内に緊急の特別総会を招集できるとする「平和のための集結決議」を採択した。総会決議には、安保理決議のような拘束力こそないが、今まで度々、総会決議に基づく紛争地域の「平和維持活動」（PKO）を展開。冷戦終結後はその役割が拡大し、安保理の「武力容認決議」に基づく多国籍軍も度々結成され、近年は両者の役割分担や協力関係も見出される。

安保理は平和への脅威や破壊や侵略行為に経済制裁等を勧告（39条）でき、憲章第7章で非軍事的強制措置（包括的経済制裁／武器禁／渡航禁止／金融規制／外交断絶）を取り得る（41条）。しかし経済制裁は、制裁される貧窮者を更に苦しませることから、期人資産の凍結、政府関係者の入国禁止、選民層への打撃を標的とした賢明な制裁が提唱されている。また、非軍事的強制措置では不十分な場合、安保理（42条）は必要な陸海空軍の行動をとり、国連軍の名の下に軍事行動をとることができるが、国連軍の創設には加盟国と国連間に兵力提供の特別協定が必要とされる（43条）が、その前例はまだない。その代わりに安保理で武力行使容認が決議され、武力行使は参加国の管理下に置かれる点から平和維持活動（PKO）とは異なっている。冷戦下の伝統的なPKOは、軍人による軍事情勢と停戦監視を目的とし、①当事者の合意により設立され、②当事者には普遍性と中立性を守り、③武力行使は自衛のために必要最少限度に留めること（PKO三原則）とされた。しかし冷戦終了後のPKOは、和平合意が成立後の暫定期間に治安維持、選挙組織・管理、難民帰還、戦後復旧復興を支援する新たな任務が課され、軍人以外に専門の違った文民（人権専門家、選挙専門家、行政官…など）が多数参加して成果を挙げた。

国連の設立当初は軍備管理・軍縮には消極的だったが、国連憲章11条で軍縮・軍備管理の原則等を審議する主な責任を総会に課し、核兵器時代の到来と集団安全保障体制の機能不全に備えるべく、1946総会決議は、核軍縮に関

してであった。国連の優先課題は，①核兵器の削減，究極的廃絶，②化学兵器廃棄，③生物兵器の禁止強化だった。

○核兵器をなくす努力は米ソ二国間条約で進展したが，1968年の総会では「核拡散防止条約」が採択され，最も普遍の軍縮条約となり締約国は国際原子力原子力機関（IAEA）のチェックを要するとされたが，非締約国イスラエル，インド，パキスタンによる核開発問題，締約国で核開発の疑惑のあるイラン，脱退を表明した北朝鮮問題など条約の実効性に問題が現れた。1996年「包括的核実権禁止条約」（CTBT）も圧倒的多数で採択したが，発効のめどはたっていない。

○1997年「化学兵器禁止条約」（CWC）も発効し，現在化学兵器禁止機関（OCPW）が査察を進めている。

○1975年「生物兵器禁止条約」（BWC）が（1972年に署名後）発効した。この条約は検証規定を欠き問題視されている。近年「アメリカ同時多発テロ事件」（2001,9/11）を受け大量破壊兵器が非国家主体の手に渡った場合の脅威が認識されるに至り，国連総会は2002年「テロリストが大量破壊兵器と運搬方法を取得不能にする措置」を決議採択した。また安保理も2004年決議1540で大量破壊兵器の開発・所有・利用を企てる非国家主体に対し支援を一切控えるようすべての加盟国に義務づけた。

次は「経済社会開発」であるが，世界の人々の経済福祉や社会福祉を実現すとことは，国連の主要な目的の一つである。これに必要な開発，とりわけ先進工業国と開発途上国との格差解消の重要性は，国連開発10年を契機に強く表明され，国際社会が貧困・失業・社会崩壊の問題に取り組む必要性が強調された（1995年コペンハーゲン世界社会開発サミット）他，90年代には幾多の世界会議が開かれた。2000年9月特別総会ミ（ミレニアム・サミット）で採択された「国連ミレニアム宣言」は，開発問題を重視して具体的な開発目標を設定し，2015年までの達成目標を纏めたのが「ミレニアム開発目標」①極度の貧困と飢餓を撲滅し，②普遍的な初等教育を達成し，③ジェンダーの平等を推進し女性の地位向上を図り，④乳幼児の死亡率を下げ，⑤妊産婦の健康を改善し，⑥HIV/エイズ，マラリアなどの病と戦い，⑦環境の持続可能性を確保し，⑧開発のためのグローバル・パートナーシップを推進するこ

とだった。その諮問機関には専門的な「開発政策委員会」があり，事務局では経済社会局が分析調整を実施している。国連開発計画（UNDP）は途上国の開発を担う機関であり，その活動に要した費用は＄137億であった[3]。

次は「人権問題」である。国際的な人権保障は国連の主要な使命に属し，憲章前文には「基本的人権，人間の尊厳と価値，男女同権」を謳い，さらに第1条の「人種，性，言語，宗教による差別なく，何人にも人権や基本的自由を助長し奨励すること」を国連設立の一目的とした。これら目的を達成すべく加盟国は国連と協力し共同・個別行動するよう誓約した（憲章55条ｃ，56条）。また，経社理の補助機関として「人権伸張に関わる委員会」を設けた（68条）。ナチス・ドイツ，日本，イタリア等々，全体主義国家の人権弾圧を廃すべく国際的な人権保障が何より大切とされたからである。

こうして1946年憲章68条に基づき経社理の補助機関として「国連人権委員会」が設立され，人権規定を具体化する作業に着手した結果，1948年12/10，すべての人民に対する共通基準として「世界人権宣言」が国連総会にて採択された。同宣言は全30条からなり「すべての人間は生まれながらにして自由であり，尊厳と権利において平等である」（第1条）と宣べ，各種自由権・社会権を規定しているが，総会決議ゆえに国への法的拘束力はない。そこで，「国連人権委員会」は，条約化に移った。その成果が人権規定を具体化した次の「国際人権規約」である。

1966年国連総会は，「国際人権規約」（社会権規約，自由権規約とその選択議定書からなる3議定書）を採択した。①「社会権規約」は1976年発効（現在160ヵ国が締約国），同年②「自由権規約」も発効した（現在167ヵ国が締結国）。①②両規約は，民族自決権，富と天然資源の権利を規定（規約1条2項）している点で個人的人権のみ規定した世界人権宣言と異なって，より詳細で国際的な人権保障の仕組みの中で最重要な使命を果たしている。1989年自由権規約の第2選択規定書（死刑廃止条約）が採択され，締約国は現在73ヵ国である。国連の枠組みで個人的人権保障に関わる条約／宣言は約80件が採択済みである。

---

3) 国際連合広報局（2009，225-26）

1948年　集団殺人罪の防止と処罰に関するジェノサイド条約。
1951年　難民の地位に関する条約。
1966年　あらゆる形態の人種差別の撤廃に関する国際条約。
1979年　女子へのあらゆる形態の差別の撤廃に関する条約。
1984年　拷問の他に残虐で非人道的／品位を傷つける扱い／刑罰を禁止する条約。
1990年　すべての移住労働者やその家族の権利保護に関する国際条約。
2006年　すべての人の強制的失踪からの保護に関する国際条約。
2006年　障害者の権利に関する条約。

ウイーンで開かれた「世界人権会議」(1993) が契機となって，長年，提唱されてきた「国連人権高等弁務官」が設置された。この事務所は，国連人権委員会が展開した「国連人権理事会」等の事務所を務めるものとした。主要な任務は「総合的政策ガイダンス」，「人権問題の研究」，「新しい国際規範の発展」，「人権遵守の監視」などであった。

次に人道援助の主体は，①国連児童基金 (UNICEF)，②世界食糧計画 (WFP)，③国連難民高等弁務官 (UNHCH) であり，紛争を含む人為的災害で大規模被害が生じたとき，こうした国連機関は緊急援助や長期援助を提供してきた。

①は水やトイレなどのインフラ再建や学校の再開を支援して，予防接種や医薬品を提供する。2006年は，53件の緊急事態に対する人道援助の費用は＄5億300万を超えている。

②は国内避難民，難民，エイズ孤児，紛争，洪水や旱魃など，自然災害の犠牲者に対して食糧などを援助し，2006年は78カ国約8800万人に食糧を援助したとされる。

③は難民の地位に関する条約 (1951) で，同議定書 (1967) に基づき難民の基本的人権が尊重されるべく何人も強制送還されない。パレスチナ難民は，「国連パレスチナ救済事業機関」が人道支援にあたる。

国連は「国際法」の発達にも貢献した。人権，国際人道法，環境，軍縮等多様な分野で多国間条約の締結を促し，国連が関与した協定は500件を超えている。「海の憲法」という海洋法に関する国連条約は，最も包括的で近年

は環境法，国際人道法，国際テロリズムの対策の分野でも，国際連合の条約は寄与甚大であるとされる。

8.4 国連改革の要請

後に「国連改革」について。すでに国連は1945年に設立されて以来，今年で67年目である。設立後，半世紀が経過した辺りから，新たな状況に対応した抜本改革を求める動きが高まってきた。そのうち主要な改革は，
① 安全保障理事会の改革問題，
② 敵国状況の削除問題，
③ 信託統治理事会の改編問題，
であり，いずれも「国連憲章」の改正問題が伴う。

安保理は現在，常任理事国5カ国，非常任理事国10カ国，計15カ国で，常任理事国にのみ拒否権がある。これは合理的か？　当初，加盟国は51カ国だったが，今では193カ国に増えた。日本の国連への分担金は，常任理事国英仏ロ中を合計金額を上回ほど不均衡である。

そこで1995年，有識者会議「グローバル・ガバナンス委員会」がスイス東部ダボスで開かれ，国連改革の提言を報告した。改革案は「拒否権なしの常任理事国を先進国2＋発展途上国3＝5カ国，また非常任理事国を3カ国増加し，合計23カ国によって安保理を構成する」という提案であったが，結果はそう甘くなく，過去の悪夢が蘇った。

1997年3月総会議長ラザリ・イスマイルは，「ダボス会議案」を下敷きに常任理事国を5カ国増（先進国2＋途上国3＝5），非常任理事国を4カ国増，新規の常任理事国には拒否権を与えず，敵国条項を廃棄するという「ラザリ案」を提示した。暗黙の了解では，先進国はドイツと日本の2カ国，途上国からはインド，ブラジル，アフリカの3カ国を新規常任理事国として加える改革案（既設15＋新規9＝合計24）だった。

しかし，イタリアのフルチ国連大使がドイツの常任理事国入りを阻止するために「フルチ・コーヒークラブ」を結成し（韓国，パキスタン，インドネシア，メキシコ，アルゼンチン），これらに非同盟国を加え，1997年12月，ラザ

リ案を棚上げ／廃案に追い込んだ。

2003年9月，アナン事務総長が安保理改革の再開を提唱し，「ハイレベル委員会」が設置された。こうして2004年12月の「報告書」においては次の2案が提示されたのである。

（モデルA）常任理事国を6増，非常任理事国を3増して安保理構成国を合計24カ国とする案。

（モデルB）任期4年の再選可能な順常任理事国を8増，非常任理事国を1増，合計24カ国とする案。

しかし，（モデルA）は，日本の常任理事国入りに中国・韓国が反対して日本とアフリカ諸国との連携や調整も順調に進まなくなって，2005年9月の総会では「安保理改革」具体案の決定は先送りされた。また「敵国条項」の件は，「憲章第53条，第77条，第107条の「敵国」への言及を削除するという決意」を採択した。

イタリアのフルチ国連大使がなぜ，ドイツの常任理事国入りを阻止しようとして「フルチ・コーヒークラブ」を結成したか。理由はいろいろあろうが，かつて枢軸国として敵国の連合国と戦って内外ともに甚大な犠牲者をだした過去の狂気の記憶がまだはっきり蘇る今日，A案の通過を控えるのが人類の理性と良心の賢明な配慮に他ならぬと考えたとすれば，かの「三国同盟」を結び人命・財産を弄んだ過去の仲間の一国として流石に立派なイタリア人として敬服されるであろう。

これは国が裕福か貧困かという問題ではない。国はどう貧しくても人間として恥ずべき過去の犯罪は消え去らない。モノやカネの問題なら取り返しが効くからすぐ忘れても，こと生命の問題になると，取り返しが効かないから忘れられない。加害者はすぐ忘れても，被害者はいつまでも忘れられない。これは国についても当てはまる。加害国はすぐ悪事を忘れても，被害国では永久に近く忘れ難いから報復措置という死にもの狂いの戦いが繰り返されてきた。これを忘れない。また，このことに敏感でなくてはならない。

かつて500国あったヨーロッパの国々を20世紀初頭に，25カ国に統合した理由はこの点にある。それまでは争奪戦に明け暮れた。侵略→統合→侵略→統合…という争奪戦の悪循環が続いた。しかし奪ったものは返すべき時代が

到来した。人権意識も蘇(よみがえ)った。目的が何であれ，戦争による目的の達成は不可能である。人の心を征服するには決して力ではなく，愛と寛容によってのみ可能で，これには正義心が必要である。民の幸福に責任を負うべき国が逆に，民の幸福を奪うとは異常事態ではないか。

8.5 EU（ヨーロッパ連合）の構築と憲法

ストア学苑の開祖ゼノンによれば，「人間は別個の正義の基準に照らして，別個のポリス（都市国家）に分かれて生きるのではなく，あたかも共通の牧場に草食む羊のごとく，人類共通の自然法たる普遍理性（koinos nomos）の下に単一の秩序を形成して生きるべし[4]」という。この考え方は古代ギリシア末期，叡智と武勇伝を好むアレクサンドロス王子の指導係で，先見の明に富む恵まれた愛智者アリストテレスによってすでに主張されていた所見であり，彼によれば，都市国家から世界国家（コスモポリス）への推移は，自然的必然性があり，しかも，それは時間の問題であるとした。

歴史的必然とか自然的必然とかいうが，確かにこうした組織統合の傾向は，それが侵略／戦争など武力による統合であれ，平和的な合意形成による統合であれ，いずれにせよ，過去から現在をへて未来へと延々と続く自然的必然性である。要は，盗賊の争奪戦によるか，平和的な合意形成によるか，これが問題である。こうして人類は，一般に，前者が滅び，後者が繁栄するという自然の摂理を学んだ。この一般法則を貴重な経験から学習したヨーロッパは，盗賊の支配によってではなく，理性と良心が支配する「合意形成」によって普遍的理念と共通ルールに基づく安定した「社会的協力」を実現し，究極の幸福追求の目的を達成したいと考え，目的と手段の混淆を改めた。その最初の試みがEU（ヨーロッパ連合）の構築である。

互いに生命を奪い合うジャングル状態から長所を生かし合う社会的協力の状態へと移行し，力の支配から法の支配へ移るため，人間は国をつくって権利／義務を定めたのであるが，ややもすると市場優先にはしって経済戦争へ

---

[4] H. von Arnim, *Stoicom veterum fragmenta*, vol. 1, 35, 42.

8.5 EU（ヨーロッパ連合）の構築と憲法

突き進む危険性を秘めている。では，社会的協力の舵取りをどうすべきかだが，その均衡解は社会的協力の仕組みを分析すれば明らかとなる。

EU（欧州連合，European Union）は，ヨーロッパの経済統合を拡大し，加盟国間の相互的協力を強化するために構築された超国家組織である。その起源は古く「パリ条約」(1951)とされるが，直接は1993,11/1，EC（ヨーロッパ共同体）加盟12カ国が批准したEU条約（マーストリヒト条約）によって発足し，旧EC諸国が新EU加盟国になり，「EC」がEUの政策決定機関になった。

原加盟国は設立に努めた「インナー6」国，これが拡大を続け，2004,5/1には，10カ国が加盟し，2007年現在，20共和国，6王国，1大公国といった合計27カ国の組織に発展した。新EUの組織は旧ECの組織を受け継いで，本部はベルギーのブリュッセルにある。EUの主要機関は，ヨーロッパ議会，ヨーロッパ委員会，EU理事会（閣僚理事会），ヨーロッパ理事会（首脳会議），ヨーロッパ司法裁判所，ヨーロッパ会計監査院，ヨーロッパ投資銀行，経済社会委員会である。

EU加盟の実質的条件は「コペンハーゲン基準」の政治経済の条件を充足し，①宗教的権力でない民主的体制の政府を有し，②安定した自由な市場と自主的な統治機関を備え，③「法の支配と人権」の尊重にある。また形式的条件は，「EU条約」の規定に基づき，ヨーロッパ議会の「同意」と既存加盟各国の合意形成とユーロ導入が必要とされる。

EUは当初，加盟国を「インナー6」に限ったが，ヨーロッパ経済共同体が設立10周年を迎えた後，他のヨーロッパ諸国もEU加盟を望む声が増えたことで，前向きに対応する方針転換に移った。しかし，当初は，EU拡大に懐疑的なフランス大統領シャルル・ド・ゴールは，「イギリスが加盟すればアメリカのトロイアの木馬となる恐れあり」と危惧し，イギリスのEU加盟に拒否権を行使した。その後フランスのド・ゴールが大統領の退任によってイギリスは3度目に加盟申請が容認された。

次はEUの組織についてである。

○「ヨーロッパ議会」は，1957年の「ローマ条約」で閣僚理事会（現EU理事会）に立法案を採択する諮問機関だったが，その後の権限拡大（EU条

約）に伴って立法案の修正・採択への影響力も付与され，立法案がEU理事会に提出後でも拒否権を行使でき，EU予算を検討し，予算案を拒否する権限も与えられた。「議会」はフランスのストラスブールにおき，「委員会活動」はブリュッセルで，また事務局はルクセンブルクにある。

○「ヨーロッパ委員会」は，①法案作成，②条約遵守の状況監視，③EU政策・国際貿易の管理執行にあたる機関。ヨーロッパ理事会や議会は政策を立案できず，ヨーロッパ委員会から提案された政策を審議し，EUの資金や各種の計画を管理し，対外的な援助も任務に含まれる。任期は5年。

○「EU理事会」（旧官僚理事会）は，必要な諸法の制定，政策目標の設定，各国の政策を調整し，加盟国間や内部や域外との紛争解決をする図るものである。EUの活動は3本柱で構成され，それぞれ採決要件が異なる。第1柱は，ヨーロッパ委員会から提案された農業，運輸，環境，エネルギー，調査研究，開発など広域政策を専門家の分析から必要に応じて容認し修正し拒否すること，次に第2柱は，対外政策と安全保障政策である。さらに第3柱は司法と国内問題への協力についてである。

○「ヨーロッパ理事会」（首脳会議）は，1974年以来ヨーロッパ・サミットとして年二回以上開かれ，EU理事会の議長もそのメンバーとなる加盟国の首脳会議である。このヨーロッパ理事会は，優先順位を設け，政治的方向を決めたり，開発促進を図ったり，解決困難な紛争の解決などによって重要な機関となってきた。

○「ヨーロッパ司法裁判所」は，加盟各国の最高裁の上位に位置づけられる権威ある機関であり，所在地はルクセンブルクである。EU法（ローマ条約，マーストリヒト条約）に基づいて審議し判決を下す。各加盟国から1名を任命し，裁判官の任期は6年である。この裁判所は加盟国政府とEUの諸機関の争いやEU諸機関間の争いの他に，EUが定めた規則への抗議も処理する。

ヨーロッパ司法裁判所の決定は，判例として各国の「EU法解釈」に基準を与える。この裁判所は加盟国の同意なしに裁判を開くことができ，各国の政府のみならず，個人も訴訟を起こしうる。

○「経済社会委員会」は，EUの基本条約では，すべての加盟国は各々主

8.5 EU（ヨーロッパ連合）の構築と憲法

権を有し価値は平等としているが，EU は欧州共同体の分野では「超国家的」な制度に基づき諸機関に代表を送り，諸機関にその主権を委ね，立法や執行の権限を与える。加盟国が EU の法令違反を犯した場合，制裁金を科すとか，資金を引き揚げるとかする。表決権の剥奪や資格停止の規定もある。

ヨーロッパ共同体（EC）の分野外の外交政策・警察・司法分野では，主権移管は程度が低いので政府間の合意や協力によって対応する。本来，主権は国家に由来するので，法令に合わない場合には，法令の適用を回避するため，もし加盟国が望むなら，EU の脱退もありうるが，従来は，そういった事例は存在していない。

EU 原加盟国 6 カ国（1958年現在）

1. 1958. オランダ王国
2. 1958. フランス共和国
3. 1958. ドイツ連邦共和国
4. 1958. イタリア共和国
5. 1958. ベルギー王国
6. 1958. ルクセンブルク大公国

EU 追加加盟国21カ国（2007年現在）

7. 1973. アイルランド
8. 1973. デンマーク王
9. 1973. グレート・ブリテンおよび北部アイルランド連合王国
10. 1981. ギリシア共和国
11. 1986. ポルトガル共和国
12. 1986. スペイン王国
13. 1995. フインランド共和国
14. 1995. オーストリア共和国
15. 1995. スウエーデン王国
16. 2004. キプロス共和国
17. 2004. ハンガリー共和国
18. 2004. ラトビア共和国
19. 2004. リトアニア共和国
20. 2004. チェコ共和国
21. 2004. エストニア共和国
22. 2004. マルタ共和国
23. 2004. ポーランド共和国
24. 2004. スロバキア共和国
25. 2004. スロベニア共和国
26. 2007. ルーマニア
27. 2007. ブルガリア共和国

以上，EU 加盟国合計27カ国，人口合計 4 億97,455,033人

アメリカ合衆国は度重なる戦争が財政を圧迫し，取分け1980年代以降，中産階層への賃金抑制，労組の弱体化，経済成長の落込み，不景気も顕著となり，経営陣のエゴイズムが労働者の賃金を抑えたから，税収は落込み借金の連鎖という経済的悪循環に陥った。貧困層に住宅の資産をもたせるべく借金

させたが，返す充てのない借金ゆえに借金は債権化され，世界中にばらまかれ，不良債権となって飛び回った。
　こうしてアメリカは金融商品の無秩序な売買を放任し，銀行の自己資金8％以下という身の丈を超えた「金融派生商品」（デリバティブ）が世界を駆け巡り，回収不能な不良債権を抱えたEUはじめ各国の弱小銀行を倒産させ，連動する犠牲者を泣かせた。「法の支配」を欠く「闇の市場」に陥る寸前の状態だ。この事実はグローバルな危機を救う民主的「世界政府」の必要性を物語っており，EU加盟国を「法の支配」の下に置く「EU憲章」も不可欠である。憲法のない社会的協力などあり得ない。

第9章　戦争なき世界を求めて

> 9.1　人類の歴史は戦争の歴史だった
> 9.2　戦わなくて生きていける叡智の模索
> 9.3　ビトリアとスアレスの社会的協力の仕組み
> 9.4　ホッブズの社会的協力の仕組み
> 9.5　ロックの立憲君主制の社会的協力の仕組み
> 9.6　ルソーの共和制の社会的協力の仕組み
> 9.7　ドイツの後進的な社会的協力の仕組み
> 9.8　カントの普遍妥当な永久平和の憲政組織
> 9.9　ロールズの普遍妥当な世界政府の仕組み

9.1　人類の歴史は戦争の歴史だった

　人類の歴史は，まさしく古代より今日に至るまで，戦争の歴史であった。それ以前の原始時代については，まだ共通の言語がなかったか，まだ理性や良心が発育不全だったか，何れにせよ，その時代を語り得るに十分な客観的証拠はない。せいぜい恐竜時代の化石から戦って殺された痕跡のある骨折や嚙み砕かれた跡を物語る往時の生き方や弱肉強食のジャングルを生きていた痕跡を残す人類の頑丈な骨，等々から科学的に推察する限り，人類の歴史は延々と続く悲惨な戦争の歴史であった。
　しかし，戦争は人災つまり人的災害である。けっして地震や津波や台風や竜巻などの天災や自然災害ではない。すなわち「戦争」は人間が引き起こす社会現象であって，戦争あるところには必ずや正義に反する人為的な原因が存在する。それゆえ，人びとがいかに「戦争反対」を叫び，どう平和を希求してみても，なぜ，戦争が勃発したのか，戦争は何に起因したのであるかを突き詰めて探究し，戦争の究極的な原因を追究すると共に冷静にその原因を取り除く努力をしないなら世界から戦争をなくすことはできない。ときには

名誉ある聖戦とか，正義戦として正当化される戦争もあるが，野蛮な人命の奪い合いに違いはなく，では，どうすれば，この地上から人の命を奪い取る行為をなくすことができるか。

福沢諭吉はこう論ずる[1]。「四海兄弟一視同仁は唯口に言うのみにして，実際は正しく之に反し，生存競争の世に国を立てて，頼むところはただ硝鉄のみとて，海陸の軍備に全力を注ぎ，各国相対して唯遅れんことを恐るるは，正に今日の事実にして実に止むを得ざる次第なれども，其軍備の進捗はいずれの辺りに達して止むべきや，このままにして年々歳々唯進むの一方ならんには，遂には人間社会の衣食住を挙げて喧嘩争闘の資に供し，世々子孫喧嘩の為に生まれ，喧嘩の為に働き，喧嘩の為に死すこととなり，人の知愚器械の精粗こそ異なれ，同類相殺し相食の事実は，恰も往古の蛮族に等しき奇観を呈するに至る可し。…人生に公心あり私心あり。例えば古言に，己の欲せざる所，人に施す勿れと云うは，不正不義の行わるるを好まざるの意にして，万人は万人誰も之を好む者ある可ざる。即ち公心なれども，唯自身の利害に遮られて良からぬこととは知りながら時として正義を破ることあり。即ち私心の働くところなり。…人間社会は恰も公私両心の戦場にして，いやしくも万衆の私心を高尚に進めて其公心と符合するの境地に至らざる限りは，公心の力を以て私心を制するの法なかる可ざる。尚詳らかに云えば，社会全般の人心に一点の私欲なく，釈迦孔子耶蘇の叢淵と為りて所謂黄金世界を見るまでは，人為の法律を以て人間の言行を抑制せざる可ざる。即ち政府なるものの必要なる所以にして，其政府は単に良民のために禍を防ぐのみに非ず，像悪者の亦共に必要を感ずる所のものなり。」

人間はなぜそうも愚かなのか。「ジャングル状態」から社会的協力の状態へ移行し，また「力の支配」から法の支配へ移行するために国家を創設して社会的協力を始めたが，戦争は絶えない。不正や不義を抑制し，正義を守るには政府を導入し，公心をもって私心を抑え，法律をもって私欲や利己的な言行を規制するしかないだろう。

しかし問題は他にある。歴史上の公共財や領土・領地や植民地の争奪戦や

---

[1] 福沢諭吉『福翁百羽』角川書店，pp. 212-213.

侵略戦争など他国を支配せんとする自国の不正や不義は，個人レベルの不正や不義の比ではない。どう強力な政府を導入しようと政府自体が不正不義を承知の上で，弱肉強食のジャングルは世の常なりとした獰猛な古代スパルタやパルテノン神殿を破壊しアテナ神殿財宝を略奪したペルシャ王ダレイオス3世や古代マケドニア王フィリッポス2世のギリシア支配など帝国主義的な侵略や支配など正義に背く政策を遂行するなら，いったい誰が政府の不正や不義を抑えるか。それに必要な合理的仕組みは何か。解決すべき問題はこれだ。人間は力の支配を頼りに，ついに「パンドラの箱」を抉じ開け，傲慢にも恐竜やライオン・トラ・狼など猛獣を含むすべての動物を支配下に置いて自然は無論，人心までも支配できるかの錯覚に陥った。科学技術の発達が核兵器など猛獣以上に鋭い牙と爪の究極の武器を入手させて，百獣の王の座を奪い取り地上に君臨するに至った。こうした人類に未来はあるか。

9.2 戦わなくて生きていける叡智の模索

すべての生き物は生きるために戦ってきた。言明「生きるために戦う」は言明「戦えば生きられる」と等値であって，紀元前5世紀ごろの人類でさえすでに，①言明「戦えば生きられる」を常識に，往時の政治家カリクレスは弱肉強食を正当化しこう述べた。すなわち「優れた者が劣った者より，また有能な者が無能な者より多くを摑むのは正しい。正義というのは常に強者が弱者を支配し，強者が弱者より多くを摑むことだ。牛でも何でも，力の弱い劣った人が所有するものは，何れも力の強い優れた人の所有に帰す。これが本来の正義である」と。

これに対し愛智の開祖ソクラテスはこう反論した。「平等な分け前を守ることが正しく，他人のものを侵すことは正しくない。…平等な分け前を守ることが正義に適うということは，ただ単に，法律や習慣上のことではなく，自然本来においてそうなのである。…これが自然の声であり，神の声であり，しかも，良心の声である」と。

このようにソクラテスは，弱肉強食の現状をカリクレスのように事実問題として真なるがゆえに正当化すべしと考えるのではなく，権利問題あるいは

人権問題として捉えていた。すでにソクラテスには人権意識が芽生えていたと言えよう。つまり彼は，往時は正しいとされた①「戦えば生きられる」という常識の枠組みを脱し，ときにはジャングル状態①のディレンマとされる②「戦っても生きられない」という現実を洞察し，互いに矛盾する前提①と②から「帰謬法」(reduction ad abusurdum)によって新言明③「生きるためには戦わない」が帰結することを発見したのである。

　なぜ，「生きるためには戦わない」？　具体的に「戦わずして生きる」という方策があるのか。ここで，ソクラテスの人権意識の芽生えが有効となり各人に公正な人権を保障する社会的協力の仕組みが示唆される。こうして，ソクラテス以来，平和実現の謎解きに取り組むことになる。弱肉強食の現状から脱却し，互いに存在を願い，互いに価値を尊び，互いに利益に配慮を注ぎ，互いに自尊心を充たし，互いに助け合って生きていく正義に適った社会的協力の仕組みと，民主主義の基本をなす合意形成による「平和の実現」に夢と希望を託したのである。

　このように③「生きるためには戦わない」という帰謬法の結論に辿り着いた人間は，ソクラテスの叡智によって「戦えば生きられる」を否定することが戦争の原因をなくすことだといった自覚に基づき，論理的に「等値」なる言明④「戦わずして生きる」方途があることに気付き始めた。しかし，そのためには政治家カリクレスの説く弱肉強食のジャングル状態を倫理的に否定し，新たな社会的協力においては「平等な分け前を守ることが正しく，他人のものを侵すことは正しくない」という正義原理「平等な分け前を守ることが正義に適う」とし，この原理は「法律や習慣上のことではなく，自然本来においてそうなのであり」，これが自然の声・神の声・良心の声であるとして自然法の先駆的な役割を果たした。

　こうした考え方は，師ソクラテス→師プラトン→アリストテレスの「世界国家」へと継承され，古代ギリシア末期，マケドニア王フィリッポス二世の王子アレクサンドロス（後大王）へと政治的に引き継がれた。アリストテレスの「世界国家論」は，古代ギリシア時代末ヘレニズム期のストア学苑創設者ゼノン（335-263, B.C）の先駆けであって，こう述べている。

　「人間は，別個の正義の基準に照らして別個の都市国家（polis）に分かれ

て生きるべきではない。あたかも共通の牧場に草食む羊のごとく，人類共通の自然法である普遍的理性（koinos nomos）の下に，単一の秩序を形成して生きていくべきである。」[2] と。

　ゼノンによれば，我われ人間は，それぞれ別個の「正義の基準」に照らしてそれぞれ別個の都市国家の分かれて生きるべきではない。社会的協力の最も大切な基準は「社会正義の基準」である。ちなみに戦争の主な原因は，権利義務の判断が違っているからだ。それゆえ，力の支配に訴えざるを得ない。もし正義の基準が共通なら，共通の権利義務の判断が下せるから，戦争には及ばない。物を測るときと同じ基準の物差しのように，共通の価値の判断が下せるから喧嘩にはならない。ゼノンは人類共通の「自然法」である普遍的理性の下に，共通に「正しい社会的協力の仕組み」に対して合意形成されるから，個人AとBの間でも国家αとβの間でも，一切の揉め事は裁判で片付けることができ，戦争に発展することはない。

9.3　ビトリアとスアレスの社会的協力の仕組み

　要は，あたかも共通の牧場に草食む羊のごとく，人類共通の「自然法」である普遍的理性（共通の正義の基準）の下に「単一秩序」を形成して生くべしというストア学苑の開祖ゼノンの提唱である。すでにソクラテスは「平等な分け前を守る」という普遍的な人権を充たす人類共通な「正義の基準」とするなら，これは普遍的な自然の声・神の声・良心の声と合致すると述べている。ゼノンの「自然法」の概念は，ソクラテスの「自然の声」を意味し，その後ローマをはじめ，世界全体に広がっていった。

　なぜなら，ジャングル状態の戦いを望む人はいないからだ。そのためには別個の正義の基準に照らして別個の都市国家に分かれて生きるべきではない。あたかも共通の牧場に草食む羊のごとく，人類共通の自然法である普遍的な理性の下に，共通の「正義の基準」にしたがって単一秩序を形成して生きていくべきこと，これが必然的な結論だからである。

---

2)　H von Arnim, *Stoicom veterum frabmenta*, vol. 1, 35, 42.

しかし新たな問題は、ソクラテスの平等な分け前を守るとは厳密には何か。アリストテレスのいう倫理法則の基礎としての自然法則や普遍性とは何か。ゼノンのいう自然法や普遍的理性とは何か。複数の国々が台頭するに至ったとき、どの国も同じ正義の基準を守っているか、否かをどの国の誰に判断を下す資格が与えるのか。ローマ教皇であるかローマ皇帝であるか、それとも宗教裁判の判決によってであるのか。それはいかなる権威によってであるか。中世末期のようにその権威を認めない国家が現れたときには、いったいどうするのか。宗教的な根拠が科学的な根拠と互いに矛盾するとき、宗教裁判で片付けることができるのか。こうした難問中の難問がこれらの問題には付き纏うに違いない。

　人間がジャングル状態から脱却して、社会を構築し、社会的協力の理念や共通ルール状態に移行したのは、戦争を廃絶し平和を維持するためであった。それゆえ、最初は、単純に、個々人の生命・財産を守ることが政府の使命とされていたが、協力の理念も共通ルールも時代とともに変化する。すなわち社会的協力の理念も共通ルールも、社会的環境が変化すれば、それに伴って変化せざるを得ない。ちなみに、社会的協力の仕組み（主に理念と共通ルール）についていえば、こう要約することができる。

　16〜17世紀のスペインでは、ビトリアによってすべての人は神の前でも、法の下でも、自然の下でも、平等であるとし、人肉を食さない限り、異教徒も異民族も征服されてはならず、世界の支配権はローマ教皇にもローマ皇帝にもなく、主権在民の社会契約が成り立っているとき、そのときに限り、新規導入された社会的協力は正義に適っている、とした。

　またスアレスによって、社会的協力が正義に適っているのは、自己の良心の義務を他者に負わし得ないものとし、国家権力を神や国王（その代弁者）にではなく、共同体を形成しているすべての成員らに所属するもの、または契約によって代表者に国権を付託し、抵抗権つきの統治権を委譲するとき、そのときに限る、と考えた。

　トマスの『神学大全』[3]で全盛を極めた中世のキリスト教的世界観を代表

---

3) Thomas Aquinasu, 1224/5〜1274, *Summa thelogica*, 1266〜73.

するスコラ哲学は，無敵艦隊と東方侵略によって隆盛を誇っていたスペインにおいて最後の華を咲かせた。ビトリアとスアレスの思想には上記のように自由・平等・主権在民・社会契約論など近世の香りが漂っておりパラダイム転換期を迎えたようである。

　スペインに次ぎイギリスの17世紀をホワイトヘッドは「天才の世紀」[4]と称し，科学者ニュートンや経験論哲学者ベーコンをはじめ科学技術が急速に発達した。そのお蔭で新興産業市民層が台頭し産業構造の変化が著しかった。これに対しローマ教権は経済的基盤を失った。教会の支配権に亀裂が生まれ，教皇権の絶対性も教会の指導的な優位性も空虚と化したからである。一方で世俗王権は次第に勢力を伸ばし，教権勢力を凌駕するばかりで，近代化へのパラダイム・シフトを促した。こうして，人間は「暗黒の1,000年」という悪夢から目覚め，神による呪縛と教権の支配から解放され「自由の慈雨」を享受して生き返ったのである。

　ベーコンは自然法則に用いて人は自然を征服することができ，知は力なりとした。これが自然支配・自然征服の原点である。ニュートンは自然を力学体系で捉えた。ホッブズはニュートンの力学体系を社会科学に適用し，まず，自然状態を仮定してイギリス型の社会契約論を構築した。

9.4　ホッブズの社会的協力の仕組み

　ホッブズの場合には，社会的協力の仕組みが正義に適うのは，社会契約によって国王と自然法との契約が成立し，各自が自律的・他律的にその契約を履行しているとき，そのときに限る，とした。社会的協力以前のホッブズの自然状態は「人が人に対して狼」の継続的不安と恐怖と暴力に慄く「万人の万人に対する闘争状態」であって，腕力や悪智慧，詐術や窃盗，強奪や報復など，諸悪徳を美徳と勘違いする恐怖状態に陥って永遠にジャングル状態の貧困と不潔，孤独と不信，残忍と短命という悪循環から逃れ出ることはでき

---

[4]　A. N. Whitehead, Sciennse and the Modern World, 1925, ch. 3. ホワイトヘッド『科学と近代社会』1981，上田康治・村上至孝訳，ホワイトヘッド著作集第6巻，松籟社

そうにないと思われていた。ホッブズは「自然が生まれながら万人に対して等しく与えた本性」として①②③の本性を挙げている。

① 競争心は己の獲物を捉えるためにある。
② 不信感は己の安全を守るためにある。
③ 自負心は己の力を誇示するためにある。

　ホッブズはロンドンが流血の惨事と化した市民革命期を前提に『リヴァイアサン』(架空の怪獣)によって「絶対君主制」を正当化したのは、①②③の各人がもって生まれた暴力的本性を合理的に抑え、正義を持って監視しないと「人が人に対して狼」という自然回帰の戦争状態、つまり、「万人の万人に対する闘争状態」に逆戻りする虞(おそ)れがあるとされたからである。
　時代の背景が違えば、ホッブズとロックの社会契約論のように大きな違いが見出される。ロックの時代には市民革命も終息を迎え、本来のイギリス型社会契約論として納まっている。
　ロックによれば、社会的協力の仕組みが正義に適うのは理性の法（自律原理）たる自然法と両立する人定法の支配の下に、多数派の意思と合意形成による決定に基づき、何人も等しく自由と平等と独立の平和状態を享受できるとき、そのときに限る。ロックの選んだ政体は、「立憲君主制」であって、国王が自然法と矛盾する人定法を人民に強制するとか、多数派の合意形成に反する人定法を求める場合は、先駆者たるスペインのビトリアやスアレスのように、国民の「抵抗権」を容認している。
　確かに自然は、すべての生き物に対し生き抜くための才能や能力、個性や適性など「自然財」(natural goods)を等しく賦与した。人間も例外ではなく、自然環境が厳しく、生き難くなると、①競争心・闘争心を煽(あお)って生存競争は厳しくなり、②敵味方が見分け難くなるから不信感を募らせ、③必要以上に自負心を強める。こうした傾向は戦争状態において顕著となる。通常は温和な犬や猫まで爪を砥ぎ、牙を剝いで荒々しい猛獣と化し、目を光らせ、耳を立てた戦闘態勢に入っていく。逆に自然環境が平穏なら、百獣の王ライオンでさえ温和となり、有名なローマのカピトリーナの狼さえも、人間の子

供を食べるのではなく，母親代わりに乳を吸わせる。平和共存状態では生きもの本来の美徳を発揮し互いに労わり合い，互いに愛しみ合い，互いに助け合うという諸美徳を発揮する。こうした自然法則の重要性はアリストテレスの倫理に先立つ自然重視の視点にも見出される[5]。

17世紀オランダのスピノザはいう[6]。「人の心を征服するには決して力ではなく，愛と寛容によってのみ可能である。…人の愛を勝ち取るには正義心が必要である。…国民の幸福は最高の法である。…国家は国民の幸福のためにある。」この点についても，アリストテレスの自然を根拠とする『ニコマコス倫理学』[7]で強調されている。

現在のところ，社会的協力の単位は，まだ国家であり，それゆえ，理念も共通ルールも各国各様である。アカデミックな価値の根拠には，国境は無に等しいが，今なお社会的価値の判断，取分け歴史認識については自国に甘く普遍性に欠けている。「ピレネの此方で正しいとされる社会的協力の仕組みは，ピレネの彼方では否定され，社会的協力の仕組みとして，その理由体系として，また科学的な根拠として不十分か，正しくないか，正義に反するとされる」ことも多い。真偽問題はピレネの此方も彼方もない。科学的普遍性が要請され，今後ますます「国際司法裁判所」で審議されよう。歴史認識の矛盾が国際紛争や戦争の一原因である。各国が寛容の精神を訴えても，矛盾する前提の下では，この地上から戦争はなくならない。どうすべきか。

9.5　ロックの立憲君主制の社会的協力の仕組み

ピレネの此方と彼方との価値基準の違いは科学技術の発展に伴って次第に同化に向かい，取り分け「社会契約論」の発想が導入されて以来，王の命令か，神の命令か，上からの正当化か…，とされてきたが，アウグスティヌス時代になると「自然法」(lex naturalis)や「自然権」だけが社会的な正しさ

---

[5]　Aristoteles, *Physica*『自然学原論』を参照。
[6]　Baruch de Spinoza, *Tractatus Teologico-Politicus*, 1670, 19.
[7]　Aristoteles, *Ethica, Nicomachea*, アリストテレスの『ニコマコス倫理学』で強調されている上下，高田三郎訳，岩波文庫，青604-1〜2を参照。

の根拠とされた。中世封建主義から近代民主主義の過渡期にあったホッブズの社会契約論は，中世の「自然法概念」と近世の「合意形成論」を共に二元論に包括した。ホッブズは「指導者への権力付与には，全国民の合意形成が必要である」と指摘し，また，ロックも「合意なき権力への服従は無効である」とし，双方ともに社会的な統合における合意形成の不可欠性を認識していた。言い換えると，両者は合意形成こそは合法的な社会にとって不可欠な要件であって，社会的協力における最も重要な必要条件とした。

　ルソー（Jean-Jacques Rouseau, 1712～1778）も，ホッブズやロック（John. Loke, 1632～1704）の影響の下に，「合意形成こそは社会的な権威の合法化にとっても，社会秩序を維持する上でも欠かせない基本要件である」と述べ，彼らは共に「合法化の根拠であるべき合意の意義」と「統治と法の支配の根拠たるべき合意の理由」について深く洞察していた。

　またロックは『統治論2編』第16章「征服について」で「合意」（agreement）の重要性について以下のように述べている。「強盗が侵入して喉元に短刀を突き付け，強制的に資産譲渡契約書に捺印させたとせよ。その強盗は何らかの権利を得たことになるだろうか。武力で服従を強いる不正な征服者が剣で手に入れる権利とは，所詮，このたぐいの権利に他ならない。戦争に訴えて征服や略奪の限りを尽くし，征服者が被征服者に対して隷属や隷従を強いたにせよ，彼らが獲得する権利はまったくない」と。

　これはロックの名言であって，帝国主義時代の世界に与えた波紋は極めて大きかった。ロックは剣で手に入れた問答無用の権利取得は，戦争に訴えて侵略・征服・略奪の限りを尽くす国家の盗賊行為に等しく，相手国の合意を無視した権利の略奪行為であって，権利を奪われた相手国の自尊心はひどく傷つく。したがって，奪ったものが領土の所有権なら，即刻，その所有権を相手国にお返しすべきだ。

　ロックと同時代のバークリ（G. Berkeley, 1685～1753）は「耐え難い専制に対しては畏敬の念を以て抵抗してもよい」と述べ，さらに「下位の者は上位の者を処罰できない」〈Contra monarchon, vol. 3. §8〉と主張した。これに対しロックは「殴り返さずに暴力に抵抗する方法ってのは，一体どのようなものか，また畏敬の念を抱きつつ相手を殴る方法とは，一体どのような殴

りかたなのか」[8]と皮肉っている。

　バークリは「散々殴られ打ちのめされても我慢を続け，許しを請う哀れな姿を念頭にしていた」が，ロックはこれに対し「殴打と畏敬とを融和できる御仁なら，その報いとして至る所で丁重で慇懃な棍棒の殴打に見舞われるに値いする」という[9]。バークリは「下位の者は上位の者を処罰できず，国民は君主への抵抗は厳禁」だが，ロックは「君主が国民の信託に背き暴力を行使すること自体がすでに宣戦布告」を意味している。だから「国民は正々堂々応戦すべきで，君主の暴力に屈してはならない」。「力に対して力で抵抗すること自体，両当事者を平等の地平におく戦争状態の特徴であって一切が帳消しにされた状態ゆえに上下の差別も畏敬の念もない」。「不正な攻撃者に抗する者が優位者，ゆえに戦争状態を招いた上位者の権威は通用するはずがない」とロックは考えた。

　以上，ロックの普遍的な社会的協力の仕組みは，基本的には個人の権利を最優先し，社会は個人の福祉のためにある。その基本的人権は自然法の下に天賦にして万人に自由・平等・独立の権利とし，社会契約の目的は，これを安定理に享受できる社会的協力の状態を「合意形成」により形成することであるからロックの社会契約から得られる国家は，国民へのサーヴィス機関に他ならず，いかなる理由があれ，個々人の基本的人権の侵害は許されない。ロックが強調した基本的人権の尊重は，民主的社会の基本原理として後世のアメリカ独立戦争（1775〜83）やフランス革命（1789〜95）にも，強い影響を与えた。ロックは自然法に優る権威も理性の正義に優る権威も認めない。ゆえに社会的協力が正しいのは，国民の合意形成に基づく統治であって，人定法が自然法違反に対する罰則規定であるとき，そのときに限る。

9.6　ルソーの共和制の社会的協力の仕組み

　J. ロック（John. Loke, 1632〜1704）は，ホッブズ後，イギリス型の人民主

---

8)　J. Locke, *Two Treatise of Government*, §19, 235.
9)　*Ibid*.

権の立憲君主制を目指したが，これに対しルソーは，君主のいないフランス型の人民主権の共和制社会の構築を目指した。

　ルソー（Jean-Jacques Rouseau, 1712〜1778）は，天文学は迷信から，雄弁術は野心と憎悪と追従と虚言から，幾何学は吝嗇（りんしょく）から，物理学は空虚な好奇心から，道徳を含む一切のものが高慢から，また学問や芸術を人間の悪徳に由来するとし，さらに，奢侈（しゃし）が芸術を，不正が法学を，戦争が歴史学を必要とすると述べた。ルソーの自然状態は，初期の『学問芸術論』で讃美されていた楽園状態だった。ルソーは自己愛や憐憫（れんびん）の情の自然感情を人間愛の源泉で善性の基礎とし，自然状態を素朴で自然な自由・平等・独立の基本的人権を何人も等しく享受している原初状態として高く評価した。

　しかし，知力や欲望など人間の潜在能力が段階的に発達するにつれて生産技術の向上や私有権の拡大が高まり，勝手に土地を囲って「これは私のもの」と宣言するに至り，私有財産の観念が登場し，自然人らの善性は失われて，自然的自由・自然的平等・自然的独立は残念ながら，人為的不自由・人為的不平等・人為的従属の状態へ導かれた。これが「失楽園」への過程を辿った。

　　失楽園１期：法律や所有権を設定し，富者と貧者を生みだす。
　　失楽園２期：為政者の職を設定し，強者と弱者を生みだす。
　　失楽園３期：合法的権力から専制的権力へ移行し，主人と奴隷を生みだす。

　純粋無辜の自然人らは，人為的差別の規則設定に伴い神的精頽廃の一途を辿って，ついに天賦の真（まこと）の自由・平等・独立の意味が理解できず，こうして美徳なき名誉，智慧なき理性，幸福なき快楽に人生の意義を見出すといった欺瞞や虚構や偏見に毒され，絶望的な袋小路へと追い込まれていく。これがルソーのいう「人為人」である。

　過去の自然人は，自然において己の力で生活していたが，人為人は本来の己の姿を忘れ，自然の外で他の意見の中で他に依存してしか生きていけない。社会状態では何人も人為的な演技と化している。世襲の不合理またしかりである。君主は己の地位を己の家族内に永久化する策を講じて計略を企てた。人びとは秩序安寧という口実の裏に秘められた真実が分からず，隷従と安息

の習慣に足枷の鉄鎖を切断する牙を失って世襲君主の家畜になり下がった。君主は正義を弄(ろう)して民への略奪を企て，また平和を口実に侵略出兵の犠牲を強いる。もし，君主の命令に疑問を抱こうものなら，直ちに腹臓を暴露し，生かすも殺すも汝の自由だ，生かしていること自体恩恵を施していることだと豪語する。ルソーは「**監獄の中にも平和あり**[10]」という。

　ルソーにとって社会的協力の仕組みが正義に適っているのは，国の政策が理性の戒律たる自然法に基づき成員の自発的な合意によって選ばれ，自由・平等・独立の価値がより以上に保障される説き，そのときに限る。ルソーの場合には，君主に与える場所もなければ，封建貴族に与える安住の場もない。君主は存在しないからだ。ルソーは「合意」(convenntion)の重要性を説き，何よりも「多数決原理」に対する満場一致の合意が少なくとも一回は必要である。多数派の合意に委ねることがその後，可能となるからだ。

9.7　ドイツの後進的な社会的協力の仕組み

　英仏両国は，まず宗教戦争によって旧体制の権威失墜を招き，次いで経験論的または合理論的な価値基準から得られる「下からの正義」に支えられた市民革命によって封建秩序から脱皮し市民社会を樹立したが，後進ドイツの場合は，近代化は英仏とは幾分か趣きを異にしていた。フランスの宗教戦争に次いで，ドイツも当時のボヘミア[11]（フェルジナンド治世）には新教勢力が強かったが，国王は旧教徒として新教徒に迫害を加え，ドイツ皇帝も弾圧を支持したためにボヘミア人は反乱を起こし「30年戦争」が勃発した。

　　旧教側：イスパニア，ボヘミア，ドイツ皇帝など，
　　新教側：デンマーク，スウェーデン，フランス，イギリスなど。

　しかし，ルイ13世治下フランスの国力増大に伴って，イスパニアによる旧教国への援軍派遣が抑えられるに至り，皇帝軍は次第に不利な状況に追い込

---

10)　J. J. Rousseau, *Du Contrat social, ou pricipes du droit politique*, 1762, I, §4. 『社会契約論』中公版, p. 236.
11)　チェコの中心地。第一次大戦後チェコスロヴァキア共和国の一部となった。首都はプラハ。

まれた。結果は新教側の勝利に帰し「ウエストファリア和平協定」(1648)により新旧両教徒に平等な権利が認められた。「30年戦争」はドイツ国土の分裂と財政的な貧窮と人心の荒廃を招いた。オランダとスイスとが独立し，フランスはライン川左岸を獲得し，スウェーデンの領土も拡大され，英仏は黄金時代を迎えたが，ドイツは史上の空前の沈滞時代に入って1世紀半もの文化的後進性を余儀なくされた。「30年戦争」や「イスパニア継承戦争」においてドイツ皇帝を支援し一躍名声を博したブランデンブルグは，17世紀にプロシア王国として昇格したが，18世紀はフレデリック・ウイリアム1世の「富国強兵策」で強化され，フレデリック2世治世には旧勢力オーストリアをも凌ぐ勢力となった。こうして18世紀ドイツは，依然として封建秩序が支配的で産業市民層の活動も自我の意識も低調だった。自由・平等・独立の気風も希薄だった。このドイツ的後進性は旧教的な認識枠組みや価値基準と無関係だったとは思えない。

　フレデリック2世は「オーストリア継承戦争」(1740〜48)や「7年戦争」(1756〜63)の危機を切抜け，戦乱で荒廃した国土振興や農工業の生産増大，教育改革や軍備拡充など，文化向上や富国強兵を推進し，国家第一の公僕と自称し，臣民と苦楽を共にする専制君主であったが，先進英仏の啓蒙主義の思想を無視できず，自ら啓蒙君主として英仏へのキャッチアップを目指し，近代化への指揮棒をふった。

　イギリスの近代化は，ロック社会契約論における市民社会構想に基づいて「下からの正義」の要請で自発的に達成された。一方，フランスの近代化はロックの影響の下に，フランス的な精神風土に独自の工夫を施したルソーの社会契約論に滲み出る革命精神に支えられて達成されたのである。イギリスからフランスへ飛び火した近代化の炎は激しく燃え上がり，隣国ドイツからして啓蒙運動は無関心ではなかった。啓蒙専制君主フレデリック2世は先進英仏の啓蒙思想を率先して受容し，これを「ライプニッツ・ヴォルフ哲学」に結合しようと企てた。啓蒙専制君主のフレデリック2世に先手をうたれた「上からの近代化」政策は，眠れる臣民に外圧の不安と恐怖の念を植付けて目覚ます効果を与え，英仏とは違って啓蒙思想それ自体が逆に絶対君主制を強化する結果となった。これは君主自らの国策として安眠を貪る知的に未熟

な臣民の口に注ぎ込まれた予防薬であり，計算された「上からの啓蒙策」に適うものであった．フレデリック2世の「御用哲学」はライプニッツ・ヴォルフ哲学だったが，他にも「普遍哲学」を目指すレッシング（G. E. Lessinng, 1729〜81）やヘルダー（J. G. Herder, 1744〜1803）哲学など静かな「下からの啓蒙」もあったが，正統派の哲学を継承するカント（I. Kant, 1724〜1804）の民族哲学に圧され，ドイツ観念論に基づく「上からの啓蒙」に抗しうる力はなかった．ライプニッツによれば，人間の生活空間である現実世界は，自然の最高の設計者で，道徳の最高の立法者である神の意思が具現された「最善」の世界であり，互いに独立した「単子」(monade)[12]によって構成されている．現実の世界は，眠れれる単子としての物質から，判明なる最高の単子としての神に至る「位階的系列」をなしている．「神の予定調和」の思想は，世界が選ばれるべくして選ばれ，調和と統一において完全であるという「最善観」を前提としており，「可能世界」の内でも最も完全な世界が選ばれたのが「現実世界」なのである．

　ライプイッツによれば，「正義」とは一般に，調和・適分性を意味し，各人が不満を抱くことなく行為せんとする堅固な意思をいうが，これには調整的正義，配分的正義，普遍的正義の3段階がある．これらの正義はすべて神の予定調和の内にあって，現実世界の各段階の秩序を形成するのである．

ライプニッツの位階的正義

　　（普遍的正義）　　有徳な仕方で生きるべし．善と功利性に適合
　　（配分的正義）　　各人に彼のものを与えよ．価値相対的な平等
　　（調整的正義）　　何人も傷つけてはならぬ．万人に平等な権利

　ライプニッツは，数学を「普遍的特性描写」(charecteristica universalis)と考え，「思考を計算で置き換える学問」とした．そして，正義や道徳までも計算によって推論されるとした．自然界には無秩序と思われるものは何一つない（『ワグナーへの手紙』）とし，いかなる哲学論争も計算によって解決できないものはないと．B.ラッセルはいう．たとえ論争になろうと二人の哲人の間には二人の計算士に生ずる以上の紛争は生じない．手にチョークを

---

[12]　G. W. Leibniz, *Monadologie*, 1714, 1.

持って黒板に向かい，望むなら友人を証人とし，「さあ計算しよう」と言い合えば済むからだ[13]。ライプニッツは数学的な関心を万学に敷衍できると勘違いしていたことは，後のタルスキーによって証明された。

9.8 カントの普遍妥当な永久平和の憲政組織

カントの『純粋理性批判』は，普遍妥当な学的認識を先験主義の立場から権利根拠として基礎づけ，認識形式の関数として世界を構成的に捉える主観優位の認識論を体系化することを狙いと，直観形式として時間と空間を挙げ，悟性形式として12個の範疇（Kategorie）を挙げている。まずカントは「物自体」（Ding an sich）の不可知性を導き出し，学的認識の主導権を客観（Subjekt）ではなく，主観（Objekt）に求め，従来の認識論の常識を破って「主客転倒」のコペルニクス的転回を図った。こうして一切の認識は経験と共に始まるが経験から得られるのではない。このようにカントの認識論は「主観優位」の認識論である。

次に，カントの『実践理性批判』の狙いは，意志の規定根拠である理性の能力を問うことだった。カントの「実践理性の形式的原理」は，汝の意志の格率（Maxime）が常に同時に普遍的立法の原理として妥当するようそのように行為すべきである，とされる。この「定言命法」（Kategorisch Impeerative）は実践理性原理であった。その実質的原理は，汝は，汝の人格におけると同様，あらゆる他者の人格における人間性を常に同時に目的として使用し，決して手段として使用することなく行為すべし，とされる。カントも社会契約論の伝統に属し自然法を信じ，自然状態を仮定しているが，カントの自然状態は無法状態であり，暴力行為の可能性がある。社会契約の動機は我われが法的規制の下に結合すべき義務に求められ，これを「自然法」の最高原理とし，この契約によって市民状態へ移行する。カントからみれば，法的外的規制への服従は，同時に，道徳的内的規制への自律的服従を意味する。

---

[13] B. Russell, A History of Western Philosophy, 1946, B. ラッセル『西洋哲学史』（下）市井三郎訳，p. 68f.

というのは，法体系自体が普遍妥当な客観的道徳律「汝の意志の格率が常に同時に普遍的立法の原理として妥当しうるよう，そのように行為せよ」を基礎として確立されているからである。カントの「合法性」は同時に「道徳性」と合致する。

　定義１．法の外的強制は，それが普遍妥当な道徳律と矛盾しない限り，同時にそれは自律的な内的強制である。

　定義２．いかなる行為であれ，行為が正しいのは，その行為により各人の持つ自由が他の何人の自由ともある普遍的法則にしたがって両立しうるとき，そのときに限る。

　カントは「自然状態」を「無法状態」または不正な状態とし，不正な敵に対する国家の権利には限界がなく，公的契約の違反等々，権利を侵害された国家は，力の及ぶ限り，自らに許された手段を用いることができる。カントは「戦争」の権利，「敵対行為」の権利について，法的状態にある場合には，係争は訴訟または調停で片付けられるが，諸国家が自然状態にある場合にはそうはいかないので，ある国家が他の国家によって侵害されるような場合には，どうしても自らの力で自らの権利を守らなければならず，ゆえに戦争は許される[14]方法ではあるが，その目的は公的契約の違反など不正な敵の力を剥奪するためであるから，戦争への傾向に不都合な新たな憲政組織を採用させれば，それで十分であって，不正な敵国をこの地上から抹殺・消滅させるものであってはならない。カントのいう「自然状態」は，法的状態に対する「無法状態」(Zustand der Rechtslogkeit) を意味する「ジャングル状態」であり国家の場合にも個人の場合と同様に契約によって無法状態から脱出し，一定の法的状態へ移行すべきであって，それ以前は個々人のどんな権利も，また国家が戦争によって取得し保持しているいかなる権利も暫定的なものとされる。個々人を国家たらしめる統一との類比でいえば，諸国家を一つの普遍的国家に統一して初めて，国家は決定的に有効となり，真実の「平和状態」が実現される，とカントは考えた。

---

14) I. Kant, Metaphysik der Sitten, 1797.『カント全集』第11巻，吉沢・尾田訳「人倫の形而上学」理想社，1999，pp. 219ff.

しかしカントは，国家規模が広大過ぎても統治に支障をきたし，各成員の保護も困難に陥り，内紛や組織間の亀裂も生じて戦争状態を惹起させるから最終目標たる「永久平和」は実現不可能だが，そんな目標への連続的接近に役立つ諸国家の結合という政治原則は実現不可能ではなく，そうした接近が人と国家の権利と義務に基づき設定された課題である限り，実現可能なものとし，永久平和を巡る結論としてこう述べる。我われの内なる道徳的・実践理性によれば，いかなる戦争もあるべからず。自然状態にある我と汝の間の戦争たると，内的には法的状態にあるにせよ，外的には無法状態にある国家間の戦争たるとを問わずと。戦争は各人が自らの権利を追求するために取るべき方法ではないからである。

　永久平和はあり得るか否か。もし，あり得るなら，我われは自らの理論的判断において自己を欺くことになりはしないかは問題ではなく，永久平和はあり得ないにせよ，それがあり得るかのように行為しなくてはならず，永久平和の樹立と戦争を終結し，永久平和を招くために最も適した「憲政組織」（おそらくすべての国家を統合した共和制度）に向かって努力しなければならない。こういう意図の成就は敬虔な一願望であれ，それを目指して不断に努力する格率を想定しても，その格率は義務である以上は，決して己を欺くことにはならない。逆に，己の内なる道徳法則を欺瞞的とする方が一切の理性を喪失させ，他の動物と同一視して嫌悪すべき願望を生ぜしめよう。こうした普遍的・永続的な平和の樹立は，理性の限界内の「法論」の一部であるばかりか，究極目的であることは，「平和状態」においてのみ各人の権利義務が法の支配の下に置かれ，自他ともに憲政組織においてのみ権利と義務が保証される状態にあることから明らかであろう。

　では，至高の憲政組織をどのようにして選ぶかだが，それは過去の経験からではなく，理性からア・プリオリにであり，個々人の法的結合の理想から導かれる。こうして選びだされる「諸法則が支配する憲政組織」こそは最も崇高な理念であって，もし革命的・飛躍的な暴力的転覆によってではなくて確固たる原則に基づく漸進的改革によって企てられ遂行されるなら，連続的接近という形態で最高の政治的善である「永久平和」へ導かれるのであるとカントは述べている。

以上がカントの義務論的「永久平和論」の要旨であるが，時代的な背景はカントの時代と今日では大きく異なる。しかし要は，永久平和が可能か否かではない。永久平和のための至高の憲政組織の理念といった人類共通の努力目標を掲げたことに意義がある。だがカントの永久平和のための憲政組織は，従来の国際社会を前提と現在の国連が抱えている諸問題にどう対応すべきかという難問にぶつかるが，その憲政組織は各国を統合した共和制度とみなしている点から，そうした共和制の制度は現在の「国連」を意味していないと言うかもしれない。現在の国際連合（United Nations）は，社会的協力の理念と共通ルールが個々ばらばらな諸主権国家の連合体に他ならず，科学技術が想像を超えて急速に発展したからである。

9.9　ロールズの普遍妥当な世界政府の仕組み

　J. ロールズは，上記カントの『永久平和のために』(1795)[15]を模範として『万民の法』(1999)を完成させた。カントは永久平和を巡る結論に置いて自然状態における我と汝の間の戦争，内的には法的状態にあるが，外的には無法状態にある戦争を問わず，戦争は己の権利を追求するために取るべき方法ではないとして，すべての戦争を否定し，永久平和はいかに現実には困難なことであれ，あり得るべきこととして行為すべきで，戦争を終結しかつ永久平和を招くために最も適した憲政組織（各国を統合した共和制度）に向かって不断に努力すべき義務がある，と考えた。

　では，そうした至高の形成組織はどんな方法で導かれるか，それは過去の経験からではなく，人間の理性からア・プリオリに個々人の法的結合の理想から導き出されるべきで，諸法則が支配する憲政組織こそが最も崇高な理念で，暴力的な転覆によってではなく，確固たる原則に基づく漸進的な改革によって企てられ遂行される限り，連続的な接近という形で最高の政治的善である「永久平和」へと導かれると考えた。しかしロールズは，通常，各国の

15）　J. Lawls, *The Law of Peeoples*, Harvard University Press, Mass. 1999. ロールズ『万民の法』中山竜一訳，岩波書店，2006。

中央政府の行使する諸々の法的権限を有する統一的な政体を「世界政府」と称するが，世界政府は地球規模の専制体制になってしまうか，各地の民衆が政治的な自由や自治の獲得を目指して，頻繁に引き起すような内乱によって引き裂かれた脆弱な帝国支配となってしまうかの何れかであろうとし，世界政府に対しては否定的な立場を示した。

　カントは永久平和へ導く至高の憲政組織への不断の努力を義務論的に論じ，その憲政組織は「各国を統合した共和制度」を云うとしたが，これに対してロールズは『万民の法』の判断に従って各国間の社会的協力を調整したり，一定の承認された義務を果たすという任務を負うような多種多様な機関が存在することになるかもしれない[16]とし，そうした機関として理想的な意味において理解される「国際連合」を挙げている[17]。ロールズにとって，このような「国連」に類似する機関とは，秩序だった万国万民の社会を代表してそれ以外の国々の正義に反した国内制度や，人権侵害の明白な事例に対して非難する権限を有する機関も含まれ，目にあまる場合には，経済制裁や軍事介入の権限を行使し，不正を糾すこともある。そうした権限行使の射程は，万国万民を被っており，その国内問題にまで及ぶものとする。これで明らかのようにロールズは世界国家や世界政府を支持されないものとし，カントの「永久平和のための憲政組織（各国を統合した共和制度）を現在の国連のような「国際組織」と解釈している。

　こうしたロールズのカント解釈は，もし，それが正しい解釈であるなら，カントの永久平和のための憲政組織は，従来の国際社会を前提にしており，現在の国連が抱えている諸問題にどう対応すべきかという難問にぶつかることになる。しかしカントは憲政組織を「各国を統合した共和制度」と捉えているが，もし，カントが今なお生きていれば，「私のいう各国を統合した共和制度は，現在の国連を意味しない」と応えるかもしれない。なぜならば「国際連合」（United Nations）は社会的協力の理念と共通ルールが個々ばらばらな諸々の主権国家に基づく連合体であって，今日のように，科学技術が

---

[16]　*Ibid*, p. 48.
[17]　*Ibid*.

想像をこえて急速に進歩し，かつての一独立国のように世界規模の政治的・経済的・社会的協力が有機的・全体的に成立し，しかも高度情報化によって社会的協力の範囲が世界全体に広がってきた現在の社会とはまったく状況が異なっていたからである。

そこでロールズは，新たな「社会契約論」を駆使し，国境を越えて適用される普遍的な「公正としての正義二原理」を導き出し，それをグローバルな協力の時代に必要不可欠な人類共通の「理念」（正義二原理を核とする）と「共通ルール」（万人の法）の核に据えたのである。

具体的にいえば，「国連」は，国連憲章の前文で「われら連合国の人民は，われらの一生の内に二度まで言語を絶する悲哀を人類に与えた戦争の惨害から将来の世代を救い，基本的人権と人間の尊厳や価値と男女や大小各国の同権とに関する信念を改めて確認し，正義と条約その他の国際法の源泉から生ずる義務の尊重とを維持することができる条件を確立し，一層大きな自由のなかで社会的進歩と生活水準の向上を促進すること……」と明記しているが，ロールズは「正義二原理」によって憲章の「正義」を明らかにし，また「万民の法」が万民に尊重されるべき憲章の「義務」の意味を明らかにしようとしたとみれば，納得のいく解釈がえられよう。

しかし問題は，ロールズの正義と義務の概念が合理的根拠に基づき正しいとされ，しかも万民の合意が成立したにせよ，絵に描いた餅にしないためには，それを司る共通の政府と「法の支配」つまり「正義の支配」が不可欠の要件であるに違いない。しかし国連は，国連憲章・第二条１項で「加盟国の主権平等の原則」を掲げ，表向きは平等とはいえ，戦勝国と敗戦国との間に発言権が大きく異なる独立国家か主権国家を前提とした諸国家の連合体とされている点である。

国連には，共通の「理念」や「ルール」は存在しても，共通の政府が存在しないから，国内事件なら犯罪は強制力を有する裁判によって解決されるが，国連ではせいぜい経済的制裁，軍事的制裁に留まるから，従来どおり戦争の余地を残し，最終的には，武力による解決しか期待できないという点に大きな問題が残されている。ちなみに，相手が軍事大国である場合に，果たして国連は立ち向かうことができようか。一大国が国連決議を無視し，拒否権の

行使を恐れて単独行動で武力行使の挙にでるとき，国連はそうした我が侭を抑えられようか。相手が小国であれ，核兵器は容易に入手することができる今日，「人類を最期の道連れに！」という危険を避けることのできる保証は，実際，ありうるのだろうか。

　現実の世界は，国際的ジャングル状態である。寄らば大樹の影というが，国連は現在の国際的ジャングル状態に君臨する五大恐竜を中心に集う加盟国193カ国の連合体である。これをサロンとみなす人も，また仲良しクラブとみなす人のいるが，個人がジャングル状態から飛び出し，社会的協力の状態へと移行した理由は，より深刻な死活問題が伴っている。この事実は国家の場合にも明確である。各国が個々ばらばらな国益を求め競い合う現在の国際的ジャングル状態を放置し国連に救いを求める限り，大なり小なり，戦争はいつまでも続く。しかも，兵器の威力は飛躍的に増大し，すぐに世界に拡散する。戦争の可能性を残しておくことは，最悪の場合には人類絶滅の可能性さえ残すことを意味している。

　状況は変わった。すでに実態は政治的にも，経済的にも，また社会的にもグローバルな協力の時代に入った。しかし，それにもかかわらず，政治的な対応が遅れ，依然として，世界の現状はジャングル状態を呈し，個人の場合にそうだったように，すでに国家による法の支配も及ばず，国家の手に負えない難問が続出している。国家の限界を承知しつつ，国家間に熾烈な競争や残酷な戦争が続いている。こういう事態になれば，ロックやルソーがすでに社会契約論で述べたように，人間の理性や良心は，自らに対し競争から協力へ，戦争から平和への仕組みを考えたいのである。あくまでも現在の国連に固執するのではなく，国連の前提を含めてグローバルな協力の仕組みを問い直すべきときが来たと考える。

　ロールズは『正義の理論』で展開された「正義二原理」を国際憲章に謳う正義と義務の概念に置き換え『万民の法』へ敷衍し，前著の手続きとの類比において自由で民主的な諸国人民の正義原理として纏めた。その主な原理はこう定式化された。1) 各政府によって組織される人民は，自由で独立しており，その自由と独立は他の人民から尊重されるべきである。2) 万民平等であり，自らの合意を取りきめる当事者である。3) 万民は，自衛の権利を

保有するが，戦争の権利はもたない。4) 万民は他の社会への内政不干渉の義務を遵守すべきである。5) 万民は条約および協定を遵守すべきである。6) 万民は自衛目的を前提とする戦争遂行に課された一定の制約を遵守すべきである。7) 万民は人権を尊重すべきである。などなど。

　ロールズは自衛権を認め，戦争権は認めない。これは可能か。グローバルなジャングル状態で最悪な事態を避ける術は，現在の国連にも存在しない。また4)で内政不干渉の義務を求めるが，時代錯誤ではないか。また6)で自衛目的であれ，戦争遂行の制約を守るべきとするが，たとえ条件付であれ戦争を容認せざるを得ない仕組みに平和を維持する資格や能力があるのか。科学技術の急速な発展と，高度情報化社会の政治的・経済的・社会的協力のグローバル化という歴史的環境の変化は，我われ人類に対して新たな課題を突き付け，速やかな合理的解決を迫る。各国の反応は，核拡散，国際テロの拡大，地球環境の破壊など従来の理由を以ては解決できず，しかも，一国では解決不能な難問に戸惑いを覚え，判断中止に陥っている。

第10章　世界政府は必要である

> 10.1　ニュートンの予言「世界の終末」
> 10.2　ラッセル・アインシュタイン宣言
> 10.3　ラッセルの「ウイーン宣言」
> 10.4　ラッセルの「オシリスへの嘆願」
> 10.5　世界政府の論理と倫理
> 10.6　国連の改組による一時的対応

10.1　ニュートンの予言「世界の終末」

「万有引力の法則」の発見で有名なニュートン（I. Newton, 1633-1727）は[1]，旧約聖書ダニエル書を解読し「世界の終末」を早ければ2060年と予言した。何とも不気味な予言だが，近年の地球上の異常気象や桁外れの自然災害などの他，地球環境の破壊進行や若者の自殺や残酷な殺人事件など人心の乱れも異常と化し，さらに見えざる手を失った市場主義の権利義務の盲目や若者の夢と希望の喪失に加えて，頻発する自爆テロや核の拡散傾向，それから世界規模の経済格差や教育格差の拡大を洞察するなら，いまなお，イスラエルの「ヘブライ大学図書館」に保管されている旧約聖書ダニエル書を解読したというニュートンの直筆文書によれば，早ければ2060年に世界の終末が来るという。人類に残された時間は，もう少ないのかも知れない。

　ニュートンの予言は，私たち人類が①「世界の終末を選ぶのか」それとも②「グローバルな協力によって生き延びる途を選ぶのか」というパラダイム転換期に差し掛かったことを意味している。要は，①か②か。自然は運命の選択を人類自身に委ねた。自然が人類に与えた最期のチャンスを我われ人類

---

1)　朝日新聞，2007年6/21（木曜日），3版△2に掲載記事の切り抜き。

は活かすか，殺すのかは自由だ。しかし①を選択すれば，②を選択する余地はない。①に未来はない。それが嫌なら，②を選ぶしかない。

では，②を選ぶべき余地はあるか。もし，あるとすればいかにしてか。

問題は各国の理念と共通ルールの多様性にあり，その多様性ゆえに戦争は起こるべくして起きた点である。我々は歴史の流れを見抜き，科学技術の急速な発展と高度情報化社会の政治的・経済的・社会的協力のグローバル化という歴史的な変化に適切に対応すべく，戦争回避と裁判による権利係争の平和的な解決をおこなうために，アリストテレスが都市国家ポリスから世界国家コスモポリスへと移行し，共通の理念や共通のルールの下で合意形成に基づき平和共存を唱えたように，またヘレニズム期ストア学苑の開祖ゼノンが，人間は別個の正義の基準に照らし別個のポリスに分かれて生きるのではなく，あたかも共通の牧場に草食む羊のように，人類に共通の自然法である普遍的な理性（koinos nomos）の下に，単一秩序を形成して生くべきとしたその合理的な仕組みゆえに，武力によって解決をはかる必要など，全くない平和な世界を築きあげるべきではないか。

人類の叡智と勇気を総動員すれば，この地上をその合理的な仕組みゆえに戦争に訴える必要など全くない世界に変えることができる。その仕組みとは何だろうか。要は，羅針盤である。人類全体の「合意形成」に基づき共通の合理的な理由体系に則り，共通の世界的評価を下しうるようなグローバルな協力（global cooperation）へ転換することである。すでに「EU」は経済的な羅針盤を共有する「欧州連合」へと舵を切って基礎固めに着手している，と思われるが，この試みは羅針盤の世界的統合を目指す壮大な実験の一里塚であるといえるだろう。

圧倒的な力を誇るアメリカ，とりわけブッシュ（Bush Jr. Geoge）大統領は，力による解決を誇示し，最終的には，いかなる目的達成も戦争によって可能だとした上で，日本は一体どちら側に組しているのかと詰問したようだが，世界を恐怖の坩堝と化したかの「9/11の事件」以降，賢明なアメリカ市民らは「人の心を征服するには，けっして，力ではなく，愛と寛容によってのみ可能である」とし，アメリカはすべて正義として神に救いを求めるブッシュ大統領の悲壮で悲痛な祈りと思わせる「テロ絶滅宣言」は，戦争の傲慢さを見せつけるかのような「戦争」による目的の達成にも，不可能なものはあることを悟りはじめたようである。

　（英）ロック（john Locke, 1632〜1704）と同時代の啓蒙主義者「愛と正義と幸福の哲学者」（蘭）スピノザ（Baruch de Spinoza, 1632〜1677）の「人の心を征服するには決して力ではなく，愛と寛容によってのみ可能である。…また，人の愛を勝ち取るには，正義心が必要である。…，国民の幸福は最高の法である。国家は国民の幸福のためにある」といった時代が到来したのである。ヨーロッパ市民革命期後の啓蒙主義者たる（蘭）スピノザは，（仏）ルソー（J. J. Rousseau, 1712〜1778）の先輩でもあった。

　こうして，ロック，スピノザ，ルソーなど斬新な社会的協力の理念と共通ルールと人権思想の下に生きるために戦う状態から，生きるために協力する状態へと移行した。そして暫く，平和の有難さを経験したが，産業革命後の科学技術革新に煽られ，その後，本性的に盗賊国家然とした「帝国」が出現した。先進ヨーロッパ諸国は，富と植民地を求めてアジア，南北アメリカ，アフリカへと進出して群雄割拠の分捕り合戦を展開し，それまで500カ国のヨーロッパ諸国がひしめき合い戦争し合っていた戦争状態から，20世紀初頭にヨーロッパは25カ国に統合され，世界の9割近い土地を占領し支配するに至ったわけである。

　しかし，エメリー・リーブズ著『平和の解剖』稲垣守克訳，1945によれば彼は「なぜ，戦争が起きるか」について検討を試み，その原因はこうであると述べている。

　「戦争は社会的集団，つまり，部族，王朝，教会，都市，民族が無制限の主権を行使したとき，常に発生する。これら社会的集団間の戦争は，主権的

権力が彼らから，より大きな，より高次なる単位に移されたときに終わる。しかし，それによってたとえ平和がもたらされても，新しい主権単位がさらに接触しはじめると，また戦争がはじまる」という。

　第一次世界大戦（1914〜1918）も，第二次世界大戦（1939〜1945）も，そういえば無制限の主権を行使したから戦争が勃発した。アメリカ参戦で勝利し「国際連盟」を形成して僅かながら安定化したが，再び，第二次世界大戦が勃発し，広島・長崎への原爆投下によって第二次世界大戦は終了。民族自決の動向と帝国の崩壊に伴って旧植民地は分離独立し，1945年発足時に51ヵ国だった「国際連合」への加盟国は，現在では193ヵ国に増大した。

10.2　ラッセル・アインシュタイン宣言

　ニュートンの「万有引力の法則」(1687)からアインシュタインの[2]「特殊相対性理論」(1905)迄に218年，また「一般相対性原理」(1916)によって$E=MC^2$（エネルギー＝物質×光速の2乗）という威力を発見する迄に僅か11年，ついに人間は「人工太陽」を目にした。私は国民学校3年，これは第三の火だという。1945年8/6，日本人はピカ・ドン…？　という前代未聞の「新型爆弾」によって広島即死8万人・後死20万人，長崎即死4万人・後死14万人の犠牲に泣き，今なお静かに犠牲は続く。

　ラッセルによれば[3]，大変怖い「ペンタゴン報告」(1958)が世界に衝撃を走らせた。もう古い話になるけど，「NATOとワルソーとの核戦争」による死者数アメリカ人1億6千万人，ロシア人2億人，イギリス人全員，その他のヨーロッパ人全滅と推計した。

　この報告は現実の「軍拡競争」の熱を冷ますどころか，逆効果を煽ったその愚鈍さに怒り心頭に達したラッセルは，世界の科学者組織"The Pugwash Movement"と密接に関係して，「ラッセル・アインシュタイン宣言」(1955,7/9，アインシュタインは死の2日前に署名)を米，英，ソ，仏，中，

---

2)　拙著，正義の研究5『合意形成論』成文堂，pp.77〜79を参照。
3)　*Ibid*, p.271.

加の各政府首脳に送付し，これに続いて，①核軍縮の緊急性，②核実験の禁止，③掃除報復防止，④核拡散の禁止を世界に訴えてきた。

「ラッセル・アインシュタイン宣言」(1955,7/9)
　人類が直面している悲惨な現状において，我われは大量破壊兵器の発達の結果として起った危険を見積り，ここに添付した草案の精神に基づく決議を論議するために，科学者らが集まって会議を開くべきと考える。この際，我われが語るのは，…人間として，人類の一員としてである。…我われはみな同等な危険に冒されている。もしその危険が理解されるなら，全員が挙ってそれを変えていく希望がある。
　我われは新しい考え方でものごとを考えるよう学ばなければならない。我われが自らに問うべき問題はこうである。その結果が全人類に災害をもたらすに違いない軍事的な争いを予防するためには，いかなる手段を取り得るかである。…最高権威者らは，水爆戦争が人類を終焉させそうである点で全員一致している。即死はほんの少数であれ，大多数は病気と分解作用で徐々に拷問にかけられる。…我われの最も多く知っている者は，最も悲観的になっている点を知っている。そこで，今諸君にこわばった恐ろしく避けられない問題を提起する。－我われは，人類を終りにするのか？　それとも人類は戦争を放棄するか？
　我われの前には，もしそれを選べば継続的に進歩しつつある幸福と知識と知恵がある。しかし，喧嘩を忘れ難いからと，その代わりに，我われは死を選ぶだろうか。我われは人間としての人間に訴える。－諸君の人間性を記憶し，他のことを忘れよ。もし，それが可能なら，道は新しい楽園に開かれている。だが，もし，それが不可能なら，諸君の前には，人間絶滅（全人類の死）の危険が待ち受けている。

　また，ラッセルは「世界政府国会協会」(1955/8 ロンドン) に次のような「決議案」の動議を提出した。
「世界政府国会協会への決議案」動議 (1955,8)
　将来，世界戦争があるとすれば，必ずや核兵器が使用される危険があり，

また，その兵器が計り知れない災難と破壊を惹き起す脅威があるので，我われは世界の各政府に対し，その目的の遂行に世界政府によることはできないことを悟り，かつそれを公に承認するよう勧告する。その結果として我われは，最近の科学の発展が人類全体に対して，どういう意味を含んでいるかを即時調査するよう，そして，国際紛争のあらゆる問題を平和的に解決する方法を促進するよう勧告する。

ラッセルは後に「世界の科学者組織」，"The Pugwash Movement"の精神を支配する次の「決議文」を信書に同封し，各国首脳に送付した。
署名者は Max Born,
R. W. Bridgeman,
Albert Einstein,
L. Infeld,
J. F. Joliot-Curie,
H. F. Muller,
Linus Paulinng,
C. F. Powell.
J. Rotblat,
Hideki Yugawa,
Bertrand Russell,
全員ノーベル賞級研究者，合計11名。

拝啓　私は核戦争に関する最も優れた若干の科学的権威者によって署名された「声明書」をここに同封します。同書は各戦争が含意する徹底的な取り返しのつかない惨害に鑑みて，戦争以外の何らかの方途で国際紛争を解決しうる途を発見する必要がある点を指摘しています。貴台が本声明で論じている問題，しかも，人類が今まで直面した最も重大な問題について，ご意見を公式に表明されるよう熱望します。敬具
　決議－我われは，次の決議に賛同されるよう本会議を通じて世界の科学者と公衆に請い願う。

将来のいかなる世界戦争においても，たしかに，核兵器が用いられようという事実，そして，そうした兵器が人類の継続的な生存を脅威に陥れるという事実に鑑み，我われは世界の各国政府がその目的を世界戦争によって促進することはできないことを悟り，かつ公式に承認するよう勧告する。そして，それ故に，彼らの間のあらゆる紛争問題解決の平和的手段を発見されるよう勧告する。

10.3　ラッセルの「ウイーン宣言」

ラッセルは第3回"The Pugwash Movement"において満場一致の合意形成によって採択された「ウイーン宣言」(1958,9/20) を引用し，こう述べている。

　我われは核兵器の発達が自らの文明と己自身を滅ぼす可能性が明白になったとき，キッツビュールとウイーンで会合をもった。…全面核戦争がまだかって経験したことのない大規模な全世界の破滅を意味する考えに対して全員が一致した。我われの考えでは，核攻撃に対する防衛は，極めて困難である。何も根拠もなく，防衛手段があると信じ込むことは，戦争勃発に寄与することにさえなり得よう。…戦時の核兵器の使用を制限する唯一の途は，平和時にすでに締結済みの核兵器の使用禁止協定を下すこと。…軍備競争は国家間の不信の結果だからである。

　我われは科学者として各民族の信頼と協力を確立すべく貢献することが極めて重要であると信ずる。…我われは，どの科学者も人類と自国のために思想と時間と精力を傾けて国際協力の促進のために捧げるといった責任を認めるよう希望する。

　…科学者は国の安全保障に貢献した者として賞賛されているか。それとも大量破壊兵器を発明し，人類を危険に陥れた者として呪われているか，どちらかである。我われはこういう事態に陥ったその実情を遺憾に思う。そこで平和の維持および安定状態をすべての人と政府とに訴えたい。

　この「ウイーン宣言」は，①全面核戦争になれば人類がまだ経験したことのない全世界の破滅をきたすことに満場一致の合意形成をみた。②核攻撃に

対する防衛は極めて困難だ。③防衛手段があると思い込むのは，戦争勃発に加担した考えで，迎撃ミサイルは根拠のない傲慢さの現れ。核兵器の開発にイタチゴッコはない。人命はリセット不能。迎撃ミサイルの精度向上は攻撃ミサイルの精度向上の悪循環を伴う。④戦時の核兵器使用禁止は，平和時にその使用禁止協定を結んでおくべし。軍備競争は国家間の不信の現れである。⑤我われは各民族の信頼と協力を確立すべく貢献することが重要だと信ずる。⑥我われ科学者は，国家安全保障への貢献者として賞賛されているか，大量破壊兵器を発明し人類の危機を招いた者として呪われているかだが，かかる事態は遺憾である。⑦万国万民に平和と安定を訴えたい。

ラッセルは『人類に未来はあるか』－初めに戦争を発明せる者に呪いあれ－マーローエ，日高一輝訳，理想社，1962, pp. 64f. において，ニュートンが旧約聖書ダニエル書を解読し直筆文書で記した早ければ2060年に「世界は終末する」と予言したように，類似の言説を「核兵器の全面戦争」に当てはめ「人類の終焉」を予言し，その対策を提唱している。

「戦争は人間性の一部である。人間性は変えられない。かりに戦争が人間の終焉を意味するにせよ，我われは嘆息しつつそれを甘受しなければならないとする人がいても，それは偽善的な輩の嘆息である。暴力に魅力を覚える輩や民族がいるにせよ，そうした輩や民族を抑えうる何かが人間性の内にはないということにはならない。殺人に興味をもっている人は，刑法によって抑制されるであろう。我われの大多数は，人殺しが許されないからといって，人生が堪え難いとは思えないはずである。戦争屋たちは認めたがらないことかも知れないが，類似のことは民族についてもいえる[4]」。

10.4 ラッセルの「オシリスへの嘆願」

B. ラッセルは師ホワイトヘッドの指導の下で数学や幾何学の研究を続け，数学全般の論理学への還元問題に成功を収めて，数理論理学／記号論理学を

---

[4] B. Russell, *Has Man a Future?* Geore Allen & Unwin, Ltd. London, 1959.『人類に未来はあるか』日高一輝訳，理想社，1962。pp. 64f.

完成させてが，師との共著『数学原理』[5]第3巻を刊行した後に，第4巻で予定されていた幾何学の還元に躓き，それぞれ，独自の論理学・科学哲学の基礎的問題の検討に取りかかった[6]。今日の「高度情報化社会」は，両者の論理的な成果と学術的な貢献によるところ大であった。

両者ともに晩年には社会哲学へ関心を拡大し，とりわけ，「第二次世界大戦」終了後は，原爆，水爆，中性子爆弾など大量殺戮兵器の登場に対して人類の危機を訴え，とくにラッセルは世界の科学者や政治の責任者に自らの責任を促す活動を展開した。さらに核戦争の防止策や世界政府の途にも論及し，核拡散防止，核実験禁止，核戦争の廃止，ベトナム反戦運動にも参加して後にノーベル文学賞1950を受賞した。

アインシュタインは『一般相対性理論』の核エネルギー "$E=MC^2$" を発見し，その謎解きによって究極の大量殺戮兵器を発明した。日本で新型爆弾と報じられた「原子爆弾」である。第二次世界大戦の末期にアメリカ合衆国は1945年8月6日，広島市に「ウラン235型原爆」を投下し，同年8月9日長崎市に「プルトニウム239型原爆」を投下した。9年後1954年3/1原爆より2,500倍も強力な「水素爆弾」がビキニ環礁で爆発し，この水爆実験で日本の漁船「第5福竜丸」が被爆，多くの犠牲者をだした。

マッカーサー元帥は，日本人を12歳の少年と評したように，ラッセルは原子爆弾を開発した人間に戸惑いを禁じえなかった。エジプト神話で死者を裁く地獄の閻魔オシリスに人類最後の人間が跪（ひざまず）き，人類滅亡を誠に遺憾と陳述するとき…，彼は「人生は幸福であった」と云って欲しいが，今日まで農業の発明と社会的不平等と組織化された戦（いくさ）が始まって以来，人類の大多数は難渋（じゅう）と過度の労苦と時には悲惨な生活を営んできた。もし私が人類の存続をオシリスに嘆願するなら，こう云うであろう。

「おお，公正で容赦なき法官よ，わが人類が起訴されているのは，当然の報いで，今こそ最も相応しい。しかし，われわれ全員に罪があるのではない。

---

5) A. N. Whitehead & B. Russell, *Principia Mathematica*, vol. 3, 1910〜1913.
6) A. N. Whitehead は拙訳『自然認識の諸原理』，同『自然という概念』，同『相対性原理』他，B. Russell は『外界の知識』，『西洋哲学史』全3巻，『人類に未来はあるか』他多数。

それに環境が発達させてきたものよりも，もっと優れた潜在能力を内に秘めていない者は殆どいません。我われはほんの最近，古代の無知と長年の生存競争という泥沼から抜け出したばかりです。

　我われが知っている事柄の殆どは，近々12代の間に発見されたものです。自然を克服したい新たな力に酔って多くの者がその力を他人に振うよう誤り導かれています。これは我われが半ば抜け出した泥沼へ再び引きずり込むよう誘惑する狐火（きつねび）であります。…聖者や預言者たちは，闘争がいかに馬鹿げた行為かを説教してきました。もし，我われが彼らに耳を傾ければ新しい幸福に浴するでありましょう。…偉人が我われに示してきたのは，ただ何を避けるべきかだけではなく，人間の力の内には輝く美と素晴らしい光景の世界を創造する力があることを教えています。…こうした人間の力の内に横たわっているものは，時を与えられ将来完成されるものでありましょう。…主オシリスよ！　どうか我われに執行猶予を賜りますよう，そして昔の愚かさから抜け出て光明と愛情と愛しさの世界に入っていく機会をお与え下さいますよう懇願します。多分，我われのこの祈りは聞き入れられましょう。このような可能性こそ我われの知る限り，とにかく人類が保存されるだけの価値のあるものということの理由ゆえにであります[7]。」

　もし，科学技術が今後も急速に発達し一発で人類を絶滅できる最終兵器が開発され，ある指導者が酷く自尊心を侵害され，怒り狂って自暴自棄に陥り人類の自滅を承知で最終兵器を搭載したミサイルの赤いボタンを押すべきか否かを逡巡しているとき，残念ながら，絶対にこのボタンを押さないという保証がどの国にあるというのだろう。ラッセルは「ヒトラー最期の日，降伏の不名誉よりも人類終焉の方を選んだに違いない[8]」というが，軍国日本の狂気に満ちた肉弾三勇士・神風特攻隊への志願や一億玉砕のための手榴弾の配布も，心理的にラッセルのいう有力な証拠になろう。

　ラッセルはいう。アメリカとロシアが水爆を抱いて地球の周りを人工衛星

---

7)　B. Russell, *Has Man a Future?* Geore Allen & Unwin, Ltd. London, 1959.『人類に未来はあるか』日高一輝訳，理想社，1962。
8)　*Ibid*. p. 52. 沖縄戦への突入後，大洲国民学校3年生の私にも，「来週あたり，手榴弾を配るから必ず登校せよ」と命令されたことを思い出す。

で飛び交い，極悪な大虐殺を謀ろうとする世界を想像されたい。そのような世界は住みやすいか？　人間の神経が耐えられるか？　全世界に不安が広がり，最期に人びとは日に日に時々刻々と迫る恐怖の生活より，むしろ出し抜けの惨事の方が益しだと思うようになるだろう。…この世界には，従来，危機に臨んでよりよく分別を保った死を選ぶという積極的で支配的な意志がある。もし，我われが生き残ろうとするのなら，こうした状態を続けていてはならない[9]。ラッセルによれば，核によって危険を減らさんとする手段が返って危険を増やす。これが核のディレンマだ。どの国も他国の核兵器に畏れ慄く。恐怖は益々恐怖を増やす不合理な反動を招く。互いに敵意をなくせば，科学技術を人びとの福祉や愚かさが招いた恐怖の負担なき生活に捧げられよう。悪魔が宿っているのは，人間の心である。人間が造った巨大な恐怖の道具は我われ自身の邪悪な感情を形にしたものである。問題は，人間の心にある。治療すべきは，心の啓蒙にある。

　「戦争」を人間性の一部とみなす者もいるが，「人間性」は主に「伝統」と「習慣」と「教育」の結果であり，「文明人」ほど原始的な本能が占める割合は少ない。「戦争」は人の心に悪魔を宿し，「決闘」を崇めていた時代の遺物である。心に取付かれた闘争の悪魔を払いのけ，決闘を馬鹿げたものと思うような人間が生き残ったように，これから先は，心に宿る悪魔を追い出し，戦争は途方もなく馬鹿げたものである，と思うような文明が生き残るに違いないと推定し，ラッセルは人類の長期生存に不可欠の条件として「世界政府／世界連邦」を挙げている[10]。

　アメリカ合衆国の国防大臣マクミランは1955,3下院において**純然たる軍縮と管理は，実権を付与された国際的または超国家的権威に委ねるべき**と考え「議員諸君は，国際連合を…何か世界政府のようなものに高めつつある，とされましょう。それは何も間違ってはおらず，むしろ望ましい傾向であり，結局，人類に残された唯一の出口であります」と述べた。

---

9)　B. Russell, *op. cit.*
10)　*Ibid*. pp. 101f.

10.5 世界政府の論理と倫理

　B.ラッセルは，世界市民の論理と倫理の視点から「合意形成」に基づき，世界政府・世界連邦に言及し，以下の問題に検討を加えた。
　１．世界憲法を制定し，人口比例的代表による世界立法府を設立する。
　２．違憲行為に対する下部９連邦への干渉，
　３．平和を破壊する暴力的な教育制度への干渉，
　４．世界立法府に責任を負う執行機関（司法・行政府）の設置，
　５．武装兵力の維持と違憲行為に刑罰を科す権限の保持，
　６．国際的権威が好戦的な感情に向かう動機を抑制する。
　７．各地の生活水準を経済的に平等にする努力を払う。
　８．富裕国と貧困国があれば嫉妬や経済的な圧迫を生みだす。
　９．経済的平等に向けた努力こそが安全と永久平和に必要である。
　ラッセルは次の理由から「世界政府」に賛成する。
　第１に，閉鎖的な国家主義の感情から反対意見もあるけれど，世界政府は長期的な戦争予防には絶対に必須不可欠の要件である[11]。国家の自由という感情は近々150年間に高まってきたが，人殺しの自由の規制は個人も国家も同じであり，世界政府を創設する際にはこの感情を計算に入れ，可能な限り満足させるべきだが，個人と国家を問わず，あくまでの規制は自由のためであり，自由の規制は唯一自由を最大化するためである。大国が他国民を殺す自由は正義のため，国を守るために死ぬ英雄的な特権に変装され，愛国者は祖国のために死ぬことを誇りとする。けっして，人殺しとは云わない。なぜ人殺しと云わないのか。
　第２に，世界政府は現状を固定化し合意形成に基づき理念と共通ルールを求めるのは困難とする意見もあろうけれど，政治的・経済的・社会的協力のグローバル化や高度情報化社会が今後も進展するなら，世界における各国の協力の仕組みも変化をきたし，各国ともに対話と合意の重要性が自覚される。

---

11)　B. Russell, *op. cit*. pp. 108f.

10.5 世界政府の論理と倫理

それゆえ，現在以上に寛容さが求められ，互いに歩み寄る姿勢を増大させることになり，なにも問題はないはずである。

第3に，カントやロールズのように，世界政府は軍事的な専制政治として新しい危険を生みだす怖れはないかと危惧する哲学者もいる。しかし実際にそうか，アメリカ，イギリス，ソ連など先進国では，文官による軍部統制が巧く保たれてきたことからしても，軍部を世界政府の指揮の下に置くことが国家の指揮の下に置くことよりも何故に難しいというのだろう。その理由は何一つないのである。

世界政府の論理と倫理，または理念と共通ルールに基づき，世界政府への忠誠心をグローバルに拡大し，しかも広げ高めることが何より大切なことである。しかも，公正な武装兵力とすべく，世界政府の武装兵力は国籍混合としなければならないのである。

第4に，世界政府にはもう一つの心理的障害の問題がある。社会的結合は悪政／苛政／虐政の輩によって悪用されがちで，本能的な共通の危険や共通の敵によって強化される。これは教育の問題だが，世界政府への忠誠心が不足／欠如すると，遂に核戦争が勃発し，敵も見方もなく全人類が絶滅する恐れがあることを教育によって理解させることである。

世界政府の懸念材料について，ラッセルは以上のように払拭した。そして産業革命以来の技術革新は，国ぐにのサイズを拡大する理由となっている。しかし，地球のサイズは限られている。だから，今後も持続する技術革新により，いずれ，全世界を統一する世界政府が構築されよう。過去の国ぐにのサイズは，二つの相対立する「力の均衡」によって調整が図られた。一方は，政府サイドの権力愛で，他方は，国民サイドの独立愛である。社会的発達のどの段階にあっても，均衡状態を保持する「均衡点」なるものが存在するが，これは主に技術による。

兵器のコスト・アップと機動性のスピード・アップによって容易に政府の単位は拡大され，政治的・経済的・社会的な協力のサイズも広がってきた。今ではラッセルさえ予想を遥かに超えたスピードで「世界政府」を構築する時期は熟してきた。今や技術革新により情報も資金も「光速」のスピードで地球を飛び交い，また人間も資源も「音速」のスピードで地球の周りを飛び

交っている．政治的・経済的・社会的な協力は「国境」を越えて，今やそのサイズはグローバルとなってきた．

アメリカ発のリーマン・ショックは単にUSA国内に留まらず，世界中の同時株価暴落を招いたように，今では地上のいかなる国内問題も，同時に，世界共通の問題となってきたのである．

ラッセルの云う「世界政府」のサイズは，核兵器とくに水爆のもつ莫大な破壊力，兵器輸送の迅速性および地上の人びとの甚大な犠牲ないし人類滅亡によって要件を充たしたと思われよう．

科学技術の急速な進歩に伴い，世界政府の構築に向けた外的な条件整備は整ってきたとはいえ，逆に核迎撃ミサイルの開発に安堵し，焦るな，急ぐなという声も聞かれる．

しかし，万が一の確率計算に我が生命を賭けることに果たして意味があるだろうか．原子力発電に頼る限り，そのカスを再利用した副産物たる核兵器は増大しこそすれ，減ることはないし，それを地球の外に捨てることもできない．それゆえに，自然に蓄積されていき，核拡散の脅威は後を絶たず，人類が生存する限りつづくわけである．

ラッセルの考えでは，世界政府への動向を遅らせている第一の原因とは，各国が依然として国家の威信や宣伝や「力の政治」という罠にかかって抜け出せず，動きが取れない閉塞状態にあるからだとするけれども，はたして然りであるといえようか．

かのアインシュタインが人間に対して$E=MC^2$の謎を解いて，第三の火を人間に与えたのは時期尚早だった．まだ人間は原子力エネルギーについては理解不十分なのである．完全な理解に達したときには，もう遅いのではないだろうか．自然への傲慢さが我われ人間を滅ぼすのではないかと思われるが如何であろう．

10.6　国連の改組による一時的対応

前述の通り，国連には組織上，大きな欠陥がある．現状では，世界政府の代替的役割を「国連」に期待することはできない．ラッセルが求めた国連の

10.6 国連の改組による一時的対応　　249

早急な改組案と強化案は下記の通りである[12]。

1．「国際連合」(略称：国連 UN) は，第一次世界大戦を反省し構築された「国際連盟」を受け継ぎ，1945年10月24日発足した史上最大の「国際平和機構」である。1943年，米・英・ソ・中の4カ国の「モスクワ宣言」で初めて具体化され，1944年「ダンバートン・オークス会議」で国際連合憲章（略称：国連憲章）の草案が採択され，1945年「ヤルタ会談」を経て，同年の「サンフランシスコ会議」において正式に「国連憲章」が発足し，10/24を「国連の日」と決定した。加盟国は2012年現在，193カ国である。

2．国連はあらゆる国に公正に門戸を開いておくべきである。

3．国連は現状の軍備に依存する限り拒否権の排除は困難だが，拒否権を容認する限り，世界政府にはなれない。古い「力の支配」を引き継ぐ。

4．西側，東側，中立側から各々4名の委員で構成される「和解委員会」を設立し，中立国が公正なグローバルな視点に立てば，賢明な妥協の解決への道が開かれ，究極の「世界政府」を確立する影響力の大きい道徳的権威を備えるであろう。

5．軍縮は安定した平和の維持には不十分であれ，重要で基本的な第一歩には違いない。大量破壊兵器は道徳に反し，一人の人間を殺すことが悪いのなら，2億人の人間を殺すことは，2億倍も悪いことだ。現代兵器の特徴は戦争では確実に敵も味方もなく死すこと。瀬戸際政策の鼓吹者は神経戦では相手がさきに降参すると思いがちだが，ヒトラーや軍国日本の誤算が自己の滅亡と国の崩壊を招いたように，アメリカにもロシアにも，自分の方が勝つと思う根拠のない信仰を流す大変危険な戦争屋がいる。戦争志向政策を望む者とは，悪魔に惑わされた犠牲者である。戦って死ぬことを名誉ある偉業とみる愚かなで危険な狂信者らもいる。

6．国連は核拡散に無力だ。核兵器は武装平和の戦力下で統制されているとはいえ，恐怖の均衡という戦略は，核攻撃の抑止策としては失敗である。核保有国が増大すれば，偶発戦争の確率も高まる。ある国に核弾頭ミサイルが打ち込まれても，攻撃者がテロ組織であるか，ある国の誰であるか分から

---

12)　B. Russell, *op. cit*. p.131.

ないから，報復攻撃は許されない。誤った報復攻撃は，連鎖反応を起こして全面戦争へ発展する危険さえある。人間はミスをやらかす。コンピュータも太陽の黒点移動によって誤作動をしでかす。

　7．以上，国連を改組して強化しても限界にぶつかるのでは，「世界政府・世界連邦」しか人類の生き残る道はない。我われにいま最も大切なことは，地獄を天国に変えるべく，互いに憎しみ合い，怖れ合いを止め，悪が宿った心から悪を引き抜くべきだ[13]。

　互いに相手の存在を認め，相手の価値を尊び，相手の利益に配慮し，互いに相手の自尊心を充たすことである。そうすれば，自他ともに「愛の美徳」が醸成され，地獄は天国に変わるだろう。

　それから逆に，互いに相手の存在を鬱陶しく思い，相手の価値を蔑視し，相手の利益を奪い取り，しかも，相手の自尊心を踏みにじろうものならば，自他ともに「憎の悪徳」が醸成されることになり，ルソーの楽園も戦の絶えない地獄と化すだろう。

　8．そうした「憎悪の悪徳」は，悪徳教育によって醸成され，金と時間をかけて知的能力を破壊兵器に用いる浪費も，相手からの攻撃を怖れる恐怖も，じわじわ迫りくる人類終末への危機も，すべては人間の愚かさが生みだした産物であり，運命の女神の仕業ではない。それは人間の心から湧きでる邪悪な憎しみの悪徳からくる野蛮なジャングル状態や古代ローマのコロッセオの残酷な決闘や呪術・魔術に深く根ざす憎悪の悪徳であって，往時の群れの存続に相応しい美徳だったが，今日では人間の幸福を台無しにし，生命を含むすべてを破壊する悪徳とされる。

　9．人間には二面がある。悲観論者は，なぜ，人類を生かすのか。悩みや憎しみや，苦痛や暗黒の恐怖がなくなれば嬉しい。長い悪夢の終焉だ。遂に平和に。静かに眠れるなど，悲嘆と残酷の入り混じる真理の半面を訴える。しかし人間にはその反面，想像を超えた偉大さと荘厳さの可能性が潜在している。もし，その可能性に賭けるなら，いま，我われのなすべきことがあろうと思われるか如何であろう。

13）　B. Russell, *op. cit*. p. 154.

第11章　世界政府と楽園の華

> 11.1　世界政府による「法の支配」
> 11.2　ロールズの公正な「世界憲章」の大枠
> 11.3　ロールズの公正な世界的協力
> 11.4　世界政府に対する誤解を糺す
> 11.5　世界政府は人類の精神的進化の帰結
> 11.6　世界的協力に必要な世界政府と法の支配

11.1　世界政府による「法の支配」

　人類はまだまだ幼児期にあるが，人類は将来，果たして，何を成就すると思われるか。正直なところ想像もつかないが，我われの心の眼に栄光と歓喜が満ち溢れる世界か，大らかな思考枠組みによって高貴で崇高な思索を蔑(さげす)むことのない世界であろうか。こうした未来の素晴らしい光景を選ぶか，それとも，人類の終焉という愚かな結果を選ぶか。どちらを選ぶかは，現世代の我われの判断にかかっている。
　多くの現代の若者の中には，あれかこれかを選べという「二者択一」には反発する人もいる。とりわけ「第二次世界大戦」の恐怖を知らないで育った世代も増え，広島・長崎への原爆投下も我関知せずとし，世界政府ってのは老人の戯言(たわごと)さ！　俺様にはまったく関係ないさ，とする人びとも少なくないが，そうではない。たいへん関係はある。

　1)　国民の人間性は，9/10（9割）は教育効果だが，残り1/10（1割）は発生的・本能的である。しかし，人間性の僅か1/10のちっぽけな部分が残り9/10もの大きな部分を支配するとは思われない。
　いずれ我われは，将来，たかだか1割の発生的・本能的な部分でさえも，

生きていくためには科学の支配に服さなければならないことを悟るであろう。それは，今後，9/10の教育効果をより高め，各国が努力すべきグローバルな協力の教育効果を最大化させるに違いない。

なぜなら，人間性の僅か1/10（1割）という喧嘩や腕力に生きがいを覚える発生的・本能的なちっぽけな部分が残り9/10（9割）の大きな教育効果を担う理性と良心と利害関係の部分とを支配するとはどうしても思えないからである。我われにとって大切な課題は何かといえば，それは，グローバルに正しいとされる教育なのである。「人類の未来」を正しい教育に委ねたいと思うがどうだろう。

2）　学生にはグローバルな協力の必然性・可能性に気付かせ，人類全体の利益に関心を広げる習慣の修得を教育の目的に，「競争」よりも「協力」の方を奨励する。科学技術の進歩に伴い望ましい協力の範囲が増大し，競争を欲する領分が減少する。しかしだからといって「競争」が動機づけの意義を失うわけではない。問題は，「競争」が広範囲な損害をもたらす形態になってはならないこと，言い換えれば，けっして「戦争」という形態をとってはならないことである。このような教育上の「パラダイム・シフト」によって，全般的に「友情」の感情が芽生え，従来は「国家教育の一部を構築してきた憎悪の宣伝は減少するであろう[1]」。

3）　世界政府へのプロセスにあっては，教育の目的も変化することになる。教育の視点を「人類」に求め，自国やその集合体には求めない。グローバルな協力の理念に基づき自国の利益にではなく，共通の利益に関心を持たせる。自国の功績を過大に強調しない。戦争ではなく，平和の価値と功績とを重視することである。教育関係の当局者は，盲目的な愛国者の感情を煽ったり，「世界政府」に対して武装反乱を鼓吹したりしてはいけない。たとい評判の良くない意見であろうとも，戦争を惹き起す危険があるのでないなら，寛容に見守るべきであろう。

---

1)　B. Russell, *op. cit*. p. 176.

しかし，例えば "Do as they do do." など「戦争愛」を煽(あお)るような暴力的な表現は，タブーにしなければならない。戦争をする自由はないからである。これを肝に銘じておきたい。

4)　人殺しをあおる自由や，犯罪をそそのかす自由は，当然のことながら，国内法でも禁じられているように，戦争をあおる自由や国家主義を煽動する自由を除いて，将来の世界政府・世界連邦へのプロセスと両立可能な言論・出版・信教・旅行の自由など基本的自由は，最大限保障される。

　ロールズもいう通り，「自由の規制は，自由の最大化のため」であって，これはけっして「自由の制限」を意味していない。国の都合で自由が制限されている人びととか，自由を奪われている犠牲者には，一般に，救いの手が差し伸べられ，結果において，基本的自由の総体たる幸福追求の自由は増大し，何人にも夢と希望が湧いてくるだろう。精神的失望と身体的苦痛が生きる喜びを喪失させ，戦意を掻き立てるからである。

5)　戦争廃絶のため往時の費用では，(英) 300億ポンド (70兆円) に上った (ラッセル試算) が，現在では，その10倍に達するに違いない。その戦費を福祉増進に用いるなら，この地上から貧困・飢餓・栄養失調も消失するばかりか，小学・中学・大学・大学院の学費は無料となり，また病院の治療費も無料になるであろう。

　膨大な戦費の代わりに生涯学習の学費として用いられ，また膨大な戦費の代わりに病院への治療費として用いられよう。戦費が学費や治療費など社会福祉に化けるとは嬉しいことである。戦闘なき世界の最大のメリットはこれである。個人の自然財を何に生かすのか。平和な文化の発展のためか，それとも，愚かな人類の破滅のためか。

6)　こうして「世界政府・世界連邦」が設立されれば，富裕国の貧困国に対する公正な義務として (現在の国内税制の「地方交付税」を課し)，貧困国の人びとも富裕国の人びとに似た平穏な生活水準をエンジョイでき，貧困国の富裕国に対する妬(ねた)みもなくなる。USA 9/11集団テロなど犯罪行為への未然

防止策にも役立つ。というのは，戦争の主要な原因は，絶望的貧困と富裕国への嫉妬とそのシステムに求められるからである。

7) こうすれば貧困国の比類なき美しい自然を伐採によって破壊することなく，これを守ることである。社会契約論においてJ.J.ルソーの讃美した順風美俗の「自然状態」≡「楽園状態」として，言い換えれば，人類に共通の貴重な「楽園」として，また人類にとって重要な「休憩地≡リゾート」として活用される道が開かれるであろう。

8) グローバルな政治的・経済的・社会的協力は，各国の制度や国民性が追いつけないほど急速なスピードで進展してきたが，協力のグローバル化も生活環境の情報化も，生存条件の変化を意味しているからには，適応は必ずしも不可能ではない。というのは，すでに現実の世界は，各国が互いに独立した集合としての世界ではなく，各国が互いに有機的に結びつき，政治的・経済的・社会的協力において，互いに影響し合い，互いに助け合って生きる運命共同体たる世界となってきたからである。そこで現実の変化に適応した制度に改め，国民に「最適状態」を提供するのは各国の責任に属し，これは各国に課された自然的義務である。

11.2　ロールズの公正な「世界憲章」の大枠

ロールズは普遍的に公正な正義2原理を構築し，万国万民に適用可能な万国憲法を「万民の法」とした。万国の万民を主権者とする世界政府に合意形成を図るのなら，国連に対する「国連憲章」のように，世界政府に対する「世界憲章」とされるであろう。そうした公正な「世界政府」を特徴づけるロールズの「公正としての正義」はこう定式化されよう。

　第一原理．(自由均等原理) 万国万民は他者と類似の自由体系と両立できる平等な基本的自由の最も包括的な最大の自由の総体系を享受しうる平等な権利を有するべきである。

第二原理．（格差原理・機会均等原理）万国万民に容認される経済的・社会的格差は，(1)それが最貧困層の利益を最大化し，(2)それが公正機会均等を条件に万国万民に平等に開かれた地位や職務に属すべく整えられていなければならない．

優先規則1．自由はただ自由のためだけに規制されるべきだ．理由は何であれ，他の目的のための自由の規制であってはならない．

優先規則2．第二原理は効率原理と功利原理に優先され，公正な機会均等原理は格差原理に優先されなければならない．

「世界憲章」は公正としての正義二原理を「世界政府」に敷衍した試みゆえに，本性的に公正であり，安定的であり，自然的であり，人為的な補正を加えずに済むから，効率的である．これに対し国の内外を問わず，不公正な社会的協力は，人の心に潜む不信感・恐怖心・憎悪の悪徳の本能などを蘇生し，社会的協力を不安定と非効率の悪循環へ導いていく．この悪循環を断つべく，「力の正義」や「力の支配」を強化すれば，現在の世界全体が陥っているように，膨大な戦費が必要となる．もし否なら，教育など社会福祉に回せた予算が監視カメラ，警備の強化，警察力の増大，軍事力の強化，自爆テロの防止策，刑罰強化などに用いられる．戦争状態の再来では？　こりゃ異常だ．信頼関係が育たない．人を見れば泥棒と思え，敵と思えでは，博愛の美徳も育たない．スピノザは「人心を征服するには力ではない．愛と寛容によってのみ可能だ．…人の愛を勝ち取るには正義心が必要である．…国民の幸福は最高の法だ．…国家は国民の幸福のためにある[2]」という．

　歴史は教える．憎悪や恐怖や不信感などの悪徳は，悪魔の囁く力の支配や圧力では取り除けない．逆に火に油を注ぎ革命へ向かわせる．監獄の平和もあろうが，それは看掛上の平和で，隙をみて暴れ始める．『北風と太陽』[3]の

---

2)　Baruch de Spinoza, *Tractatus Teologico-Politicus*, 1670, 19.
3)　イソップ（前620〜前564？）は動物寓話集『イソップ物語』の作者とされるギリシア人だった．ヘロドトスによれば，そのイソップは，エーゲ海に浮かぶ「サモス島」の奴

寓話は真理をついている。自尊心を充たせば心に美徳が宿り，逆に，傷つければ心に悪徳が宿る。やっと長く冷たい「力の支配」から脱し「愛と公正が支配する」より暖かい時代へパラダイム転換が始まった。アラブの春も吹き荒れ，シリア大統領は多くの市民を虐殺した。社会的協力が不公正でありながら，力の支配を以て処すのは，ブレーキとアクセルを同時に踏むが如し。社会のエンジンを焼き切る災禍を招く。要は，先決問題だ。旧式の対症療法では「力の支配」で押し切ろうとして悪徳の悪循環に陥り殺し合いになる。

新式の原因療法では，社会的協力を「公正な法の支配下」に置き，理性と良心との自律的な規制の下で各人が納得のいく「公正な合意形成」に達することになる。社会的協力は合理的・安定的・効率的となって古い力の支配に不可欠な莫大な費用は，公正な法の支配下では大幅に減額されよう。

11.3　ロールズの公正な世界的協力

地球上の不安定な経済的・社会的格差が憎悪を生みだす。そして，憎悪に由来する嫉妬や怨恨など，様ざまな悪徳が戦争の引き金となる。ロールズの公正な政治的・経済的・社会的協力の目的は，まず戦争回避のための公正な仕組みを導入し，戦争の原因を排した持ちつ持たれつの有機的な協力関係をグローバルに確立し実践することである。そのために「世界憲章」が「国連憲章」に取って代るべきである。

こういう考え方は，古くはソクラテスの「生きるために協力する仕組みが正義に適うのは，各人が平等な分け前を守っているとき，そのときに限る」という主張に始まり，古代ギリシア末期のアリストテレスや彼が開設した「リュケイオン学苑」のゼノンを先取りした「世界国家」の提唱と，さらにヘレニズム期ゼノンや彼が開設した「ストア学苑」のいう共通の牧場に草食む羊のご如く生きる社会的協力の普遍的な仕組を採用して，戦争を回避する方法を説いた先哲たちに学び，新たに，ロールズは「公正としての正義」を

隷だったされる。『イソップ物語』は紀元前300年頃，アレクサンドリアで集成されたという。

政治的・経済的・社会的な協力のグローバルな仕組みに埋め込むなら，永久平和の確立に寄与すると論じた。

　簡単に云えば，戦争の原因は「ジャングル状態」の前提にある。ゆえに，その不都合な前提を「帰謬法」に訴えて否定することである。この真理は，ソクラテス，アリストテレス，ストアのゼノン，ロールズも洞察していたはずである。カントやロールズは，世界政府は窮屈で不自由で専制主義の危険ありとし，ロールズは「国連」創設には賛成したけど「国際連盟」(1920)は失敗に帰した。紛争処理の手続きや主権侵犯の制裁は制定済みであれ，条約違反国に対する「制裁規定」は導入されていないために大国の武力政策への抑止能力を欠き，これが致命傷となったのである。

　提唱国アメリカは加盟せず，条約違反を咎める立場にあった常任理事国の日本・ドイツ・イタリアが主権侵犯の条約違反で連盟を脱退し，またソ連はフインランド侵犯で除名された。本来，幹部国が率先して世界平和を確保し，国際的協力の促進に努めるべき使命があったにも拘らず，逆に幹部国が率先して世界の利権を漁り，自ら争奪戦に加わって悪事を働き，先進的加盟国の熱い期待と信頼関係を裏切った。そこで連盟は失敗したのである。

　第一次世界大戦を反省して創設された国際連盟であったが，その不合理な仕組みゆえに，相変わらず，世界は「ジャングル状態」であった。たかだか仲良しクラブの域をでない「国際連盟」では，世界平和の確保と国際協力の促進という目的は達成できず，崩壊すべくして崩壊したのである。しかるに「第二次世界大戦」を猛省した上での「国際連合」にも，類似の排除すべき問題が残った。世界は依然ジャングル状態のままだし，原爆投下という以前に優るとも劣らない残虐な殺し合いが続いている。

　しかし国連には「国連憲章」もあれば「国際法」もあるから，最悪の事態「第三次世界大戦」は避けられようとの意見もある。しかし問題は，科学的根拠である。今春は「アラブの春」が吹き荒れた。今なおシリアではアサド大統領と市民との間で殺し合いが続いている。なぜ，退陣を叫ぶ「主権者」市民を殺す自由が大統領にあるか。主権者に銃を向ける行為は，(英)ロックのように市民に襲いかかる狼は捉えて殺すべき猛獣であり，リーダーにあるまじき極悪な犯罪であろう。この不当な問題が安保理事会でも解決されな

いのは，ロシアが「拒否権」をチラつかせるから。

　世界各地で今なお9/11テロ事件の報復攻撃が続いている。連鎖反応を伴うジャングル状態ゆえにだが，世界平和の確保と国際協力の促進という国連の趣旨に鑑みて正当化されるわけがない。個人なら1人を殺しても重罰だし，100人殺せば100倍の重罰だが，なぜ，戦争では英雄視されるのか。戦闘を止めて，平和を回復させる安保理決定の戦争は，明らかに国連の詭弁である。これでは長続きしない。国際連盟は，世界中のジャングル状態を前提とした不合理な仕組みゆえに崩壊した。しかし国際連合も依然，世界のジャングル状態を前提に「平和のための戦争」を認め，拒否権付安保理が平和のために戦っている。これは明らかに矛盾である。

　古代ギリシアのアリストテレスやヘレニズム期ストア学苑ゼノンは戦争の原因をジャングル状態の前提に求めた。合意形成に基づき単一の政府の下に協力して生きれば，平和共存が可能である。すなわち，合意形成に基づいて人類共通の普遍的な自然法に従って単一の秩序を形成して生きるなら，世界からジャングル状態は解消し，戦争はなくなり，協力して人生を送るという道が開かれる。世界政府が望まれる所以である。

　世界政府の公正な仕組みに必要な「不知のヴェール」の仮定とは，およそ以下の通りである。一般に，大切なもの／大切なことを「価値」と称するなら価値は大きく分けると「価値三元論」に纏まる。つまり，

1) 自然的価値：真，真理，真実…基盤に「自然法」
2) 社会的価値：正，正義，正当…社会契約後に「憲法・各種法律」
3) 個人的価値：善，満足，幸福…自然財→人生計画→選好体系→善概念
　　　　　　　（なお，至高の善を「美」とし，至高の美を「聖」とする。）

　個人的価値の評価は，自然財→人生計画→選好体系→善概念といった構造から明らかのように，生来の自然財が10人10色ゆえに，何が良いかという判断も十人十色である。このように，各人の個人的な価値判断は十人十色であり，それぞれ異なっている。これでは，生まれながら自然財が違っているから，当然ながら人生計画も違えば，選好システムも違っている。こうして各

11.3 ロールズの公正な世界的協力　259

人は，それぞれ違った善概念に基づき違った価値判断を下す。こうして，古代ギリシアの黄金時代を築いたペリクレスでさえも，個人主義は全体主義に優り，分業こそ自然に適って正しいとした。

ではなぜ，社会契約を結んだのか。なぜなら，社会契約を結ばなければ，各人の善概念が対立し，喧嘩になるからだ。これが現実はジャングル状態とされる理由であり，人が人に対して狼という「万人の万人に対する闘争」という戦争状態に生きているとされる。人によっては，人を殴るのは善いとか，人を傷つけるのは善いとか，人を殺すことは善いとか，両立不能な善概念をもっている人びとも居はするが，そういう人は，己の自尊心を侵害する人であり，平和共存は困難であるから，両立可能な善概念の範囲を合意形成にて決定し，線引きし，許される範囲内で生きることを義務づけ，法に違反するときは，違法・犯罪とされ，処罰されるのである。

では，自己の視点から，各人の両立可能な善概念と両立不能な善概念との間に合意形成が成立する範囲（合法域）を公正に線引きすることは可能であるか，これを可能ならしめるのが，「不知のヴェール」の仮定である。立法当事者たちを「不知のヴェール」で被うというのは，当事者たちから，己にとって何が善いか，等々，個人的判断を下すために前提となるすべての個人情報を排除してしまい，自己の価値判断を下せない状況に置くことをいう。不知のヴェールに被われた当事者たちは，自己の自然財（natural goods：才能，性格，個性，適性，性別，肌色，髪色，顔付，身長，体重，…）も社会財（sosial goods：貧困，裕福，経済状況，社会的地位，職務，職業，報酬，給与，国籍，学歴，…）も分からない状態に置かれている。こうした措置を講ずることで，何人も自己に好都合か不都合な個人的要因（偶然的要因）によって全く影響をうけない公正な仕組みが導入される。完全合意の均衡解へと導かれる理由は，個人の具体的情報がすべて捨象されているからである。ゆえに「マキシミン・ルール」は最も安全確実な仕組みへ導いていく。

ロールズのいう政治的・経済的・社会的な協力の公正な仕組みは，上記の「不知のヴェール」の他に，下記の「マキシミン・ルール」（maximin-rule＝maximum minimorum-rule）によって保障される。このルールは，最善の利得に賭けるのではなく，最悪の場合でも，最も安全確実な利得へと導いて

くれるルールである。

一般に，利得Gは決定Dと状況Cとを変数とする関数 $G=f(D,C)$ で示されよう。ちなみに，単位を億円，三つの状況と三つの決定からなる「損得表」(gain and loss table) が与えられ，事前確率計算は成立しないものとし，また，それぞれの発生確率も不明であるとする。このとき「マキシミン・ルール」は我われを D_3 へと誘導してくれる。

我われはややもすると3種の決定のうち「最善の利得（20億円に賭けろ）」と耳元でささやく「悪魔の誘惑」に負け，最悪の状況 C_1 で -10 億円の損失を被るにも拘らず，決定 D_1 を選択し，こうして，10億円の損失を招くことになったとする。状況 C_3 の発生確率は，もともと，不明だったことからして，これは一か八かの危険な賭けであった。

		(状況)		
		C_1	C_2	C_3
(決定)	D_1	-10	10	20
	D_2	-7	8	15
	D_3	5	7	10

ロールズのいう「マキシミン・ルール」は，耳元で囁く「悪魔の誘惑」を断ち切って「理性と良心」を本来の姿に蘇えらせる。

11.4 世界政府に対する誤解を糺す

しかし「世界政府」にはさまざまな誤解や誤った先入観がある。その主なものを挙げると，次の通りである。

1) 世界政府の権力を独裁者が握る可能性に関する本能的な恐怖であるが，知的成熟を遂げた先進国には，チェック＆バランスが機能し，独裁者が応募しても当選しない。自由の規制は，自由のためにのみ限る。

2) 世界政府は先進国と発展途上国とを固定化し，有利／不利が生じないかという心配である。政府要員は公正な仕組みを導入し，懸念は払拭される。

もし不正があれば，共通の「法の支配」に基づき裁判によって裁定される。世界政府は個人の生命の自由を奪い取るような刑罰はいっさい認めず，死刑はない。

公正な仕組みを組み込んでいるから，先進国にも発展途上国にも，有利／不利の不公正はなく，人類の叡智を傾け，ともに有利な分配の正義が保障される。よって貧困国の富裕国に対する憎しみも，妬みも，恐怖も，不信もなく，相互尊重と相互扶助の義務の高まりに伴い，今日のように各国が競い合うのではなく，懸命に協力し合う状態になるだろう。

3) 世界政府の軍部クーデターの危険を説く人もいるが，歴史的教訓から合理的な仕組みを学ぶべきである。ちなみに，米英ソなど先進国は，文官の軍部統制も安定的に維持されている。世界政府の軍部統制の方が各国政府のそれよりも困難とされる理由は全くない。

4) 世界政府は，政治的・経済的・社会的な協力の規模が広大過ぎるから，理念と「法の支配」が生き届かないとする人もいるが，技術革新によって経済的・社会的協力がグローバルに広がった現在，世界政府の眼の届かぬ場所はない。地球の周辺を光速・音速で情報が飛び交う高度情報化の時代である。

5) 世界政府の創設は三度目の正直である。世界的ジャングル状態を整然とした共通の世界秩序に改め，どんな問題も，戦争ではなく，世界政府に組み込まれた公正な「裁判」で解決する道を選ぶこと。大量破壊兵器の世界的な拡散に鑑み，核ボタンの誤作動で取返しのつかない終末を迎える前に今こそ万国万民の智恵を結集し公正な政治的・経済的・社会的協力の仕組みを導入しておきたい。

各国のリーダーたちは，一般市民以上の競争心や不信感や自負心といった本性を有する。競争心は獲物を捉えるため，また，不信感は安全を守るため，さらに，自負心は名声を博すため，自ら侵略行動に駆り立てる傾向が強いとされようが，もし然りであるなら先決問題は，まず主権者自身が真の民主的なリーダーを選ぶべきではないか。

6) 政治的・経済的・社会的協力の理念（公正としての正義）と共通ルール（世界憲章）は，孫末代，もし可能なら，未来永劫，人びとの人生展望を法の支配下におき，また，人びとの幸福追求の自由を安定的に公正なものと規定する社会の基本構造や主要制度の選択に際し，断じて，一か八かの賭けへと導く私欲の要因を洗い流し，耳元でささやく詐欺師・山師らの誘惑や，賭博師・戦争屋の誘惑など，巧妙な「悪魔の誘惑」を完全に遮断する装置を導入しておかないといけない。

このための遮断装置が「不知のヴェール」と「マキシミン・ルール」なのであり，これはロールズの偉大な貢献である。

7) 我われが「世界政府」に対する誤解を糺すなら，人類の叡智によって近い将来，長らく待望してきた「世界憲章」とともに「世界政府」が構築され，我われの住む世界は一つにまとまり，共通の秩序の下に，何人も互いに存在を願い合い，互いに価値を尊び合い，互いに利益を気遣い合い，互いに自尊心を満足し合って，この大地に，平和の花オリーブが咲き誇り，平和の実オリーブが稔り，この大地は，世界に花咲く「楽園」パラダイスに大きく変わるだろう。万国万民はジャングルから脱出したことで人間の真の価値に目覚め，喧嘩も犯罪もなくなる。なぜ，もっと早く実現しなかったか，なぜ悪魔の誘惑を遮断するストア学苑ゼノンのような叡智を一般市民らが備えなかったのか，なぜ，理性と良心の価値を讃えなかったか。すべては我われの弱さゆえの勇気のなさからか，あるいは，貧困による精神的な余裕のなさらくるものと思われる。

万国万民はやっと戦争の不安と恐怖から解放され，夢と希望に満ち溢れた人生を送り始めた。長年続いた奪い合いも，殺し合いもなくなり，すべてが裁判で片付く時代がきた。大いなる前進である。我われの以前の閉ざされた心は開かれ，我われの精神は光輝に満ちあふれ，世界に開かれた心には愛の美徳がやどり，我われの夢と希望を実現させる偉業の連続である。私だけが幸福になるなんてありえない。世界政府において，誰もが幸福になることによって，はじめて，私も幸福になれるのである。これまで誤っていた「世界政府」の論理と倫理を見直すことである。

11.5 世界政府は人類の精神的進化の帰結

　戦争は，なぜ起きるのか，どうすれば戦争を回避することができるのかを検討してきた。まだ，云い足りない点は認める。しかし，戦争は人災であり社会現象であるには違いない。その理由をこれまで人間の「理性と良心」の視点から，言い換えれば，人間が備えるに至った「論理と倫理」の視点から論じてきた。

　この問題は，人類が地上に発生して以来，延々と頭を悩ませてきた問題である。それゆえ，人類のジャングル状態を前提に，平和実現のためのさまざまな提案が実行され，非武装地帯の創設とか，信頼関係醸成への努力とか，多くの試みがあったが，その概要は次の通り。

(1)　なぜ，「戦争」は起きるのか。

　世界連邦運動協会副会長の加藤俊作氏は，エメリー・リーブズ著『平和の解剖』稲垣守克訳（同盟初代理事長）は説得力があり「アメリカやヨーロッパで大きな影響力を与え欧米ではいまだに世界連邦運動のバイブル的な存在[4]」とし，戦争の原因を「戦争は社会集団，つまり，部族，王朝，教会，都市，民族が無制限の主権を行使したとき常に発生する。…これら戦争は，主権的権力が彼らからより大きなより高次の単位に移されたとき終わる。…しかし，たとえ平和がもたらされても，新しい主権国家がさらに接触し始めるとまた戦争がはじまる」という。

　リーブズのこうした主張は最近の幾つかの事例によって立証される，と。ちなみに，「明治維新で日本が一つの近代国家になるまでは，日本国内でも戦争があったし，20世紀に二度も大戦を引き起こしたドイツがEUに組み込まれたことで，少なくとも西欧内での戦争の可能性はなくなり，一方東側では旧ソ連や旧ユーゴの時代は連邦内の戦争が無かったのが，連邦解体後各

---

[4]　＜特別寄稿＞『世界連邦と国連改革』世界連邦運動協会副会長，加藤俊作著，Last updated：06/17, 2006, 16：30. p. 1/14.

地で戦争が起きている。

　主権国家の体制が続く限り，戦争は地上から無くならず，戦争を廃絶し永久平和を実現するには世界政府の確立が必要だ」と。また大戦直後に出版されたコード・メイヤー著『平和か無政府状態か』もある。これは国連が採用する「集団安全保障」の制度の基本的矛盾を批判した著書で，ここに今日なお世界から戦争を無くすことのできない最大要因があるという。

　しかし，日本の場合には「世連運動を引き起こした最大の原因は1945年広島，長崎に投下された原爆であり，さらに1947年に発布された「日本国憲法」，とくに，その第九条で「戦争放棄」を規定したことであった。

　前者は，もし今度戦争が起きれば，それは疑いなく核戦争であり，人類は生き残れないといった危機感であった。後者は「戦争放棄」を規定した憲法第九条を文字通り維持するためには，すべての国が同様に軍備を全廃し，…世界政府が世界警察を持ち，軍備を持たない世界の治安の維持にあたる法治体制を作らなければ実現できない」という確信であった。

　日本以外の国々が相変わらず軍備をもつ状態で日本のみ非武装とは国民の不安は大きいと考える人びともいる。1997年のチャールズ・オーバビー博士（憲法九条の会の創設者）著の『地球憲法第九条』国広正雄訳の趣旨も，そこにあったようである。「憲法第九条を文字どおり維持し，真に戦争のない世界を実現するためにも暴力に代えて法が支配する世界連邦が必要なのである」というのである。

　(2)　なぜ，主権国家に「自衛権」が必要か。

　すべての市民に自衛権（正当防衛権）があるように，国家も自衛権（軍備の保有）が認められる。なぜなら，現在の世界には，国家の他に自国の安全を保障してくれる体制は十分ではないから。それは国連の「集団安全保障」の制度である。

　もしA国が加盟国Bを侵略したとき，残りすべての加盟国は自国が侵略を受けたと看做してBを助け，協力してAの侵略を排除し，自国の安全を保障する制度である。すべての加盟国は仲間を生かし，仲間によって生かされる有機的関係の形成にある。これが「集団安全保障」のメリットである。国連

は「平和を守るために」合法的戦争を行う。

しかし，これは整合性に欠いており，デメリットである。なぜなら，国連の下では，条件付の戦争であれ，戦争はなくならないからである。

(3) なぜ，国連憲章において「集団的自衛権」が導入されることになったのであろうか。

国家の自衛権を許す国連憲章の下では，「平和のための戦争」を容認する。またB. ラッセルも云う通り，もし次に戦争になれば「水爆戦争」になって人類は滅びる。彼は世界の科学者組織 "The Pagwash Movement" に働きかけ，世界政府・世界連邦によって戦争のない世界を構築すべく，ノーベル賞級の偉業を成し遂げたのである（受賞1950）。

「世界連邦運動」も同様な目的から始まった。すでに述べたように「世界国家」（コスモポリス）の思想は，古代ギリシアのアリストテレスに始まってヘレニズム期ストア学苑のゼノンに継承され，ローマから世界へと広がっていった。ゼノンは「共通の牧場に草食む羊のごとく，人類共通の自然法たる普遍的理性（koinos nomos）の下に単一の秩序を形成して生きていくべし」であると述べている。

カントの『永久平和論』は英→仏を経た「社会契約論」の変形であった。以後，世界国家の思想は，ダンテ（Dante Aligheri, 1265〜1321）の『帝政論』において「世界国家論」として展開された。君主による世界国家論は世界でも珍しく，後にヨーロッパを "EU" へ導いた著書であった。

日本における類似の構想には福沢諭吉著『立国は私なり』，中江兆民著の『三酔人経論問答』，佐藤侵淵著『混同秘策』，小野梓著『救民論』，植木枝盛著『無上政法論』がある。しかし，「世界連邦」建設同盟が設立されたのは人類史上初の原爆投下3周年（1948/8/6）後のときだった。

「国連憲章」（1945/6/25）は原爆投下前に調印されたが，従来の「無差別戦争論」を否定し，戦争の合法性を「自衛権に基づく戦争」と安保理決議に基づく「強制措置」に限り，「戦争の違法化」を大きく前進させた。米英ソ中4大国代表が作成した国連憲章の叩き台「ダンバートン・オークス提案」（公表1944/10/7）には，自衛権の規定はなかったが，最終段階では，これま

での「国際法」には見られなかった「集団的自衛権」という概念が含まれていたのである。

　一般に「自衛権」とは、自国が他国から侵略されたとき、行使できる権利である。しかし、「集団的自衛権」とは、自国の同盟国が侵略されるなら、自国が侵略されていなくても、自国が侵略されたと看做(みな)して、戦争を起こすことになるのである。

　憲章には「自衛権」を定義し、加盟条件に「平和愛好国である」と規定しているが、ある国が自衛権を恣意的に解釈し、戦争になったときは、同盟国も「集団的自衛権」を行使し自国が侵略されていなくても戦争に巻き込まれ、こうして「戦争の違法化」という倫理は、遠退(とおの)いてしまうことになるのではないだろうか。

　そこで、将来もし、「日本国憲法」第九条が改定され、「集団的自衛権」が容認されるなら、どうなるか。日本が攻撃／侵攻されていなくても、戦争に巻き込まれる虞がでてくるし、その可能性が生じる。

　(4)　なぜ、憲章は加盟国をすべて同権とするか。

　国連憲章は、前文において、大小国の同権を謳っている。しかし、現実はこれに反し大国と小国の権利は平等ではない。

①加盟国の不平等は拒否権を主要5大国に限ることから歴然としている。②その適用範囲も憲章の改定に限らず、事務総長の選任まで含み、よって事務総長でさえ、大国の意に副(そ)わない国連改革は、やりたくても、できそうもない。

　国連は2015年10月で創設70周年を迎える。しかし、世界情勢は大きく変化したが、「国連憲章」は、安保理事会の非常任理事国と、経済社会理事会の理事国の増員のほか何一つ改訂されずに今日に至っている。憲章の改定には、108条、109条に非常に厳しい規定が課されているからである。

　第108条 [改定]　この憲章の改正は、総会の構成国の三分の二の多数決で採択され、且つ安全保障理事会のすべての常任理事国を含む国際連合加盟国の三分の二によって各自の憲法上の手続きに従って批准された時に、すべての国際連合加盟国に対して効力を生ずる。

第109条［全体会議］

(1) この憲章を再審議するための国際連合の加盟国の全体会議は，総会の構成国の三分の二の多数及び安全保障理事会の9理事国の投票によって決定される日及び場所で開催することができる。各国際連合加盟国は，この会議において一個の投票権を有する。

(2) 全体会議の三分の二の多数によって勧告されるこの憲章の変更には，安全保障理事会のすべての常任理事国を含む国際連合の加盟国の三分の二によって各自の憲法上の手続きに従って批准されたときに効力を生ずる。

(3) この憲章の効力発生後の総会の第10回年次会期までに全体会議が開催されなかった場合には，これを召集する提案を総会の第10回年次会期の議事日程に加えなければならず，全体会議は，総会の構成国の過半数および安全保障理事会7理事国の投票にて決定されたときに開催しなければならない。

なお，第72条［敵国に関する行動］の規定では，この憲章のいかなる規定も，第二次世界大戦中にこの憲章の署名国の敵であった国家に関する行動であっても，その行動について責任を有する政府がこの戦争の結果としてとるとか，あるいは許可したものを無効にするとか，あるいは，それを排除するものであってはならない。

この前提は社会全体からみてジャングルの余地が内在することを意味している。どこかに異なった「正義の支配」とか「法の支配」というジャングル状態の余地が存在し，ゆえに，共通の正義の支配や共通の法の支配に欠ける部分がほんの一部であれ存在しようなら，「住み分け理論」は全く役に立たず，不安定要因と化すこと」を意味している。

11.6　世界的協力に必要な世界政府と法の支配

今日ほど政治的にも，経済的にも，社会的にも，グローバルな協力の波に襲われたことはない。我われ人類には迷いがある。どうすれば，現実社会が安定した楽園になるのか，またはルソーのような楽園を求めたいのか，それとも，戦争になっても経済的な豊かさを求めて止まないのだろうか。

我われは現在，ラッセルが憂いたような「核弾頭」による第三次世界大戦

の瀬戸際にいるわけではないと思うが，世界のあちこちで経済的不公正からくる紛争が勃発している状況にある。

　このまま行けば鬼が出るか，何が出るか分かったものではないという怖れのある暗黒の「ジャングル状態」に生きているのである。経済だけが暴走しており，「法の支配」のないお先真っ暗な「闇の世界」を彷徨(さまよ)っていると云っても過言ではない。はたしてどうすれば，この暗黒の世界から抜け出すことができるであろうか。今こそヘレニズム期（ギリシアを尊ぶ）ストア学苑の創設者ゼノンが説いた共通の牧場に草食むような民主的な「世界政府」が必要ではないだろうか。世界経済の暴走や世界の経済危機は，アメリカ合衆国社会が1980年代以降は，政治的協力に大きな影響を及ぼす中産階層に十分な給与／賃金を与えてこなかった点に主な原因がある。

　それにアメリカ経済の低成長に伴い，労働組合も遠慮し過ぎ，弱腰だったといえるのに対し，アメリカの資本家は，己たちの取り分には必死で対応し労働者の賃金には回せなかったようだ。それゆえ，アメリカ社会は生産性が下落し，借金するしかなかった。もともと，返済困難な貧困層に借金させた上住宅などの資産を所有させたのである。こうして彼らの借金は証券化され世界全体にばら撒かれたことから，金融商品の無秩序な売買に奔った。こうして，世界金融市場は無秩序な「ジャングル状態」に陥ったのである。今回だけではない。今後も混乱は続く。

　ロールズが説いたように，自由のためには自由の規制が必要である。適正な規制がなければ，自由と自由が衝突し自由はなくなる。アメリカ合衆国の市民は「ウォール街」を目掛けてデモ行進し，批判ブーイングが捲き起こった。フランスの思想家・元フランス大統領特別顧問ジャック・アタリ氏は，こう批判する。「米ウォール街の金融マンは資金を仲介するチャンネルとしては必要だ。しかし，社会にとって本当の価値を生みださない。「企業家精神」は「強欲」と同義である[5]」と。彼は諸銀行の自己資本（国際的に活躍している銀行の自己資金は８％の比率を守ること）は現在では低過ぎるとし，自己資金を強化して安定経営を求め，身の丈を超えた金融の派生商品（デリ

---

5)　朝日新聞，インタビュー2009, 10/7 (m)

バティブ）の売買に奔らせないようにすべきである，と要請した。

　こうした問題は，ただ経済だけではなく，政治や社会を含むあらゆる問題について云えることであり，今後は，すべての分野で「世界政府」の下での「法の支配」が求められることになろう。民主的な「世界政府」の下での「自由のための自由の規制」という「法の支配」によってのみ，自由・平等・博愛が調和した戦争のない地上の「永久平和」と繁栄に輝く「楽園状態」といった状態が実現するよう祈りたい。

あ と が き

　シリーズ第1巻が1994年5月1日に刊行されて以来，すでに18年が経過した。光陰矢の如しというが，あっという間に「正義の研究」も6巻目となった。この間，成文堂社長阿部耕一氏をはじめ編集者の皆さん，取分け刊行の当初より，お世話になってきた編集長土子三男氏には，心から御礼を申し上げなければならない。

　1972年8月に初めてアメリカ・ボストンに留学して私の眼はひらかれた。東工大時代は専ら記号論理学・科学哲学（とくに，ホワイトヘッド哲学）が専攻分野だったが，アメリカで論理学をクワイン先生，また科学哲学をパットナム先生から教わっている間に，私のアカデミックな関心はしだいにロールズ先生の政治哲学・社会哲学へ移っていった。ロールズ先生の「正義論」の講義やゼミには大層魅せられ，再び初心に帰った。先生は今まで眠っていた私の目を覚まして下さった。論理学や科学哲学が嫌になったからではない。そういう厳密な方法を用いて有機的に繋がった複雑な社会的問題を堅実に・はっきり・すっきりと理解したかったからである。

　曖昧さを美徳とする日本ではこの点が世界からみて劣っている。何もかも責任がうやむや，誰の責任かも明確にせず，戦後処理も杜撰(ずさん)である。同じく近代化に後れたドイツと比べても，戦後処理には格段の差がある。私の父も否応なく靖国神社に祀られた。A級戦犯合祀とは戦犯を意味する。祖父母も母も激怒して泣いた。私が9歳のときだった。我が家は地獄に落ちたよう。何もなくなった。

　2007年8/2e朝日は参院選に惨敗した安部氏を米紙社説で「ダウン寸前のボクサー」と酷評，敗因を「軍国主義的な精神の復活にばかり熱心な印象を与えた」「年金問題のような本質的問題を放置した」「自民党の古い腐敗体質政治家を復活させた」と分析し（ニューヨーク・タイムズ8/1, 2007）社説を掲載した。まだ懲りないのか，と諫(いさ)めたい。こんな輩に一票を投ずる市民の責任も重大である。何かの理由で正常な感覚や判断を欠いた人は，リーダーになる資格はないのである。これは世界共通であると考える。

そういうわけで「正義論の世界」に入ったのは，1972年〜1974年第一回留学の後半の1973年〜1974年から，第二回1981年〜1982年の留学にかけてロールズ先生のゼミに自ら参加し，納得いくまで彼の研究室において質問を繰り返し議論を尽くしたことによる。ロールズ先生の蘊奥を極めた偉業は諸学の前提たるべきアカデミズムの使命の甚大性を我々に気付かせ，愛智の健在性を如実に示してくれたようである。

思うにロールズは，先哲ソクラテスやプラトンと同様に，アカデミズムの要諦を合理性と客観性に求め，万学の源「愛智」を誕生させ伝統の呪術的・魔術的な発想から解放して合理的・客観的な「知の枠組み」へとパラダイム転換させ，すでに紀元前500年頃，個々人の自然財（才能／個性／適性／性格／性別など）を精一杯引き出すために最適な古代民主制を導入し「黄金時代」を迎え，ヨーロッパ屈指の学問／芸術／文化の最先端を誇っていたように，彼が自ら開発した「完全合意性」の意味で合理的，また「再現可能性」の意味で客観的な「公正としての正義二原理」など規範法則の探究法や立証法を発見し，人文・社会科学に多大な影響を及ぼした。

ロールズの全20間の研究成果は，主著『正義の理論』(*A Theory of Justice*, Harvard University Press, Cambridge, Mass, 1971) において体系化された。以後の著書や論文は主著『正義の理論』の補足的説明や幾多の誤解に基づく批判への反論の様相を呈している。この主著『正義の理論』は伝統的な倫理哲学界はもとより，教育学会・心理学会，また法学会・政治学会，また経済学会・社会学会，等々，広く各種学会で重視され，近年，希有の偉業と称賛された。The New York Times Book Review, 1972（留学当初）重要図書に選ばれて，フランス語，ドイツ語，スペイン語，スエーデン語，韓国語など全10か国語に翻訳済ないし翻訳中であったが，その理由は明白で主著『正義の理論』にはグローバルな普遍性があったことである。

その一連の成果は『公正としての正義の研究』－ロールズの正義概念に対する批判的考察－として纏めて1988年に文学博士（慶応義塾大学）を授与された。この著書と『正義の研究』シリーズは，成文堂の編集長土子三男氏によって刊行されたのである。私の人生は土子三男氏に負うところ大である。一日も早く健康を回復され，再び元気でお仕事に就かれますよう心より祈っ

てやみません。まだまだ，シリーズで取り上げたい課題は，沢山あったが，何よりも長年，念願の『世界政府論考』が上梓の運びとなるなら，これ以上の幸せはないと思いたい。

私はロールズの主著『正義の理論』と『万民の法』(*The low of People*, Harvard University Press, Cambridge, Mass, 1999) を用いて普遍的な「法の支配」の下で，「戦争の代わりに裁判で片付ける」というアリストテレスの世界国家を意味する「コスモポリス」の途，続いて「人類共通の自然法の下に，単一秩序を形成して生きる」というヘレニズム期のストア学苑の創始者ゼノンの平和へ途，さらに契約論の自然状態である無法状態を法的状態へ移行させ諸国家を普遍的な一国家へと統一して初めて国家に平和状態が実現されるというカントの考え方，そして最後に，B.ラッセルによって伝統的諸説を統合し「世界政府・世界連邦」として纏めた構想に基づき，ここに本書で論じた『世界政府論考』がやっと出来あがった。学生達に対してはよく云った。くよくよするな，世界は広い，人生は長い…と。

「戦争」へと至る論理的・倫理的な原因も，やっと解明できた。こうして一人っ子の父親の戦死後「戦争なき世界」を探求してきた私の哲学の目的も遅まきながら達成されたようである。私はこの目的を達成するために生きてきたのである。日々，哲学を学びたいと思いがちの辛い人生ではあったけど，幸運にも，叡智と先見の明に富む先生方や自由に話せる友人方の御蔭で私の心の眼は開かれた。ここまでくるのが私の使命だったのか，これらの宿命の下に生まれてきたのが私であるなら，私にとってはごく当たりまえのことを成したまでだし，私は私のなすべきことをなし，また果たすべき使命を果たしたまでのことであると思えばそれでよしとしなければなるまい。

いずれにせよ，私に生きる勇気と機会とを与えて頂いた貴社の賢慮に富む社員のかたがた一同に対して感謝の意を表し，ますますのご発展を祈りつつ，あとがきとしたい。

2012年10月28日

佐倉市城にて

藤 川 吉 美

事項索引

英数字

1320億金マルクにのぼる巨額の賠償金
　‥‥‥‥‥‥‥‥‥‥‥‥‥‥‥187
1875年憲法‥‥‥‥‥‥‥‥‥‥‥181
1945年6月連合軍が沖縄占領‥‥‥189
8/8ソ連が日本に宣戦布告‥‥‥‥189
8/9アメリカが長崎へ原爆投下‥‥189
9/11の事件‥‥‥‥‥‥‥‥‥‥‥237
A. N. ホワイトヘッド‥‥‥‥‥‥111
B. ラッセル‥‥‥‥‥‥‥‥‥‥‥265
$E=MC^2$（エネルギー＝物質×光速の2乗）
　‥‥‥‥‥‥‥‥‥‥‥‥‥‥‥238
F. フェルディナント大公‥‥‥‥‥184
F. ベーコン‥‥‥‥‥‥‥‥‥‥‥105
H. Zwingli，(1484〜1531)‥‥‥‥96
J. ロールズ‥‥‥‥‥‥‥‥119, 229
J. ロック‥‥‥‥‥‥‥‥‥‥‥‥116
J. J. ルソー‥‥‥‥‥‥‥‥‥‥‥101
J. カルヴァン‥‥‥‥‥‥‥‥‥‥96
M. Bucer (1491〜1551)‥‥‥‥‥‥96
M. ルター‥‥‥‥‥‥‥‥‥‥‥‥96
R. ベーコン‥‥‥‥‥‥‥‥‥‥‥105

あ

愛‥‥‥‥‥‥‥‥‥‥‥‥‥‥‥‥128
アイギナの奴隷市場‥‥‥‥‥‥‥27
アイゴスポタモイの戦い‥‥‥‥‥6
アイスキュロス‥‥‥‥‥‥‥‥‥10
愛智‥‥‥‥‥‥‥‥‥‥2, 7, 29, 50, 63
愛智学‥‥‥‥‥‥‥‥‥‥‥‥43, 35
愛智の開祖ソクラテス‥‥‥‥‥‥213
愛智論‥‥‥‥‥‥‥‥‥‥‥‥‥‥61
愛と寛容‥‥‥‥‥‥‥‥‥‥‥‥219
「愛徳」(caritas)‥‥‥‥‥‥‥79, 87
愛と公正が支配する‥‥‥‥‥‥‥256
アイトリア同盟‥‥‥‥‥‥‥‥‥9
愛の美徳‥‥‥‥‥‥‥‥158, 250, 262
アイハヌム‥‥‥‥‥‥‥‥‥‥52, 60
愛馬ブーケファラス‥‥‥‥‥‥43, 46
アイルランド‥‥‥‥‥‥‥‥‥‥78
アイルランド自由国‥‥‥‥‥‥‥186
アインシュタインの「特殊相対性
　理論」(1905)‥‥‥‥‥‥‥‥‥238
アウグスティヌス（354〜430）
　‥‥‥‥‥‥‥‥‥76, 78, 79, 141, 152
アウシュビッツ・ビルケナウ‥‥188
アウレリアヌス‥‥‥‥‥‥‥‥‥76
アエリア・カピトリナ‥‥‥‥‥‥73
アオルノス‥‥‥‥‥‥‥‥‥‥‥56
アカイア戦争‥‥‥‥‥‥‥‥‥‥72
アカイア同盟‥‥‥‥‥‥‥‥‥‥9
(「赤い石」という洞窟)‥‥‥‥‥1
アカイメネス朝‥‥‥‥‥‥‥‥‥58
赤シャツ隊‥‥‥‥‥‥‥‥‥‥‥175
アカデメイア‥‥‥‥‥‥‥‥‥‥81
「アカデメイア学苑」(前360〜後529)
　‥‥‥‥‥‥‥‥‥‥‥‥27, 33, 98
アキレスの剣‥‥‥‥‥‥‥‥‥‥47
アクティウムの海戦‥‥‥‥‥‥‥9
悪徳‥‥‥‥‥‥‥‥‥‥‥‥‥‥256
悪徳教育‥‥‥‥‥‥‥‥‥‥‥‥250
悪の三位一体説‥‥‥‥‥‥‥‥‥168
悪法もまた，法なり正義なり‥‥115, 144
悪魔の誘惑‥‥‥‥‥‥‥‥245, 260
アグリッパのオディオン（音楽堂）‥22
アクロポリス(akropolis)の丘‥‥19
アクロポリス博物館‥‥‥‥‥‥‥10

アゴラ……2,25
アジアの王……61
アゼルバイジャン……186
アダム・スミス（Adam Smith, 1723
　～1790）……153,160
新しい国際規範の発展……203
新しい楽園……239
アッシジのフランチェスコ……89
アッシリア……73
アッソス学苑……36
アッタロスのストア……23
アテナ（Athena）……15
アテナ・ニケ神殿……12
アテネ……5,10
アテネ市民……11
アテネ市民憲法……6,9
アテネ審問所……24
アテネ・ペロポネソス駅……7
アナトリア（小アジア）……71
アナン事務総長……205
アニュトス……24
ア・プリオリ……229
アフリカ……147
アフロディーテ（Aphrodite）……16
アポロン（Apollon）……15
アポロン神殿……6,22,53
アポロン・パトオス神殿……22
アポロン・リュケイオン神殿域……8,37
アメリカ開拓……104
アメリカ合衆国……148,181,185,187,209
「アメリカ合衆国憲法」（1787）……131
「アメリカ合衆国」の建国精神……136
「アメリカ同時多発テロ事件」（2001,
　9/11）……201
「アメリカ独立戦争」（1775～1783）
　……122,136,174,221
アメリカの資本家……268

アメリカの大統領ウイルソン……192
アメリカ発のリーマン・ショック……248
アモン神殿……47
アモン・ゼウス……47
「アモン像」……58
アラコシア人……60
アラビア……73
アラビア語……89
アラビア半島の就航計画……59
あらゆる形態の人種差別の撤廃に関す
　る国際条約……203
アリア……46
アリアノス……62
アリスティッポス……22
アリストテレス……7,8,36,37,63,80,84,
　104,141,149,150,162,206,219,236
アリストテレス（Aristotelēs,
　前384～322頃）……34
アリストテレス哲学……61
アリストテレスの政治学……3
アリストテレスの「世界国家論」……214
アリストファネス……10
アルカメネス……10
アルキアヌス……65
アルキダマス……20
アルギヌッサイ島沖の海戦……24
アルキピアデス……22
アルキュタス……26
アルコン……5
アルテミス（Artemis）……16
アルベラの戦い……8
アルメニア……73,77,186
アレクサンドリア・アラコトン……48
アレクサンドリア・アレイオン……48
アレクサンドリア（クラシュキルド）……48
アレクサンドル2世……148
アレクサンドロス……47

事項索引　277

アレクサンドロス王子 …………37,149
アレクサンドロス大王 ……8,42,45,49,62,72
アレクサンドロス大王による東征とペルシャ滅亡 ………………………149
アレクサンドロス4世………………59
アレス（Ares）………………………16
アングロ・サクソン …………………78
暗黒の1,000年…………………217
暗黒の中世 ……………………………68
「暗殺事件」（1914）………………181
アンシャンレジーム …………130,131,181
アンジュー帝国………………………90
安心立命の境地 ……………………149
安全保障理事会 ………………195,196
安全保障理事会の改革問題…………204
アンティゴノス朝 …………………8,59
アンティステネス ……………………22
アンティフォン …………………10,20
アントニウス …………………………9
アントニウス・ピウス …………66,150
アントワープ…………………………92
アンナン……………………………147
アンニケリス …………………………27
安保理決議に基づく「強制措置」……265
アンリ2世……………………………95
EU（欧州連合，European Union）…207
EU加盟の実質的条件………………207
EU憲章 ……………………………210
EU脱退 ……………………………209
EU（ヨーロッパ連合）……………206
「EU理事会」（旧官僚理事会）……207,208
EU連邦 ……………………………105
イエスが誕生 …………………………9
イエス・キリスト（Jēsus Khristos,前4？～後28）……………75,84
イオニア人の「アテネ」………………4

位階的系列 …………………………225
イギリス ……………………………147
イギリス型の社会契約論 …………217
「イギリス共和国」樹立（1649）……103
イギリス経験論 ……………………106
イギリス式の君主制 ………………136
イギリスのEU加盟 ………………207
イギリスの失業率25%………………186
イギリスへのスーダン ……………147
生きるために協力する状態 ………237
生きるために協力する途 …………191
生きるために戦うジャングル状態 …191
生きるためには戦わない …………214
イクティノス ……………………10,12
畏敬の念 ……………………………220
衣食住を挙げて喧嘩争闘 …………212
イスパニア継承戦争 ………………224
イソクラテス …………………………54
イタリア ……………………………147
イタリア・ドイツ統一 ……………148
イタリアへのリビア ………………147
異端審問 ……………………………98
一元的決定論 ………………………128
「一時法」（lex temporalis）…………80
一神論神学 …………………………70
1国1票の表決権 …………………196
一切の揉め事は裁判で片付ける ……215
イッソス ……………………………47
イッソスの戦い ……………………45
「一般相対性原理」（1916）…………238
一般的正義 …………………38,56,114,164
一般的正義＝法的正義………………86
「一般的正義」（justitia generalis）……84
一般問題は過半数で表決 …………196
イッピアス …………………………10
イデア界 ……………………………80
イデアのイデア ……………………81

事項索引

- イデアの観照 … 30
- イデアの普遍性 … 34
- イデア論 … 36
- 胃袋の快楽 … 67, 151
- イベリア半島 … 70, 72, 99
- 「イベリア半島戦争」(1808〜12) … 173
- 移民の時代 … 148
- イリアス … 5, 13
- イングランド王ヘンリ2世 … 90
- イングランド北部 … 154
- インダス川 … 46
- インド以東のビルマ … 147
- インナー6 … 207
- 「ウイーン会議」(1814〜15) … 174
- 「ウイーン宣言」(1958,9/20) … 241
- ウィリアム・オッカム … 89
- W. ジェームズ (Williams James, 1842-1910) … 167
- ウーリ … 99
- 上からの近代化 … 142, 224
- 上からの啓蒙策 … 225
- 上からの正当化 … 94
- 植木枝盛 … 265
- 「ウエストファリア和平協定」(1648) … 140, 224
- ウォール街 … 268
- ウオール街株価は大暴落 … 186
- 「宇宙理性」(logos) … 107
- 有徳な人間 … 40
- 海の憲法 … 203
- ウルピアヌス … 65, 150
- ウンターバルテン … 99
- 永遠の道徳律 … 109
- 永遠不変の真理 … 111
- 「永遠法」(lex aeterna) … 80, 85
- 「永遠法の像」 … 107
- 「永遠法への参与」 … 107
- 永久平和 … 228, 269
- 『永久平和のために』(1795) … 229
- 英国教主義 … 96
- 叡智の愛徳 … 141
- 英仏のリベラルな社会契約論 … 179
- 英仏は黄金時代 … 224
- エウクレイデス … 22
- エウダイモニア … 52
- エウボイア (Euboia) のカルキス … 55
- エウリピデス … 10, 60
- エーゲ海の青銅器文明 … 3
- エクバタナ … 58
- エジプト … 46
- エジプト神話 … 243
- エストニア … 186
- エチオピア侵略 … 194
- 江戸幕府 … 188
- エトルリア … 70
- エドワード3世 … 92
- エパゴーゲ（帰納的推論）… 30
- エヴァンズ … 13, 14
- エピクテトス (55?-135) … 65, 150
- エピクロス (Epikuros, 前342頃〜前271頃) … 8, 61, 104
- エピクロス (前341-270) の快楽主義 (hedonism) … 155
- エピクロスの感性 … 123
- エフィアルテス … 6
- エベレスト山 … 49
- エマヌエーレ2世 … 175
- エメリー・リーブズ … 237
- エルサレム … 73
- エルトリア … 70
- エルバ島 … 174
- エレクティオン神殿 … 6
- 援軍派遣 … 223
- エンゲルス … 171

事項索引　279

延長…………………………127
「老いた心」…………………103
王冠と王服……………………50
黄金時代………………9, 12, 140
黄金時代を築いたペリクレス………259
応じない戦争状態……………178
「王政復古」(1660)……………103
王妃マリー・アントワネット………181
応分…………………………165
オーストリア学派……………153
「オーストリア継承戦争」(1740〜48)…224
オーストリア・ハンガリーが解体………185
オーストリア・ハンガリー帝国………185
オーランド危機………………194
オクタヴィアヌス……………9, 73
お先真っ暗な「闇の世界」…………268
オシリスへの嘆願……………235
オスマン帝国…………………175
オスマン・トルコ……………99
オセアニア……………………147
オタカル2世…………………91
オックスフォード大学………94
オデッセイア…………………13
小野梓…………………………265
オランダ………………………147
オランダへのスマトラ………147
オリンピアス…………………43
オリンポス (Olympos) 山…………14
オリンポス12神………………13

か

カール…………………………78
カール・マルクス (K. H. Marx, 1818-1883)…………………170
ガイウス……………………65, 150
階級対立………………………162
階級闘争………………162, 170, 182, 192

階級分裂………………………170
カイゼル………………………180
カイゼルの野望………………181
下位の者………………………112
開発政策委員会………………202
回復力…………………………105
快楽……………………………67
快楽主義………………8, 61, 66, 123
快楽を善の原理………………155
カイロネイア (Chaironeia) の戦い……8
ガウガメラ……………………47
ガウガメラの戦い……………8, 45, 49
科学技術革新…………………237
科学的合理主義………………93
科学的社会主義………170, 171, 176
科学的社会主義における真理………176
科学的社会主義の台頭………173
科学的な根拠…………………216
科学的普遍性…………………219
科学哲学の基礎………………111
科学の支配……………………252
化学兵器禁止機関 (OCPW)………201
化学兵器禁止機関 (OPCW)………199
「化学兵器禁止条約」(CWC)………201
化学兵器廃棄…………………201
カガリン………………………125
学苑「アカデメイア」(Académie)……27
学苑「リュケイオン」(Lykeion)……8, 37
核拡散…………………………233
核拡散の脅威…………………248
核拡散防止……………………243
核迎撃ミサイル………………248
各国を統合した共和制制………229
格差増大………………………177
確実…………………………136
核実験禁止……………………243
核戦争の廃止…………………243

核戦争の防止策や世界政府の途 ……… 243
核弾頭ミサイル …………………… 249
核の拡散傾向 ……………………… 235
核のディレンマ …………………… 245
核兵器 ……………………………… 241
核兵器の開発 ……………………… 242
核兵器の削減 ……………………… 201
核兵器の使用禁止協定 …………… 241
革命軍（赤軍）…………………… 186
革命権 ……………………………… 120
革命権の行使 ……………………… 177
革命精神 …………………………… 224
革命宣言 …………………………… 169
学問の自由 ………………………… 56
閣僚理事会（現EU理事会）……… 207
火刑 ………………………………… 95
ガザ ………………………………… 47
過剰貯蓄 …………………………… 169
カスピアン峠 …………………… 46, 49
ガダルカナル ……………………… 189
価値基準 …………………………… 155
価値相応の分配 …………………… 33
価値相対的正義 …………………… 141
価値レベルを異にする誤謬 ……… 157
「合衆国憲法」（1791）…………… 181
家庭 ………………………………… 39
寡頭政治 …………………………… 31
カトリック（katholikos）の教会組織 … 88
カトリック教会 …………………… 90
ガドロシア砂漠 …………………… 57
カナダ ……………………………… 148
可能態 ……………………………… 40
カブール …………………………… 175
カポレットの戦い ………………… 185
鎌付戦車 …………………………… 45
神中心文化 ………………………… 81
神との契約 ………………………… 116

神の意志 ………………………… 120, 141
神の宇宙支配 ……………………… 141
「神の国」（civitas Dei）………… 79, 81
神の支配 …………………………… 81
神の予定調和 ……………………… 225
加盟国の主権平等の原則 ………… 231
ガラティア ………………………… 47
カラムク砂漠 ……………………… 50
ガリア（ケルト）………………… 70
カリアスの和約 …………………… 6
ガリア帝国 ………………………… 76
カリクラティス ………………… 10, 12
カリクレス ……………………… 21, 114
カリクレスは弱肉強食を正当化 … 213
ギリシア人 ………………………… 72
ガリバルディ ……………………… 175
ガリレイ …………………………… 95
カルタゴ ………………………… 60, 70
カルヴァン主義 …………………… 96
カルヴァン派 ……………………… 125
カルマニア ………………………… 57
カレー ……………………………… 92
感覚的観念 ………………………… 117
感覚的知覚 ………………………… 66
環境 ………………………………… 38
環境破壊 …………………………… 105
監獄の中にも平和あり …………… 223
監視カメラ ………………………… 255
監視者を監視する ………………… 112
ガンジス川 ………………………… 56
間主観性 …………………………… 161
感傷としての正義 ………………… 158
関数計算体系 ……………………… 155
ガンダーラ仏教芸術 ……………… 60
艦隊指揮官 ………………………… 57
カンダハール …………………… 48, 52
カント …………… 110, 115, 171, 226, 229, 247

事項索引　*281*

カント（I. Kant, 1724-1804）………142
カントの「功利主義批判」…………158
カントの定言命法……………………160
カントの批判哲学……………………142
カントの普遍妥当な永久平和………211
「観念」(idea)………………………117
「観念連合」(association of ideas)…157
カンパニーの設立……………………104
カンパネラ……………………………94
カンボジア……………………………147
寛容政策………………………………50
寛容の精神……………………………219
ギガース………………………………15
機械論的な自然観………………127,154
「企業家精神」は「強欲」と同義………268
逆差別の原理…………………………178
キケロ（Cicero，前106-43）………64,150
危険な戦争屋…………………………249
記号（signum）………………………94
記号論理学……………………………242
貴族政治………………………………31
『北風と太陽』…………………………255
北ドイツ連邦…………………………175
北ボルネオ……………………………147
キッツビュール………………………241
帰納法…………………………………105
「帰謬法」(reduction ad abusurdum)
　　……………………………214,257
帰謬法の結論…………………………214
キプロス島……………………………4
基本的人権…………………68,122,167
基本的人権の不可侵性………………167
義務論的な正義論……………………167
逆差別の正義…………………………172
客観的道徳律…………………………227
究極的廃絶……………………………201
究極の武器……………………………213

旧植民地は分離独立…………………238
休戦条約（1918）……………………191
旧約聖書………………………………107
旧約聖書ダニエル書…………………235
旧約聖書のレビ記25・28の律法………88
キュベレ神殿…………………………53
「教育」（education＝educatio）………28
教育格差の拡大………………………235
教育原則………………………………28
教育効果………………………………251
教育上の「パラダイム・シフト」……252
教育など社会福祉……………………255
教会の指導的な優位性………………217
教会や修道院…………………………98
共感性の最大化………………………159
共感の正義………………………122,125
教皇インノケンティウス3世…………90
教皇権の絶対性………………………217
強制労働施設…………………………188
形相（eidos）…………………………7
形相（eidos）原理……………………36
競争原理………………………………177
競争心……………………………106,218
「競争」よりも「協力」………………252
共通の正義の基準……………………215
協同社会主義…………………………168
恐怖……………………………………245
恐怖状態………………………………217
教父哲学………………………………152
強者と弱者……………………………222
共和国…………………………………135
共和制……………………………101,134
共和制社会……………………………131
拒否権……………………………196,249,258
ギリシア・ブルガリア紛争………193,194
キリスト教……………………………89
キリスト教国…………………………79

キリスト教神学……………………………69
キリスト教的世界観……………………216
キリスト教文化……………………………89
均衡点……………………………………247
近代資本主義社会………………………158
近代市民国家………………………………99
近代民主主義（議会制民主主義）……121
均分的正義…………………………………38
金融商品の無秩序な売買………………268
金融の寡頭制……………………………173
「金融派生商品」（デリバティブ）……210
偶然的諸要因……………………………122
空想的社会主義…………………………169
偶発戦争…………………………………249
クセノクラテス（前338～314）………33
苦痛…………………………………………67
苦痛を悪の原理…………………………155
屈折した民族主義………………………140
国としての己……………………………134
クノッソス王の迷宮………………………4
クノッソス宮殿……………………………5
クライペダ蜂起…………………………194
クラティノス………………………………10
クラテス（前269～246）………………33
クラテロス…………………………………45
クラデロス…………………………………48
クランノンの戦い…………………………8
クリティアス…………………………10, 24
クリミア戦争……………………………175
グルジア…………………………………186
くる病……………………………………154
クレイシーの戦い…………………………92
クレイステネス………………………5, 17, 23
クレオパトラ………………………………9
クレオン……………………………………6
クレタ島……………………………………3
クレメンス…………………………………76

グローバル・ガバナンス委員会………204
グローバルな協力（global cooperation）
　………………………………………232, 236
グローバルな協力の教育効果…………252
グローバルな協力の必要性・可能性…252
クロタール1世……………………………78
グロティウス…………110, 129, 140, 152
クロムウエル……………………………103
クロルボーのベルナール…………………89
軍拡競争…………………………………238
軍事的制裁………………………………231
「群衆」（multitude）……………………113
軍縮………………………………………249
軍縮委員会………………………………194
君主政治…………………………………31
君主の座…………………………………121
君主の存在理由…………………………121
君主の暴力…………………………122, 221
君主は法の上……………………………107
軍事力の強化……………………………255
軍神アレスの神殿………………………22
軍部クーデター…………………………261
軍部統制…………………………………247
群雄割拠の分捕り合戦…………………237
経営陣のエゴイズム……………………209
迎撃ミサイル……………………………242
経験主義…………………………………111
経験論………………………………………93
経済金融機関……………………………194
「経済社会委員会」…………………207, 208
経済社会理事会……………………195, 196
経済制裁や軍事介入の権限……………230
経済体制…………………………………153
経済的悪循環……………………………209
経済的支配階級…………………………178
経済的・社会的・人道的な国際問題を
　解決…………………………………195

経済的制裁······················231
経済的不公正····················268
警察国家························184
警察力の増大····················255
「啓示」（revelatio）··············86
敬神····························141
刑罰強化························255
刑罰権の基礎····················137
刑罰最小主義················137,144
刑罰の起源······················137
刑罰法定主義····················179
警備の強化······················255
啓蒙君主························224
啓蒙思想··················100,140,181
啓蒙主義者······················237
「契約」（contractus）··············97
契約（pactum）················67,151
「契約解除」の抵抗権··············97
ケインズ学派····················153
ゲシュタポ······················187
結核····························154
決議文··························240
決闘····························245
ゲドロシア人····················60
ケプラー························95
ケルト・イベリア人··············72
ケルト人························78
ゲルマン人······················78
ゲルマン民族····················105
ケレンスキー····················182
原始時代························211
現実空間····················122,123
現実世界························225
現実態··························40
現実逃避························62
原初状態····················120,222
原子力エネルギー················248

憲政組織····················227,228
剣の力··························124
原爆····························243
賢明な妥協的解決················249
懸命に協力し合う状態············261
権利····························106
権利係争の平和的な解決··········236
権利根拠························226
権利宣言························121
権利の平等······················65
権利問題························213
合意····························113
「合意」（agreement）の重要性······220
合意形成····51,64,119,122,165,178,220,
　　　　　　236,246
合意形成の不可欠性··············220
合意なき権力····················220
合意の意義······················220
合意の理由······················220
高額の賠償金····················185
工業不振が大量の失業者と貧困を蔓延
　······························186
後継者戦争（前323～276年）······59
後見的な警察国家················145
公私両心の戦場··················212
仔牛をかつぐ青年················10
公心····························212
公心の力を以て私心を制する······212
公正····························136
公正な合意形成··················256
公正な人権······················214
公正な「世界憲章」··············251
公正な世界的協力············251,256
皇帝軍··························223
公的価値························157
強盗····························220
高度情報化社会··············236,243

幸福 …………………………………104
幸福主義 ……………………128,141
「幸福追求の自由」…………………104
幸福なき快楽 ………………………222
幸福は最高の法 ……………………219
鉱物資源………………………………154
合法性 ……………………………143,172
合法的 ………………………………136
公法の原理 ……………………………39
拷問 …………………………………239
拷問の他に残虐で非人道的／品位を傷
　つける扱い／刑罰を禁止する条約
　……………………………………203
拷問や責苦 …………………………137
「効用」(utilitas) ……………………65
公理……………………………………82
功利原理 …………………………154,155
功利主義 …………………68,125,153
合理主義………………………………111
功利主義学会の現状 ………………163
功利主義の本性的な欠陥 …………168
功利性 ………………………………155
功利性争奪の階級闘争 ……………168
功利性の最大化 ……………………159
功利性の争奪戦 ……………………168
功利性ゆえに正義 (justice) ………167
功利総計の最大化の正義 …………162
合理的・機械論的体系 ……………127
功利総計の最大化 …………………161
講和条約 ……………………………193
コーカサス ……………………………60
コーカンド ……………………………52
コード・メイヤー …………………264
コキネス・ペトゥレス…………………1
国王の大権 …………………………121
国際海事機関 (IMO) ………………199
国際開発協会 (IDA) ………………199

国際機構憲章草案……………………196
国際共産主義運動……………………192
国際金融公社 (IFC) …………………199
国際原子力機関 (IAEA) ……………199
国際原子力原子力機関 (IAEA) ……201
国際司法裁判所 ……………195-197,219
「国際人権規約」……………………202
国際組織………………………………230
国際通貨基金 (IMF) …………………199
国際的平和維持機構…………………193
国際テロの拡大………………………233
国際電気通信連合 (ITU) ……………199
国際投資紛争解決センター (ICSID)
　……………………………………199
国際復興開発銀行 (IBRD) …………199
国際平和・安全の維持 ……………195
国際平和機構…………………………249
「国際平和機構」の構想……………196
国際法 ………………………97,152,266
国際民間航空機関 (ICAO) …………199
国際連合 ……………191,193,195,196,230
国際連合 (United Nations) …………229
国際連合教育科学文化機関 (UNESCO)
　……………………………………199
国際連合憲章…………………………249
「国際連合憲章」(The Chater of the
　United Nations) ………………196
国際連合工業開発機関 (UNIDO) ……199
国際連合食糧農業機関 (FAO) ………199
「国際連合」への加盟国……………238
国際連盟 …………………………191,192
「国際連盟」(League of Nations) …193
国際連盟が解決した紛争 …………194
国際連盟婦人児童売買諮問委員会 …194
国際連盟保健機関……………………194
国際労働機関…………………………194
国際労働機関 (ILO) ………………195,199

国際労働者組合 …………………180
（黒死病）………………………91
国籍混合……………………………247
「国民」（populus）………………113
国民サイドの独立愛………………247
国民へのサーヴィス機関…………122
国連改革………………………191,204
国連開発計画（UNDP）………198,202
国連環境計画（UNEP）……………198
国連軍………………………………199
国連憲章………………195,196,249,265
国連システム………………………198
国連児童基金（UNICEF）……198,203
国連人権委員会……………………202
「国連人権高等弁務官」……………203
国連人権理事会……………………203
国連人口基金（UNFPA）…………198
国連大学（UNU）…………………198
国連難民高等弁務官（UNHCH）……203
国連難民高等弁務官事務所（UNHCR）
　　　　　　………………………198
国連人間居住計画（UNHBITAT）……198
国連の改組…………………………235
国連の主要機関……………………196
国連の早急な改組案と強化案……249
国連の日……………………………249
国連の目的…………………………195
国連の優先課題……………………201
国連は核拡散に無力………………249
国連パレスチナ救済事業機関……203
国連パレスチナ難民救済事業機関
　　（UNRWA）……………………198
国連貿易開発会議（UNCTAD）……198
国連ミレニアム宣言………………201
国連薬物犯罪事務所（UNODC）……198
5原則………………………………187
個々人の上位に位置する公的基準……159

心の不受態（apathia）…………63,150
「心の平静」（ataraxia）…………67,151
心の和………………………………128
個人主義……………………119,156,259
個人主義的正義と社会主義的正義との
　　対決………………………………166
個人主義的・理想的正義
　　（individualistic ideal justice）…164
個人的好都合という私的概念………159
個人的な善／悪………………………61
個人の独立宣言………………………127
個人のめざめ…………………………127
コスモポリス……………44,49,50,236
コスモポリスの夢……………………70
コスモポリタン文化…………………52
悟性形式…………………………143,226
古代アゴラ…………………………7,22
5大国一致の原則……………………196
古代スパルタ………………………213
古代ポリス……………………………63
古代マケドニア王フィリッポス2世……213
古代ローマ……………………………70
『国家』…………………………………7
国家……………………………………40
「国家」（commonwealth）…………113
国家解体……………………………178
国家結合………………………………39
国家権力（potestas）…………………97
国家社会主義………………………192
国家主義……………………………146
国家単位………………………………64
国家の威信…………………………248
国家の正義……………………………39
国家は平和と秩序の監視者………112
国家批判……………………………142
国家有機体説………………………145
国教化…………………………………98

286　事項索引

個としての己………………………134
この公共的・社会的な正義の利他性…160
この世に生きた証……………………11
コペルニクス…………………………95
コペルニクス的転回…………………143
コペンハーゲン基準…………………207
コミンテルン…………………………192
コモンウェルス………………………114
御用哲学………………………………170
御用哲学者……………………………144
孤立化…………………………………177
コリント…………………………………5
コリント戦争………………………7, 18
コリント同盟＝ヘラス同盟……………8
ゴルディオン……………………………47
ゴルディオンの結び目…………………47
コルフ事件……………………………194
コレラ…………………………………154
コレラの流行…………………………154
コロッセウム……………………………74
コロンビア・ペルー戦争……………194
コンスタンティヌス………………73, 76
コンスタンティノポリス………………76
コンスタンティノポリス会議…………75

さ

さあ計算しよう………………………226
サーヴィス機関………………………221
ザール地方と自由都市ダンツィヒの統
　　治…………………………………194
罪刑法定主義……………139, 144, 179
最高権威者……………………………239
最高の幸福……………………………128
最高の正義………………………………33
最高の法（le summa）………………65
サイゴン………………………………147
財産………………………………………87

最終解決………………………………188
最初の合意形成（完全合意）………119
財政的な貧窮…………………………224
最善観…………………………………225
最大幸福………………………………139
最大多数の最大幸福…………………156
裁定者の正義…………………………115
最適状態………………………………254
搾取……………………………169, 182
搾取のない社会………………………177
ザクセン朝オットー1世………………79
ザグロス山脈……………………………47
鎖国政策………………………………188
ササン朝…………………………………77
佐藤侵淵………………………………265
差別原理……………………171, 182, 183
ザマの戦い………………………………71
サマルカンド………………………46, 49
サムニウム………………………………70
作用・反作用の法則…………………192
サラミス海戦…………………………5, 18
サルディーニャ……………………71, 175
サンガラ…………………………………57
産業革命……………………153, 154, 188
産業革命後……………………………237
「産業者」(industrials)……………169
三権分立論……………………………130
「三国協商」(1907)…………………180
三国同盟……………………192, 195, 205
「三国同盟」(1883)…………………180
サン・ジェルマン条約………………193
サン・シモン（C. H. Saint-Simon,
　　1760-1825）…………………169, 171
サン・シモン主義者…………………169
30年戦争………………100, 126, 139, 223, 224
参政権……………………………………19
三段論法…………………………………36

三徳が調和 ……………………………33
残忍な刑罰 …………………………139
「産婆術」(maieutikē) ……………22, 27
「サンフランシスコ会議」(1945年
　4〜6月) ………………195, 196, 249
三位一体 ………………………………75
慈愛的衝動 …………………………158
「思惟形式」即「存在形式」…………145
シーワ・オアシス ……………………47
自衛権 …………………………233, 266
自衛権に基づく戦争 ………………265
J. ロールズ …………………………167
ジェームズ2世 ……………………103
ジェームズ・ミル (James Mill,
　1773〜1836) ……………157, 153
シェリング (F. W. Schelling,
　1775-1854) ……………………145
自我の意識 …………………………136
自我の確立 …………………………127
時空連続体 …………………………167
死刑 ……………………………137, 261
死刑執行 ……………………………138
死刑の普遍的感情 …………………138
死刑廃止論 ……………………137, 144
自己愛 ………………………………222
至高の憲政組織 ……………………228
至高の憲政組織の理念 ……………229
地獄の閻魔オシリス ………………243
自己保存 ……………………………134
シジウィック (H. Sidgwick, 1838-
　1900) ……………153, 164, 165, 166
自主管理政権 ………………………180
自主性 …………………………………38
市場主義の権利義務 ………………235
私心 …………………………………212
「死すべき神」(mortal God) ………114
自然 …………………………………150

自然 (natura) …………………………63
自然権 (jus naturale) ………………107
自然権の意識 ………………………136
自然支配・自然征服の原点 ………217
自然状態 …………………106, 113, 227
自然状態 (戦争状態) ………………113
自然状態は無法状態 ………………226
自然的価値 ……………………………95
自然的価値 (真, 真実, 真理…) ……96
自然的義務 …………………………254
自然的自由・自然的平等・自然的独立
　………………………………………222
自然的な真／偽 ………………………61
自然の一般法則 ……………………109
自然の声・神の声・良心の声 ……214
自然の条理 …………………………110
自然の秩序 ……………………………81
自然の法 ………………………………41
自然法 ………………64, 65, 111, 144
「自然法」(lex naturalis) ……63, 80, 150
自然法概念 …………………………150
自然法則 ……………………………105
自然理性 ……………………………136
自然理性の法廷 ……………………139
自尊心 ……………2, 184, 220, 250
下からの啓蒙 ………………………225
下からの正義 …………………223, 224
「7月革命」(1830) …………………170
自治権 …………………………………99
シチリア ………………………………71
シチリア遠征 …………………………6
シチリア島 …………………………4, 26
執行委員 ………………………………24
執行機関 ……………………………246
執行権 ………………………………118
実質的原理 …………………………226
実践主義 ……………………………177

実践理性（ratio practica）……………87
実践理性原理…………………………226
実践理性の形式的原理………………226
実定法……………………………136,144
疾風怒涛（Sturm und Drang）………145
失楽園…………………………………222
質料（hyle/dynamis）原理……………36
私的価値………………………………157
私的な個人的価値（善／美／聖，幸福，
　　功利など）………………………97
視点の移動を対象（客体）にすり替え
　　る誤謬……………………………146
指導原理…………………………………40
死の恐怖………………………………119
自爆テロ………………………………235
自爆テロの防止策……………………255
自負心……………………………106,218
シベリアの強制労働問題……………194
私法の原理………………………………39
資本家…………………………………169
資本主義……………………………163,173
「資本主義」（capitalism）…………153
資本主義経済…………………………104
資本主義社会…………………………177
市民階級…………………………………92
市民革命期…………………103,125,218
市民憲法…………………………………6
市民国家…………………………………99
市民社会像……………………………118
市民状態……………………………143,226
市民は法の下…………………………107
市民不服従……………………………179
市民不服従権…………………………120
「市民法」（jus civile）………………86
事務局………………………195,196,198
社会………………………………106,171
社会契約の目的………………………134

社会契約論……67,106,111,113,121,125,
　　151,231
『社会契約論』（1762）………………101
「社会契約論」の合意形成……………97
社会契約を結ばなければ，各人の善概
　　念が対立し，喧嘩になる………259
社会権規約……………………………202
社会主義……………………………160,163
社会主義的な分配の正義……………169
社会主義的・理想的正義（socialistic
　　ideal justice）……………………164
社会状態……………………106,111,222
社会的快楽……………………………152
社会的価値………………………………95
社会的価値（正，正当，公正，正義…）
　　………………………………………97
社会的協力……………………………106
社会的協力の目標……………………156
社会的好都合という公的概念………159
社会の集団間の戦争…………………237
社会的な正／邪…………………………61
社会的不平等…………………………243
社会福祉………………………………121
社会への貢献度に応じた分配………161
社会問題諮問委員会…………………194
弱肉強食のジャングル………………211
ジャコバン党…………………………131
借金は証券化…………………………268
ジャック・アタリ……………………268
ジャングル状態……………………106,212
ジャングルの掟………………………156
ジャンヌ・ダルク………………………92
主意主義…………………………………93
自由…………………………106,119,162
十月革命………………………………182
宗教改革……………………………99,139
宗教革命運動……………………………95

事項索引　*289*

宗教裁判……………………………216
宗教裁判の残忍性…………………131
宗教戦争……………………………223
宗教的な根拠………………………216
宗教はアヘン………………………178
衆愚政治………………………31,32
衆愚政治（demagogie）……………25
自由権………………………………182
自由権規約…………………………202
私有財産制…………………………168
私有財産の観念……………………222
十字軍（crusade）………………83,84
十字軍の異端狩り……………………98
「自由主義」（libertinisum）………96
自由状態……………………………118
集団安全保障………………………264
「集団安全保障」のメリット………264
集団殺人罪の防止と処罰に関するジェ
　ノサイド条約……………………203
集団的自衛権……………200,265,266
集団防衛体制………………………200
自由と平等…………………………166
自由と平等と独立の平和状態……218
自由と平等の均衡点………………166
自由の規制……………………253,260
自由の慈雨…………………………217
自由のためには自由の規制………268
自由放任……………………………112
自由ボヘミア…………………………99
終末論的待望…………………………75
重要問題は2/3………………………196
重力の原理…………………………154
自由を拡大…………………………119
「主客転倒」のコペルニクス的転回……226
主観優位の認識論…………………226
主権在民……………………………152
主権在民の社会契約………………216

主権者………………………………176
主権単位……………………………238
主権的権力…………………………237
主権は国家に由来…………………209
守護者…………………………………35
主人と奴隷…………………………222
シュバーベン戦争……………………99
シュビーツ……………………………99
シュラクサイ王デオニュシォス……26
シュリーマン………………13,14,126
順法行為……………………………152
小アジア……………………………4,8,46
上位の者……………………………112
障害者の権利に関する条約………203
商業資本主義…………………………94
商業的封建制度……………………169
上下の格差拡大……………………149
常設委任統治委員会………………193
常設軍事諮問委員会………………193
常設国際司法裁判所………………194
生得観念……………………………117
譲渡契約……………………………111
少年十字軍……………………………83
植民地開拓…………………………147
植民地政策…………………………178
植民地争奪戦………………………129
植民地のオランダは独立……………96
植民地の争奪戦……………………212
女工哀史……………………………168
諸国間の友好関係の発展…………195
女子へのあらゆる形態の差別の撤廃に
　関する条約………………………203
初代皇帝アウグストゥス……………73
処罰権………………………………118
ジョン．S．ミル（John Stuart Mill,
　1806～1873）……………………153
ジョン・ロールズ…………………178

290　事項索引

シラニオン ……………………………10
シリア ………………………………46
自律状態 ……………………………118
自律心 ……………………………64,184
自律性 ………………………………38
自律的市民 …………………………135
自律的な社会的協力 ………………134
自律的な服従義務 …………………135
自律の原理 …………………………118
シレジアの蜂起 ……………………194
親愛の杯 ……………………………61
人為的な演技 ………………………222
人格（persona）……………………87
神学体系 ……………………………82
『神学大全』（Summa Theologiae, 1267）……………………………88
人格の歪みと経済格差の増大 ……168
新型爆弾 ………………………238,243
新旧両教徒の平等 …………………126
新教国 ………………………………130
新教勢力 ……………………………223
新教徒虐殺命令 ……………………125
人権意識 ……………………………214
人権・基本的自由を助長 …………195
人権思想 ……………………………237
人権遵守の監視 ……………………203
「人権宣言」（1789）………………181
「人権宣言」（Déclaration des droits de l'homme et du citoyen, 1789）……………………………136
人権剥奪 ……………………………182
新憲法施行記念国民歌「われらの日本」……………………………189
人権問題 ……………………………214
人権問題の研究 ……………………203
人工衛星 ……………………………244
新興産業市民層 ………126,142,154,217

人工太陽 ……………………………238
信仰の自由 …………………………126
人口比例的代表 ……………………246
「真珠湾」を攻撃 …………………189
人身御供 ……………………………138
心身二元論 …………………………127
人身の安全保障 ……………………111
人心の荒廃 …………………………224
人生の目的 …………………………151
神聖ローマ皇帝カール5世 ………95
神聖ローマ帝国 ……………………79
新大陸アメリカへ移住 ……………148
信託統治理事会 ………………195,196,197
信託統治理事会の改編問題 ………204
シンタグマ（憲法）広場 …………2
人定法 …………………………63,65,111
「人定法」……………………………85
「神的正義」（justitia divina）……79
神的善（bonum divinum）………87
シンド ………………………………48
人道主義 …………………………94,139
新ネアンデルタール人 ……………1
真の法（lex vera）…………………65
神秘主義 ……………………………68
神法（lex devina）…………………63
「神法」（lex divina）………………86
進歩的な共和党 ……………………181
人民主権 …………………………139,169
「人民主権」の民主制 ……………152
人民主権論 …………………………152
人民の合意 …………………………124
侵略戦争 ……………………………213
人類共通な「正義の基準」………215
人類共通の努力目標 ………………229
人類絶滅 ……………………………232
人類全体の「合意形成」…………236
人類の叡智と勇気 …………………236

人類の終焉……………………242
人類の精神的進化……………263
人類の保全……………………120
人類の未来……………………252
人類の歴史は戦争の歴史………211
スアレス（F. Suārez, 1548～1617）
　　　　　　　　　…………97, 152
随意交渉…………………………39
随意的交渉………………………86
スイス誓約同盟…………………99
スイス東部ダボス……………204
水素爆弾………………………243
水爆……………………………243
水爆実験………………………243
水爆戦争…………………239, 265
スーサ……………………48, 51, 57
「枢要徳」（vitutes cardinals）………86
数理論理学……………………242
スエーデン学派………………153
スキピオ…………………………71
スコラ哲学……………76, 82, 89, 217
スシア……………………………48
スシア人…………………………60
スタティラ…………………53, 61
ストア学苑創設者ゼノン（335-263,
　　B.C）……………………22, 214
ストア学苑の開祖ゼノン……206
ストア・ポインキレー……………9
ストラスブール………………208
スパルタ…………………………5
スパルタ王アギス四世…………9
スパルタ王クレオメネス三世……9
スピノザ（Baruch de Spinoza, 1632-
　　1677）………110, 128, 129, 141, 219, 237
スペイン…………………147, 217
スペイン継承戦………………130
スペイン無敵艦隊……………104

スペウシッポス（前347～338）………33
すべての移住労働者やその家族の権利
　　保護に関する国際条約……203
すべての国家を統合した共和制度……228
すべての人の強制的失踪からの保護に
　　関する国際条約……………203
住み分け理論…………………267
スルタン王国…………………147
スワート渓谷………………46, 48
「正義」（dikaiosyne）……33, 84, 106, 114,
　　141, 166, 172
正義概念…………………………38
正義原理………………………141
正義原理「平等な分け前を守ることが
　　正義に適う」…………………214
正義実現…………………………52
正義心……………………129, 219
正義戦…………………………212
正義と公正……………………128
正義二原理……………………231
正義の基準………………………64
正義の支配……………………231
「正義の戦い」（聖戦）……………83
正義の同一性……………………64
正義の道徳化…………………159
正義の徳…………………………29
「正義」の美徳…………………114
正義の法………………………138
「正義の女神」（themis）…………87
清教徒革命………………103, 115, 116
正義論……………………………61
整合性…………………………265
生産者……………………………29
生産物の占有基盤……………177
『政治学』…………………………7
政治学…………………………149
誠実原理………………………141

政治的支配階級 …………………178
政治的善 …………………………229
精神的進化 ………………………251
聖戦 …………………………90, 212
聖俗分離の原理 …………………95
政体 ………………………………36
正当防衛権 ………………………264
正妃ロクサネ ……………………59
征服主義 …………………………173
政府サイドの権力愛 ……………247
西部戦線 …………………………184
「生物兵器禁止条約」(BWC) ……201
生物兵器の禁止強化 ……………201
政府なるものの必要 ……………212
政府の使命 ………………………216
政府の不正や不義 ………………213
政務審議会 ………………………24
声明書 ……………………………240
生命の自由 ………………………137
ゼウス (Zeus) ……………13, 15, 49
ゼウス・エレフテリオス神殿 …23
「ゼウス・エレフテリオスの神殿回廊」
　…………………………………7, 22
ゼウス神像 ………………………10
セーヴル条約 ……………………193
世界 ………………………………143
世界からジャングル状態は解消 …258
世界観光機関 (UNWTO) ………199
世界気象機関 (WMO) …………199
世界規模の経済格差 ……………235
世界銀行グループ ………………199
世界金融市場は無秩序な「ジャング
　ル状態」に陥った ……………268
世界憲章 …………………………254
世界憲法 …………………………246
世界国家 ……………37, 62, 76, 104, 206
世界国家 (kosmopolis) …………54

世界国家論 …………………61, 82, 149
世界市民 …………………………246
世界中で農工業の生産が激減 …186
世界食糧計画 (WFP) ………198, 203
「世界人権会議」(1993) …………203
「世界人権宣言」…………………202
世界政府 ………210, 245, 246, 254, 269
「世界政府国会協会」(1955/8 ロンドン)
　…………………………………239
「世界政府国会協会への決議案」動議
　(1955, 8) ………………………239
世界政府・世界連邦 ……………246
世界政府に対する誤解 …………260
世界政府による「法の支配」……251
世界政府の創設は三度目の正直 …261
世界政府の論理と倫理 ………235, 247
世界政府への忠誠心 ……………247
世界戦争 …………………………239
世界秩序 ………………………39, 52
世界知的所有権機関 (WIPO) …199
世界的協力に必要な世界政府 …251
世界農業開発基金 (IFAD) ……199
世界の科学者組織 "The Pugwash
　Movement" …………………238, 240
世界の支配権 ……………………216
世界の終末 ………………………235
世界初の社会主義国家 …………180
世界貿易機関 (WTO) …………199
世界保健機関 (WHO) …………199
世界立法府 ………………………246
世界連邦 …………………………245
赤痢 ………………………………154
世襲 ………………………………41
世襲王族の復位 …………………174
世襲君主の家畜 …………………223
世襲の不合理 ……………………222
世俗王権 …………………………217

絶対君主制 ……………106, 111, 140, 218
絶対支配の権利 …………………111
絶対服従の義務 …………………111
絶望的な袋小路 …………………222
絶望的貧困 ………………………254
瀬戸際政策 ………………………249
セネカ（4-65）……………… 65, 150
ゼノン（Zēnōn, 前335〜263年）…… 9, 61, 64, 104, 150
セルビア …………………………176
セレウコス朝 …………………8, 9, 59
繊維産業 …………………………154
善意の内的制裁（internal sanction of good will）……………………158
全員一致の合意形成 ……………134
全会一致 …………………………194
先験主義 ……………………142, 226
選好原理 …………………………154
「選好原理」（preference principle）…157
選好の原理 ………………………156
全国民の合意形成 ………………220
潜在能力 …………………………244
繊細の精神 ………………………128
僭主政治 …………………………31
全世界の破滅 ……………………241
全世界を統一する世界政府 ……247
宣戦布告 ……………………122, 221
戦争 ……………………………111, 245
戦争回避 …………………………236
戦争権 ……………………………233
戦争状態 ……………113, 114, 120, 218
戦争状態の特徴 …………………221
戦争の違法化 ……………………265
「戦争の違法化」という倫理 ……266
戦争の究極的な原因 ……………211
戦争の原因 …………………214, 257
「戦争」の権利 …………………227

戦争の主要な原因 ………………254
戦争の主な原因 …………………215
戦争廃絶のため往時の費用 ……253
戦争は人災 ………………………211
戦争反対 …………………………211
戦争をする自由はない …………253
全体主義 …………………………193
全体主義（totalitarianism）………160
全体主義に優り …………………259
戦闘態勢 …………………………218
「善と公正」（bonum et aequum）……66
セント・バーソロミューの虐殺 …125
セントヘレナ島 …………………174
善のイデア ………………………30
善の実現 …………………………112
全面核戦争 ………………………241
専門機関 …………………………199
全倫理秩序 ………………………56
総会 …………………………195, 196
総合的政策ガイダンス …………203
相互取得的正義 …………………144
相互信頼の情 ……………………67
相互不可侵性 ……………………118
造船所の整備 ……………………188
憎の悪徳 …………………………250
「総福祉の原理」（principle of total welfare）……………………160
双務的条件 ………………………140
双務的な抵抗権 …………………152
「聡明」（prudentia）………………87
疎外労働 …………………………178
ソグディアナ ……………………46
ソグディアナ人 …………………60
ソグディアンロック …………46, 49
ソクラテス ………21, 23, 61, 162, 256
ソクラテス（Sokratēs, 前470〜399年）………………………6, 191

ソクラテスの弁証術………………3
組織化された戦………………243
組織的迫害………………75
組織統合………………206
「ソヴィエト社会主義共和国連邦」
（ソ連）………………192
「ソヴィエト」（労兵会：Soviet）………182
ソフィスト………………9,20
ソフォクレス………………10,60
ゾロアスター教………………77
ソロン………………5
尊厳性………………167
存在証明………………93
村落共同体………………39

た

ターレス………………5
第一原理………………127
第一次世界大戦……173,175,176,185,187
第一次世界大戦（1914～1918）……181,238
第1次バルカン戦争………………175
第1次ペルシア戦争………………18
第1次ポエニ戦争（前264～241）………71
第1性質………………117
第Ⅰ部隊………………44
第一目的………………50
第一回オリンピア競技会………………5
第1回十字軍戦争（1096～1099）………83
大王の死（前323）………………149
大学の原点………………34
大恐慌………………185
「太源流出」（emanation）………………69
大航海時代………………152
第5回十字軍戦争（1217～1221）………83
第5福竜丸………………243
第3回十字軍戦争（1189～1192）………83
第3共和制………………181

第三次世界大戦………………257
第3次ペルシア戦争………………18
第3次ポエニ戦争（前149～146）………71
第Ⅲ部隊………………44
第三身分………………181
第3身分の平民代表………………101
タイタン神族（巨神族）………………14
大東亜共栄圏………………188,189
大盗賊の集団………………80
第7回十字軍戦争（1248～1254）………83
第2アテネ海上同盟………………18
第2回十字軍戦争（1147～1149）………83
第二次エチオピア戦争………………193
第二次世界大戦……173,193,195,196,251
第二次世界大戦（1939～1945）………238
第2次バルカン戦争………………176
第2次ペルシア戦争………………18
第2次ポエニ戦争（前218～201）………71
第2性質………………117
第2選択規定書（死刑廃止条約）………202
第二帝政………………180
第Ⅱ部隊………………44
第二目的………………50
第8回十字軍戦争（1270）………………83
太平洋憲章………………196
太平洋戦争………………173
ダイモニオン………………21
太陽王………………129
『太陽の国』（Civitasu solis, 1623）……94
太陽の黒点移動………………250
第4回十字軍戦争（1202～1204）………83
大量破壊兵器………………239
第6回十字軍戦争（1228～1229）………83
対話と合意の重要性………………246
対話とコラボレーション………………28
台湾………………188
堪え難き専制………………112

ダキア……………………………73	地上の平和…………………………80
タクシラ…………………46, 48, 56	地中海沿岸の遅れた蛮族………………61
多国間投資保証機関（MIGA）………199	知的協力委員会……………………194
タシケント…………………………48	知は力なり…………………………217
多数決原理…………………………223	魑魅魍魎の伏魔殿……………………98
多数派………………………………119	チャーチル首相……………………196
多数派の意思と合意形成……………218	チャールズ１世の処刑（1649）……103, 115
多数派の合意………………………223	チャールズ・オーバビー博士………264
戦わずして生きる…………………214	チャールズ２世……………………103
戦わなくて生きていける叡智………211	チヤコの戦争………………………194
タダ乗り（free rider）……………182	中性子爆弾など大量殺戮兵器………243
ダボス会議案………………………204	チューダー「絶対王政」……………104
魂の慰安……………………………69	チューダー絶対王政時代……………107
魂の不滅……………………………141	チュニカ……………………………22
ダモン………………………………10	徴収権………………………………107
タルスキー…………………………226	調整的正義…38, 56, 86, 115, 141, 144, 172, 225
タルスキーの「真理」………………176	「調整的正義」（justitia commutative）
単一の秩序…………………………215	…………………………………141
単子…………………………………141	徴兵権………………………………107
「単子」（monade）…………………225	直観形式………………………143, 226
単純観念……………………………117	朕は国家なり………………………129
男装した女学生……………………27	通行権………………………………97
ダンテ………………………………265	通信運輸機関………………………194
ダンバートン・オークス会議………249	ツキディデス………………………19
「ダンバートン・オークス提案」（公表	帝王学…………………………27, 43, 52
1944/10/7）……………………265	帝王学教育…………………………61
チェコスロバキア…………………186	ディオクレティアヌス…………73, 98
チェック＆バランス………………260	ディオニソス（Dyonissos）…………16
智慧なき理性………………………222	定言命法……………………………141
力の均衡……………………………247	定言命法……………………………226
力の支配………………………105, 212, 249	抵抗権……………………120, 216, 218
力の正義…………………………112, 122	抵抗権の容認………………………152
力の政治……………………………248	「帝国主義」（imperialism）……173, 180
地球環境の破壊……………………233	帝国主義の争奪戦…………………147
地上の神……………………………111	帝国の崩壊…………………………238
地上の国……………………………81	ティコ・ブラーエ……………………95
「地上の国」（civitas terrena）………79	

事項索引　　*295*

帝政ロシア……………………186
ティトゥス……………………73
デイドロ…………………101,131
ティベリス川…………………73
ティモン（Timōn，前320～230）……69
定理……………………………82
ディレンマ………………104,115
ディオクレティアヌス…………76
テオドシウス…………………77
テオドシウス一世……………98
『テオドシウス法典』…………98
テオドリック大王……………77
デカルト………………110,127,136
デカルト（R. Descartes. 1596～1650）
………………………117,153
敵意……………………………245
敵国状況の削除問題…………204
適切な刑罰……………………137
デケレイア……………………6
テスピス………………………10
鉄血宰相………………………146
鉄血宰相ビスマルク…………180
テッサリア……………………14
テッサロニーキ………………185
哲人統治……………………29,40
哲人統治者……………………29
哲人統治の理想国家…………25
鉄道網の建設…………………188
デマゴーゴス（煽動政治家）……6
テミストクレス………………11
デメテル（Demeter）…………17
デメリット……………………265
デモクラシー発祥の地………2
デモクラティア………………10
デモクリトス…………………6
デモステネス………………7,8,12,54
テルトウリアヌス……………76

「デルフォイ（Delphoi）神殿」……53
テレジオ………………………94
デロス（Delos）同盟…………5
デロス島………………………6
デロス同盟…………………6,18
テロ絶滅宣言…………………237
「テロリストが大量破壊兵器と運搬方法を取得不能にする措置」……201
天才の世紀………………111,153
「天才の世紀」…………………217
天上の平和……………………80
天然痘…………………………154
ドイツ……………………139,147
ドイツ関税同盟………………175
ドイツ観念論……………140,225
ドイツ共和国…………………192
ドイツ近代化思想……………140
ドイツ皇帝……………………233
「ドイツ・コールリッジ学説」……158
ドイツ国土の分裂……………224
ドイツ帝国……………………175
ドイツ的後進性………………224
ドイツ難民高等弁務官事務所……194
ドイツの「上からの啓蒙」……179
ドイツの近代化………………140
ドイツの後進的な社会的協力……211
ドイツは史上の空前の沈滞時代……224
ドイツ民族主義の伝統………142
ドイツ理想主義………………142
「同害報復」（jus tarionis）…144,171,177
同害報復に基づく逆差別の正義……171,172
トゥキュディデス………………6
東西融合………………………62
同時株価暴落…………………248
同情……………………………158
東条英機………………………192
闘争状態………………………114

事項索引　*297*

盗賊行為……………………………220
統治権…………………………111, 216
統治者の世襲………………………162
道徳化（moralization）……………158
道徳性……………………………143, 227
道徳的権威…………………………249
道徳的内的規制への自律的服従………226
道徳的理想主義……………………170
道徳としての正義…………………158
東南アジア…………………………147
東南アジアの植民地化……………147
同年8/6アメリカが広島へ原爆投下……189
同年9/2日本が無条件「降伏文書」に
　　調印………………………………189
東部戦線……………………………184
陶片追放………………………………6
同盟国………………………………184
ドゥンス・スコットス………………89
トーリー党…………………………124
独裁主義……………………………193
特殊的正義…………………38, 56, 86
「独ソ不可侵条約」（1939）…………187
徳の原理……………………………67, 151
独立権………………………………182
独立自尊……………………………28
「独立宣言」（Declaration of Independence, 1776）………………136, 181
都市国家（polis）………4, 5, 30, 37, 54, 206
都市自治体…………………………94
ドナウ川………………………………73
トマジウス……………………110, 141
トマス・アクィナス（Tomas Aquinas, 1225？〜1274）…………82, 141, 152
トミズム批判…………………………94
ドミニクス……………………………89
ドラゴン…………………………………5
トラヤヌス…………………………73, 74

ドランギアナ………………………46
トリアノン条約……………………193
ドリス人の「スパルタ」………………4
ドリュペティス………………………61
奴隷差別……………………………150
奴隷状態……………………………176, 182
奴隷制度の非人道性………………131
奴隷廃止論…………………………140
奴隷労働……………………………62, 149
トロイア戦争…………………………13
トロイアの木馬……………………207
トロス…………………………………23
トロツキー…………………………182
トロヤ遠征……………………………4
トンキン……………………………147

な

内省的観念…………………………117
内省的判断力………………………143
内政不干渉…………………………233
内部矛盾……………………………177
内乱の時代………………………103, 115
中江兆民……………………………265
長崎市に「プルトニウム239型原爆」……243
ナザレのイエスの黄金律…………163
ナショナリズム………………174, 175, 186
ナショナリズムの台頭……………173
ナチス強制捕虜収容所……………188
ナチス・ドイツ……………………186, 187
「7年戦争」（1756〜63）……………224
ナポレオン3世………………………175
ナポレオン将軍……………………173
ナポレオン戦争……………………148, 174
ナポレオン帝国……………………174
汝自身を知れ…………………………24
ナンセン国際難民事務所…………194
「ナントの勅令」（1598）………126, 129

事項索引

南北戦争……………………………181
難民高等弁務官事務所……………194
難民の地位に関する条約…………203
ニカイア………………………56,57
ニカイア宗教会議……………………75
2月革命………………………………182
ニキアス………………………………10
ニキアスの和約………………………6
ニコマコス倫理学………………149,219
ニコライ二世………………………181,182
西ゴート族（現在：スペイン）……77
二者択一……………………………251
日独伊三国同盟……………………189
日米和親条約………………………188
「日露戦争」（1904～05）……181,188
「日清戦争」（1894～95）…………188
日ソ中立条約………………………189
日中戦争……………………………188
新渡戸稲造…………………………194
ニューカッスル……………………154
ニューギニア………………………189
ニューギニア北部…………………147
ニュートン……………………110,153
ニュートン（I. Newton, 1643-1725）…154
ニュートンの「万有引力の法則」（1687）
　………………………………………238
ニュートンの予言…………………235
ニュートンの「力学の法則」………122
ニューヨーク・マンハッタン島…195
人間…………………………………171
人間性………………………………245
人間絶滅……………………………239
人間疎外……………………………178
「人間の権利」（人権）………………63
人間の本性…………………………158
人間平等論…………………………140
認識形式……………………………143

認識批判…………………………142,145
「認識論」即「存在論」………………145
ニンフ神殿……………………………23
ヌイイ条約…………………………193
ネアルコス……………………………57,59
ネアンデルタール人…………………1
ネーデルランド………………………99
眠れる単子としての物質…………225
農業の発明…………………………243
ノーサンブリア………………………78
ノーベル文学賞1950を受賞………243
ノブレス・オブリージ……………189
ノルマンディー……………………187
ノルマンディー公ウイリアム………90
ノルマンディー公国…………………90

は

ハーグ………………………………197
バークリ…………………121,220,221
『ヴァージニア権利章典』（1776）…181
バイエルン…………………………175
バイキング……………………………79
賠償請求権…………………………118
陪審員制………………………………24
廃藩置県……………………………188
配分的正義……38,56,86,114,141,144,161,
　172,225
「配分的正義」（justitia distributive）
　………………………………………141
ハイレベル委員会…………………205
パウロ…………………………………9,75
「白紙状態」（tabula rasa）………117,157
バクトラ………………………………56,57
バクトリア…………………8,46,49,60
バケイアイ人…………………………72
パスカル（B. Pascal, 1632-1662）……127
ハタイ問題…………………………194

パタラ	57
発生的・本能的	251
パドヴァ大学	94
ハドリアヌス	66, 73, 150
母オリュンピアス	61
バビロニア	46
バビロン	49, 54, 58
ハプスブルク家	91, 95, 99
パラダイム・シフト	94, 217
パラダイム転換	65, 104, 116, 139, 150
パラダイム転換期	217, 235
原敬	194
パリ・コンミューンの乱	180
「パリ条約」(1951)	207
パリシリオスのストア	23
パリ大学	94
バルカン半島	175
バルカン半島戦線	185
バルチック艦隊	188
パルテノン (Parthenon) 神殿	19
パルテノン神殿	2, 6, 10, 12
バルト海制海権	100
パルミュラ王国	76
パレティア	46
反教権主義	131
反抗権	120
万国共通の正義の根拠	66
万国郵便連合 (UPU)	199
犯罪防止	137
犯罪予防の最善策	139
犯罪を予防	137
パンジャブ	48
パンジャブ地方	50
パンタイノス図書館	23
バンダル族	77
判断中止	233
パンドラの箱	213
ハンニバル	71
万人の万人に対する闘争状態	217
万人平等の原理	64
万人平等論	61
パンノニア	73
反マケドニア同盟	7
『万民の法』(1999)	229
万民平等	134
「万民法」(jus gentium)	86
万有引力の法則	235
汎ロゴス主義者	66
B. ラッセル	66
ピエーリア山脈	14
「東ゴート王国」(現在：北イタリア)	77
東ローマ皇帝ユスティニアス	33
東ローマ帝国（ビザンツ帝国）	77
引き出す (educo)	28
ビキニ環礁	243
ビザンチュム	76
ビザンツ帝国	91
悲惨な戦争の歴史	211
ビスマルク (O. Bismark, 1815-1898)	146
ビスマルク諸島	147
非世襲的な君主制	32
ヒットラー	180
ヒッパルコス	5
ヒッピアス	20
人が人に対して狼	217
美徳	84, 219, 256
美徳なき名誉	222
一つの世界秩序	40
ヒトラー	186, 192, 249
ビトリア (F. Vitoria, 1492〜1546)	97, 152
ビトリアとスアレスの社会的協力	211
批判哲学	111, 142

300 事項索引

ヒファシス川……………………48
百獣の王の座……………………213
百年戦争……………………92,99
ヒューマニズム……………………95,99
ヒューム（David Hume, 1711～1776）
　……………………110,123,153
ピュドナの戦い……………………9
ヒュルカニア人……………………60
表象の形式……………………170
平等……………………162
平等な分け前を守る……………………215
平等の原則……………………120
平等の原理……………………161
平等優先の社会主義……………………171
ヴィリニスの反乱……………………194
比例代表制……………………120
ピレネ山脈……………………70,72
ピレネの彼方……………………219
広島市に「ウラン235型原爆」……………………243
ピロン（pyrrhōn，前360～270）………69
ヒンドゥクシュ山脈……………………46
貧富の格差……………………62
ファシスト党……………………185,186
ファシズム……………………192
ファシズム政治勢力……………………187
フィディアス……………………10,12
フィヒテ（J. G. Fichte, 1762-1814）…145
フィリッポス2世……………………149
フィンランド……………………186
フインランド侵略……………………193
ブーケファラ……………………56
プーフエンドルフ……………………140
フーリェ（F. M. C. Fourier, 1772-1837）……………………169
フェニキア語……………………17
フェニキア人（Poeni）……………………60,71
フェニキア文字……………………17

フェリペ2世……………………96
フェルマーの放縦状態……………………118
フォイエルバッハ……………………170
ブカレスト……………………185
福音主義……………………96
福音書……………………176
複合観念……………………117
福沢諭吉……………………212,265
不合理な刑罰……………………139
富国強兵策……………………140
冨者と貧者……………………222
不信感……………………106,218
婦人参政権……………………180
不随意交渉……………………39,86
不正な行動……………………113
豚の哲学……………………68,152
武断政策……………………146
不知のヴェール……………………258,259
不当な刑罰……………………139
プトレマイオス朝……………………8,59
プニクスの丘……………………11
普遍宗教……………………76
普遍妥当……………………142
普遍的国際機構……………………196
普遍的国家……………………227
普遍的正義……………………141,225
「普遍的正義」（justitia universalis）…141
「普遍的特性描写」（charecteristica universalis）……………………142,225
普遍的な戒律……………………109
普遍的な規則性（法則）……………………123
普遍的な理性（ratio）……………………65
普遍的理性（koinos nomos）………215
普遍的立法の原理……………………226
普遍的ロゴス（世界理性）……………………9
普遍論争……………………35
富裕国への嫉妬……………………254

事項索引　　*301*

プラクシテス……………………10
プラグマティズム………………167
プラタイアイの戦い……………5
プラティナス……………………10
プラトン………………25,26,162
プラトン（Platōn，前427～347年）…7
プラトン哲学……………………61
プラトンの『クリトン』………124
プラトンの国家…………………3
フランク王国……………………78
フランシス1世…………………125
フランス…………………………147
フランス黄金時代………………126
フランス王フィリップ2世……90
フランス革命………101,131,148,174,221
「フランス革命」（1789～1799）……122,181
フランス啓蒙思想………………136
フランス皇帝……………………174
フランス式の共和政……………136
フランス大統領シャルル・ド・ゴール
　………………………………207
フランス領インドシナ連邦……147
フランソワ1世…………………95
ブランデンブルグ………………224
フランドル地方…………………184
ブリタニア………………………73
ブリテン島………………………73
ブリュッセル……………………208
不良債権…………………………210
ブルーノ…………………………94
ブルガリア軍……………………185
ブルゴーニのシトー……………89
ブルジョアジー…………………170
プルタルコス…………………60,61
フルチ・コーヒークラブ……204,205
フルチ国連大使…………………204
ブルボン王朝……………………181

ブルボン家………………………174
ブルボン絶対王政…………129,130
ブレーキとアクセルを同時に踏む……256
フレデリック・ウイリアム1世の「富
　国強兵策」……………………224
フレデリック2世…………171,224
プロイセン首相ビスマルク……175
プロシア王国……………………224
プロシア国王フレデリック2世………140
プロタゴラス……………………20
プロティノス（plōtinos，前204～270）
　………………………………69
プロテスタンティズム（Protestantism）
　………………………………96
プロピレア………………………10
プロレタリアート………………170
プロレタリアート革命宣言文…176
プロレタリア独裁…………171,182
フロンドの乱……………………129
文化的後進性……………………224
分業こそ自然に適って正しい…259
分相応の財の分配………………114
文明人……………………………245
兵器のコスト・アップ…………247
閉鎖命令…………………………81
ペイシストラトス……………5,17
ヘイスティングズの戦い………90
閉塞状態…………………………248
米ソ冷戦…………………………199
平和…………………………104,111
「平和維持活動」（PKO）………200
平和原則…………………………193
平和実現の謎解き………………214
平和状態…………………………227
平和状態を選択…………………114
平和条約…………………………185
平和的な合意形成………………206

『平和の解剖』……………………237
平和の実現………………………214
平和のための集結決議……………200
平和のための戦争…………………265
平和の花オリーブ…………………262
ヘーゲル……………………144,146,171
ヘーゲル（G. W. F. Hegel, 1770-1831)
　………………………………145
ベーコン…………………………217
ベオグラード……………………185
ヘカトンピュロス…………………48
ペスト……………………………91,92
ベッカリーア……………137-139,144
ベトナム反戦運動…………………243
ペトリチの事変……………………194
ペトログラードの暴動……………182
ベネチア植民地……………………91
ヘファイスティオン………………58
ヘファイストス神殿………………23
ヘファイトス（Hephaistos)………16
ヘブライ人の王モーゼ（Moses）……107
ヘブライ大学図書館………………235
ヘラ（Hera)…………………13,15
ヘラート……………………………52
ペリー総督………………………188
ヘリエア民衆裁判所………………23
ペリクレス（Periklēs, 前490〜429年）
　………………………6,9,11,12,18
ペリクレスの「黄金時代」…………6
「ペリパテコイ」（逍遥学苑)………38
「ベルギー独立」（1830)…………170
ベルギーのブリュッセル…………207
ベルサイユ条約……………187,191
ベルサイユ体制……………………148
ペルシア……………………………18,46
ペルシア王クセルクス……………18
ペルシア王ダレイオス………………44

ペルシア人…………………………60
ペルシャ王ダレイオス3世………213
ペルセポリス………………………47
ベルダン条約………………………79
ペルディッカス……………………59
ヘルミアス…………………………36
ヘルメス（Hermes)………………16
「ベルリン会議」（Congress of Berlin, 1878)……………………………180
ヘレニズム………………………43,47
ヘレニズム期……………62,68,112
ヘレニズム期（ギリシア尊重の時代）…149
ヘレニズム文化…………………49,72
ヘレニズム文化の統合……………59
ヘロス・アカデミコス神殿………7,27
ヘロドトス…………………………6
ペロポネソス戦争………………6,18
ペロポネソス半島…………………4
「便宜」（expediency)……………158
弁証法の止揚……………………145
弁証論……………………………61
「ペンタゴン報告」（1958)………238
ベンタム（J. Bentham, 1748〜1832)
　………………………………153
ベンタムの「快楽計算」…………155
ベンタムの「功利主義」
　（utilitarianism)……………154,155
ベンタム人間の利己的本性………162
ペンの力…………………………124
片務的……………………………111
ヘンリー3世……………………126
ヘンリー・シジウィック（Henry Sidgwick, 1838-1900)…………163
ヘンリー4世……………………126
ヘンリー5世……………………92
ホイッグ党………………………124
法……………………………106,115

「法」(Recht)	143
防衛者	29
「包括的核実権禁止条約」(CTBT)	201
包括的核実験禁止条約機関準備委員会 (CTBTO Prep. Dom)	199
封建秩序	224
法至上主義	146
法順守としての正義	164
法制	63
法政改革宣言	139
法制の近代化	137
法制の目的	139
法絶対主義	146
法即正義	146
膨張主義	173
法的外的規制	226
法的結合の理想	229
法的状態	144, 227
法的正義	38, 56, 164
「法的正義」(justitia legalis)	84
法の曲解	144
法の支配	112, 156, 210, 212, 231, 269
法の統合	59
報復攻撃	250
法律	63
『法律』(nomoi)	7, 29
法律家専門委員会	194
暴力革命	177, 182
暴力的本性	218
ポエニ戦争	71
ポーランド	186
ポーランド・リトアニア王国	99
ポーロス王	56
ポグロム	148
保守的正義 (conservative justice)	164
保守的な民主党	181
保障する社会的協力	214
「戊辰戦争」(1868〜69)	188
ポストゥムス	76
ボスニア・ヘルツェゴビナ併合	185
ポセイドン (Poseidon)	15
ホッブズ	97, 106, 114, 115, 140, 218
ホッブズ (T. Hobbes. 1588〜1679)	106
ホッブズの自然状態	118
ホッブズの自然法	108
ホッブズの社会的協力	211
ホッブズの戦争状態	118
ボヘミア	223
ホメロス (Homēros)	13
ボリシェビキ	148, 185
ポリス	44
ボルテール	101
ヴォルテール	131
ポルトガル	147
ヴォルフ (C. Wolf, 1679-1754)	142
ポレモン (前314〜269)	33
ホワイトヘッド	242
本格的な「帝国主義時代」の開幕	180

ま

マウレタニア	73
マキシミン・ルール	259
マクセンティウス	76
マクラン砂漠	57
マケドニア	9
マケドニア王フィリポス二世	7, 36
マケドニアとギリシアの統合 (前338)	149
マジャール人	79
魔女狩り	98
マゼラン	126
松岡洋右	195
マッカーサー元帥	243
マッロイ族城壁	57

麻薬常設中央委員会…………………194
マラトンの戦い………………………5, 18
マリーアントワネット………………101
マルキアヌス…………………………150
マルクス………………………………171
マルクス・アウレリウス…………66, 150
マルクス・アントニウス……………73
マルクス経済学………………………153
マルクス・レーニン主義……172, 176, 182
マレー半島……………………………147
万が一の確率計算……………………248
満州事変………………………………194
満場一致の合意………………………223
マンチェスター………………………154
マンティネイアの戦い………………7, 18
ミエザ学苑……………………………43
ミケーネ時代…………………………3
ミケーネ文明…………………………4
ミトロン………………………………23
ミノア文明……………………………4
身の丈を超えた金融の派生商品（デリ
　バティブ）………………………268
ミュチレナ……………………………36
ミュンヘン会議………………………186
ミラノの寛容令………………………75
ミルティアデス………………………18
ミルの平等の原理……………………161
ミルは人間の社会的本性……………162
ミレトス島……………………………4
ミレニアム開発目標…………………201
ミロン…………………………………10
民衆運動（1905）……………………181
民主主義の基本をなす合意形成……214
民主主義の時代………………………101
民主制……………………………6, 10, 64, 129
民主政治………………………………31
民主制（デモクラティア）…………11

民族自決………………………………238
民族自決の政策………………………191
無差別戦争論…………………………265
矛盾する前提…………………………219
無条件降伏……………………………187
ムセイオン……………………………42
無制限の主権…………………………238
無制約的権力…………………………113
鞭による統治…………………………115
無知の知………………………………7
ムッソリーニ…………………………185, 192
無敵艦隊………………………………147
ムニシクレス…………………………10
「無法状態」（Zustand der
　Rechtslogkeit）………143, 157, 227
明治維新………………………………263
明治憲法の制定………………………188
明治天皇………………………………188
「名誉革命」（1688）………………103, 116
メソポタミア…………………………73
メソポタミア古都バビロン…………8
メタ自然法……………………………110
メナンドロス…………………………10
メルプ…………………………………52
免罪理由………………………………109
「モーゼの十戒」（1230，BC）……107, 108
目的論的認識論………………………143
模写……………………………………177
「モスクワ遠征」（1812）…………173
モスクワ宣言…………………………249
「物自体」（Ding an sich）………143, 226
物自体の不可知性……………………145
モロッソイ……………………………43
モンテスキュー………………130, 139, 142
「問答法」（dialektikē）……………22, 27
問答無用の権利取得…………………220

や

野蛮な東方民族…………………61
闇の市場…………………………210
「ヤルタ会談」(1945年2月)………196, 249
唯物史観…………………………170
唯名論……………………………93
有益………………………………136
有閑者……………………………169
有機体的国家……………………171
有機的関係の形成………………264
有機的国家………………………146
ユーゴスラビア…………………186
友情…………………………67, 151
融和政策…………………………62
『ユスティニアヌス法典』………98
ユダヤ教…………………………75
ユダヤ人……………………73, 148
ユリウス・カエサル(シーザー)………72
許される範囲内で生きる………259
幼児期……………………………251
ヨーロッパ委員会………………207
ヨーロッパ会計監査院…………207
ヨーロッパ議会…………………207
ヨーロッパ共同体(EC)………209
ヨーロッパ経済共同体…………207
「ヨーロッパ司法裁判所」…207, 208
ヨーロッパ中央銀行が倒産……186
ヨーロッパ投資銀行……………207
ヨーロッパの経済統合…………207
ヨーロッパの勢力均衡…………174
「ヨーロッパ理事会」(首脳会議)…207, 208
抑制均衡…………………………184
抑制均衡策………………………130
余剰価値…………………………153
余剰財産…………………………87
予定調和…………………………141
ヨハネ伝…………………………75
ヨベルの年(50年目)……………87
予防薬ポリオ……………………140
400人支配………………………6

ら

ライプニッツ………110, 141, 142, 225
ライプニッツの位階的正義……225
ライプニッツ・ヴォルフ哲学……140, 224
ライヘンバッハ(1891-1953)……145
ライン川…………………………73
ラオス……………………………147
楽園状態……………………222, 269
ラザリ・イスマイル……………204
羅針盤……………………………236
羅針盤の世界的統合……………236
ラッセル………238, 240, 241, 244-246
「ラッセル・アインシュタイン宣言」
 (1955, 7/9)……………235, 238, 239
ラッセルの「ウイーン宣言」……235
ラテン語…………………………70
ラテン同盟………………………70
ラトビア…………………………186
ラヴリオン鉱山…………………10
ラベンナ…………………………77
ランブロクレス…………………10
「利己主義」(egoism)……………156
理性からア・プリオリ…………228
理性と良心………………………260
理性の限界内の「法論」…………228
理性の勝利………………………122
理性の力…………………………126
理性の法…………………………114
理性の法(自律原理)……………218
理性の法則………………………36
理性の法廷………………………137
理性の命令………………………126

理想郷 …………………………………183
理想国家 ………………………26,27,29,30
理想国家論 ……………………………61
理想的正義（ideal justice）…………164
理想的正義と保守的正義との対決 ……165
立憲君主制 ……………………121,124,218
リットン調査団 ………………………194
リットン報告書 ………………………194
リトアニア ……………………………186
リヴァイアサン ……………………140,111
リベラルな精神 ………………………94
略奪行為 ………………………………220
「リュケイオン学苑」………………38,126
良心的拒否 ……………………………179
良心の義務 ……………………………97
良心の自由論 …………………………140
遼東半島 ………………………………188
両立可能な善概念の範囲を合意形成に
　　て決定 ……………………………259
リンカーン ……………………………134
リンカーンの「奴隷解放令」〈1862〉……181
倫理学は自然学による ………………52
倫理・道徳哲学 ………………………160
倫理に先立つ自然重視 ………………219
ルイ13世 ………………………………126
ルイ13世治下フランスの国力増大 ……223
ルイ14世治世（1643-1715）……………129
ルイ14世の野心 ………………………130
ルイ16世 ……………………………101,181
ルーズベルト大統領 …………………196
ルクセンブルク ………………………208
ルシタニア人 …………………………72
ルソー（J.J. Rousseau, 1712～1778）
　　………………110,131,135,136,139,220,237
ルソーのいう「人為人」……………222
ルソーの一般意思 ……………………134
ルソーの共和制の社会的協力 ………211

ルソーの啓蒙哲学・社会契約論 ……142
ルソーの讃美した順風美俗 …………254
ルソーの自然状態 ……………………222
ルソーの「社会契約論」………………169
ルソーの社会的協力 …………………135
ルター主義 ……………………………96
ルネサンス運動 ……………………94,95
レアの神殿 ……………………………22
礼節原理 ………………………………141
冷戦時代 …………………………163,180
レイテ沖海戦 …………………………189
レウキッポス …………………………6
レウクトラの戦い ……………………7,18
レーニン …………………………171,182
レオカレス ……………………………10
歴史認識の矛盾が国際紛争や戦争の一
　　原因 ………………………………219
レスボス ………………………………36
連合国 …………………………………184
連合国大使会議 ………………………194
連続的接近 ……………………………228
憐憫の情 ………………………………222
連邦解体後 ……………………………263
牢獄国家 …………………………183,184
牢獄の惨状 ……………………………137
労働組合の健全な育成 ………………169
労働者 …………………………………169
労働者層 ………………………………167
労働者の「権利宣言」………………176
労働者の「人権確立」………………169
ローマ・カトリック …………………151
ローマ市民権 …………………………73
ローマ条約 ……………………………207
ローマ帝国勃興 ………………………149
ローマのカピトリーナの狼 …………218
「ローマの大火」（後64年）…………75
ロールズ ………161,231,247,253,254,268

ロールズの「公正としての正義」………254
ロールズの普遍妥当な世界政府………211
ロクサネ……………………………46, 51
ロゴス………………………63, 64, 150
ロゴス主義者………………………152
ロゴス論………………………………61
「ロシア革命」(1917)………148, 180, 192
ロシア女帝エリザベス治世……………137
ロシア対トルコの戦争…………………175
ロジャー・ベーコン……………………89
ロック……110, 112, 119, 121, 122, 220, 237, 257
ロックの選んだ政体……………………218
ロックの革命的認識論…………………118
ロックの経験論・社会契約論…………142
ロックの自然状態………………………118
ロックの「社会契約論」………………122
ロックの名言……………………………220

ロックの理性……………………………123
ロックの立憲君主制の社会的協力……211
ロドス島…………………………………4
ロバート・オーウェン（Robert Owen. 1771-1858)……………………168
ロマノフ王朝……………………………182
ロミリーの演説『文明について』……11
論点すり替え……………………………24
ロンドン密約……………………………185
ロンバルト族……………………………77
論理的な矛盾……………………………104

わ

「ワイマール憲法」(1919)……………192
和解委員会………………………………249
「若い心」………………………………104
ワルテルローの戦い……………………174
吾は神なり………………………………50

拙著［正義の研究］シリーズ一覧

『**公正としての正義の研究**』−J. ロールズの正義概念に対する批判的考察− 成文堂，1989。ロールズの本研究は社会科学全般の変革や「パラダイム転換」をもたらした。(464頁)

(正義の研究１)『**規範科学の基礎**』−認識論的・方法論的・価値論的基礎− 成文堂，1994。政策という舵取りに必要な羅針盤としての規範科学の合理的・客観的な認識論的・方法論的・価値論的基礎に関する体系的一論考である。(280頁)

(正義の研究２)『**ロールズ哲学の全体像**』−公正な社会の新しい理念− 成文堂，1995。社会科学の全域にパラダイム転換を迫りつつある今日，ロールズの「公正としての正義」の理論の哲学的な全体像を総合的に考察し，脱功利主義の明るくて公正な社会的協力について，その歴史的な意義を解明した論考である。(282頁)

(正義の研究３)『**社会思想史**』−価値基準の進化− 成文堂，1997。古代ギリシア時代から今日に至るまで社会的協力の仕組み，取分け社会の理念と共通ルールがどう進化してきたかについて哲学的な考察を巡らせた一論考である。(261頁)

(正義の研究４)『**政策原論**』成文堂，2003。ロールズの「公正としての正義」を現実的・具体的な政策問題に適用し，意識せずとも，自由・平等・博愛を均衡づけて「公正な政策」へと導いてくれるような枠組みについて考える。(209頁)

(正義の研究５)『**合意形成論**』成文堂，2008。民主主義と合意形成は一体的関係にある。13世紀～14世紀にルネサンス期を得て，主権在民の民主主義が「合意形成」に伴って成熟してきた。本書は「合意形成論」を民主的に体系化する試みである。(305頁)

(正義の研究６)『**世界政府論考**』−その論理と倫理− 成文堂，2013。ジャングル状態「戦えば生きられる」から，ソクラテスの愛智によって「戦わなくても生きられる」社会的協力の途が見出された。やがて人類は，理性と良心の進化に伴いジャングル状態を脱却する方法を発見して，いずれ単一の世界政府の「法の支配」の下に，戦争なき時代が訪れるものと期待されるに至った。その要点を論じたもの。(269頁)

著者略歴
藤川　吉美（Yoshimi Fujikawa）

1936年	愛媛県に生まれる
1963年	慶應義塾大学卒業，慶應義塾大学大学院（哲学）修了，文学博士
1972年	ハーバード大学哲学科，客員研究員（-1974）
1981年	ハーバード大学哲学科，客員研究員（-1982）
経　歴	東京工業大学助教授，九州共立大学教授，九州女子大学教授・学長，千葉商科大学政策情報学部教授，大学院政策研究科教授，大学院政策情報学研究科教授，大学院会計ファイナンス研究科教授，現在，大学院客員教授を歴任。
著　書	『科学哲学概論』理想社 (1985)
	『論理学』早稲田大学出版部 (1986)
	『記号論理学』大竹出版 (1988)
	『一般抽象化理論』大竹出版 (1989)
	『公正としての正義の研究』成文堂 (1989)
	『合理的な決定とは何か』慶應義塾大学出版会 (1990)
	『自由の女神のつぶやき』行路社 (1992)
	『新時代の価値観』共著，北樹出版 (1992)
	『環境論理の課題』共著，行路社 (1993)
	『私道と公道の物語』朝日新聞社 (1993)
	『哲学的探求の新構想』共著，北樹出版 (1993)
	正義の研究1『規範科学の基礎』成文堂 (1994)
	正義の研究2『ロールズ哲学の全体像』成文堂 (1995)
	正義の研究3『社会思想史』成文堂 (1997)
	『大学がかわる，日本がかわる』総合政策研究所 (2002)
	『西洋思想の日本的展開』共著，慶應義塾大学出版会 (2002)
	正義の研究4『政策原論』成文堂 (2003)
	日本私立大学協会『私学振興史－半世紀の挑戦－』本編・資料編，共著 (2004)
	正義の研究5『合意形成論』成文堂 (2008)

正義の研究6
世界政府論考
－その論理と倫理－　　　定価（本体5000円＋税）

2013年3月31日　初版第1刷発行　　Ⓒ 2013 Y. Fujikawa

著　者　藤　川　吉　美
発行者　阿　部　耕　一

〒162-0041　東京都新宿区早稲田鶴巻町514
発行所　株式会社　成　文　堂
電話 03 (3203) 9201 ㈹　☆ Fax (3203) 9206
http://www.seibundoh.co.jp

製版・印刷・製本　藤原印刷　　　　　　　検印省略
☆落丁・乱丁本はおとりかえいたします☆
ISBN978-4-7923-0548-2　C3032